**한 번 배우면 평생 써먹는**
## 바나나쌤의 1달 완성 영문법 2

2022년 3월 9일 초판 1쇄 | 2023년 12월 19일 6쇄 발행

**지은이** 아티엔바나나(르네)
**펴낸이** 최세현  **경영고문** 박시형

**마케팅** 권금숙, 양근모, 양봉호  **온라인홍보팀** 신하은, 현나래, 최혜빈
**디지털콘텐츠** 김명래, 최은정, 김혜정  **해외기획** 우정민, 배혜림
**경영지원** 홍성택, 강신우  **제작** 이진영
**펴낸곳** (주)쌤앤파커스  **출판신고** 2006년 9월 25일 제406-2006-000210호
**주소** 서울시 마포구 월드컵북로 396 누리꿈스퀘어 비즈니스타워 18층
**전화** 02-6712-9800  **팩스** 02-6712-9810  **이메일** info@smpk.kr

ⓒ 아티엔바나나(르네) (저작권자와 맺은 특약에 따라 검인을 생략합니다)
ISBN 979-11-6534-479-5 (13740)

쌤앤파커스(Sam&Parkers)는 독자 여러분의 책에 관한 아이디어와 원고 투고를 설레는 마음으로 기다
리고 있습니다. 책으로 엮기를 원하는 아이디어가 있으신 분은 이메일 book@smpk.kr로 간단한 개
요와 취지, 연락처 등을 보내주세요. 머뭇거리지 말고 문을 두드리세요. 길이 열립니다.

바나나쌤의 ②

한 번
배우면
평생
써먹는

1달

완성

영문법

쌤앤파커스

### ★ 바나나 선생님의 미니 프롤로그 ★

안녕하세요! 1달 동안 여러분이 몰랐던 쉽고 재미있는 영문법의 세계로 안내할 바나나예요. 그동안 영문법이 지루해서, 이해가 안 가서 도중에 포기한 친구들이 많죠? 저 또한 그런 경험이 있기 때문에 누구보다 쉽게! 친절하게! 재미있게! 자세하게! 영문법을 알려주려고 2년에 걸쳐 이 책을 썼어요.

사실 저도 처음부터 영어를 잘했던 건 아니에요. 세상에서 영어를 제일 싫어하던 '영포자'가 바로 저였답니다. 그러다가 사소한 계기로 영어를 정말 잘하고 싶어졌고, 그때부터 독하게 영문법을 독학했어요. 그 이후에는 어렵게 배운 걸 써먹고 싶어서 고등학생이던 17살 때부터 친구들에게 영어를 가르치기 시작했죠. 이후에는 학원 강사로 활동하며 수많은 학생을 가르쳤는데, 그게 입소문이 나서 대치동 대형 영어 학원에서 스카우트 제의를 받기도 했어요.

하지만 저는 영어에 대한 갈망과 외국 생활에 대한 호기심으로 다시 외국으로 훌쩍 날아갔어요. 그렇게 캐나다, 호주, 미국에서 살며 영어를 더 깊게 공부했고, 나중에는 호주에 학원을 차리고 영어를 가르치기도 했죠. 그리고 깨달았어요. 영어를 가르치는 일이야말로 제 천직임을요! 제게 영어를 배운 모든 학생이 단기간에 영어 실력이 빠르게 향상됐고, 그 덕분에 시험에 합격하고 이민 생활에 잘 적응하는 모습을 보는 게 너무너무 뿌듯했거든요. 이 모든 것이 바로 영문법을 익힌 후에 저에게 생긴 변화이며 영어가 제 인생에서 일구어낸 기적이에요.

저 또한 다른 과목을 열심히 해도 영어만은 포기해버리는 영포자였기 때문에 여러분이 영어를 공부할 때 얼마나 막막한지, 어디에서 막히는지, 어느 지점에서 포기하는지 잘 알고 있어요. 일단 막막하다고 생각되면 다른 영어 공부법을 찾을 시간에 지금 당장 영문법부터 시작하세요. 영어 공부 중에 앉아서 하는 공부는 영문법이 처음이자 마지막이에요. 이번 기회에 영문법으로 영어의 기초만 잘 다져놔도 여러분의 인생에서 가장 잘한 일 중에 하나로 손꼽을 수 있을 거라 자신합니다. 왜냐하면 저도 그랬으니까요! 영어 하나로 앞으로 다양한 기회를 내 손으로 만들 수 있고 인생이 바뀔 수도 있어요.

이제부터 저와 함께 공부할 영문법은 여러분의 영어 인생의 '치트키'가 될 거예요. 제가 여러분의 죽은 영어는 살리고, 잠자고 있는 영어는 정신이 번쩍 나게 깨워줄 거거든요. 영문법이 지루해서 진도 나가기가 어려웠던 학생들, 각종 시험을 앞두고 영문법 총정리가 필요한 친구들, 영어를 손에서 놓은 지 오래지만 다시 도전하고 싶은 분들 모두 환영합니다. 1달 동안 저와 함께 열심히 공부하면서 영어 실력과 자신감, 두 마리 토끼를 모두 잡아봐요. 그럼 한 번 배우면 평생 써먹을 수 있는 영문법, 지금부터 만나볼까요?

\* 조금 더 자세하고 재미난 바나나쌤의 이야기는 1권 프롤로그에서 만나요!

## ★ 짬뽕의 자기소개 ★

하이~! 여러분과 함께 바나나 선생님에게 영어를 배울 짬뽕이에요. 학교와 학원에서 영어를 10년 넘게 배웠지만, 여전히 제 머릿속에서는 영어가 뒤죽박죽 섞인 짬뽕 같아서 영어계의 짬뽕이라 불린답니다.

사실 저는 대학생이 된 지금까지도 영어가 뭔지 잘 모르겠어요. 단어는 아는데 해석은 못 하겠고, 문장에 that이나 which가 왜 들어가는지 도무지 이해가 안 되거든요. 여러분도 그렇지 않나요? 그래서 이번에야말로 확실하게! 정말 확실하게 영문법을 마스터하겠다고 결심했어요. 그러니 아리송한 부분이 있다면 여러분을 대신해서 제가 마구마구 질문할게요. 영어 왕초보라고 놀리면 안 돼요! 그럼 1달 동안 같이 열심히 해봐요!

## 지금 당장, 영문법을 공부해야 하는 이유!

 쌤, 왜 영문법을 공부해야 하나요?

영문법을 배우지 않고 영어를 잘하고 싶어 하는 것은 마치 생물학을 배우지 않고 곧바로 의사가 되고 싶어 하는 경우와 같아요. 기본적인 몸의 구조조차 파악하지 않은 의사가 수술은 물론이거니와 다른 무엇 하나 제대로 진행할 수 있을까요?

영어도 마찬가지예요. 영어의 체계와 구조를 배우지 않은 상태에서 섀도잉 등의 단편적인 방식으로 영어를 공부한다면, 연습한 내용을 외우고 베껴 쓸 수는 있어도 스스로 문장을 만들기는 어렵습니다. 결국 섀도잉으로 훈련하다가도 문법 공부가 필요한 순간이 반드시 오는데, 이는 영어 공부에도 순서가 있기 때문이에요. 의사가 되려면 '기초학문(생물학 / 화학 / 병리학)–임상 과목(치료법 / 진단법)–실습'순으로 공부하는 순서가 정해져 있듯이, 영어 또한 문법 공부로 기초를 이해한 뒤에 독해와 작문, 듣기 공부를 하고 원어민과 함께 대화하는 실전 스피킹에 뛰어드는 게 정석입니다. 영어 공부의 순서는 많은 곳에서 다양하게 제시되어왔지만, 우리처럼 외국어로 영어를 배울 때는 언제나 기초부터 정도(正道)를 따라 공부하는 것이 가장 효과적인 방법이라고 저는 믿고 있어요. 물론 제가 학생들을 가르치면서 직접 검증한 방법이기도 하고요.

그런데 영어를 잘하는 사람들이 섀도잉이나 미드로 공부하던데요?

물론 어떤 방법으로든 영어를 열심히 공부하면 실력이 늘죠. 하지만! 영어 실력을 가장 빠르게 쌓는 지름길이 있는데, 굳이 먼 길로 빙빙 돌아갈 필요가 있을까요? 새도잉이나 미드 영어 공부법은 영어의 기초가 없는 학생들에게 너무 큰 노력과 시간을 요구하거든요. 문장이 어떻게 이루어지는지도 모르는 채 그저 문장을 달달 외우고 따라 하다 보면 결국 '영어=암기과목'이 되기 쉽습니다. 이런 영어 공부법도 우선은 영문법을 배우고 기초를 쌓은 후에 시도해야 가장 효율적이에요. "아는 만큼 보인다"라는 말이 있듯이, 영어의 뼈대를 알고 나면 그 어떤 공부법으로 영어를 공부하더라도 내용을 훨씬 빠르고 쉽게 이해할 수 있거든요. 영문법을 한번 배워두면 여기저기에 써먹고 활용하면서 평생 안고 갈 수 있답니다.

 **그런데 영문법… 너무 지루해요. 어떻게 공부해야 하나요?**

이미 이야기했듯이 영어 공부는 '문법-독해와 작문-듣기-말하기'순으로 하는 것이 최선의 방법이에요. 이대로 잘 따라가려면 문법 공부로 기초를 다지는 게 중요하겠죠? 하지만 그동안 문법 공부를 시도한 친구들은 지루한 설명과 방대한 공부 분량, 이해되지 않는 설명들 때문에 중간에 포기한 적이 많았을 거예요. 그래서 저는 영문법을 쉽게 이해하고 재미있게 공부할 수 있다는 취지 아래, 그 누구보다 쉽게 설명하려고 노력했어요. 그래도 문법이다 보니 공부 분량이 꽤 많을 테지만, 최대한 친절하고 자세하게 풀이했으니 생각보다 어렵지 않을 거랍니다. 저 바나나쌤과 짬뽕 학생 사이에 오가는 '티키타카' 대화로 공부하다 보면 친한 친구와 함께 맘에 드는 선생님에게 과외를 받듯이 즐겁게 공부할 수 있어요.

그리고 영문법을 처음 공부할 때는 모든 내용을 완벽하게 이해하려 하지 말고 가볍게 보고 넘어가세요. 어느 정도 문법 틀을 이해하고 나면 다시 한번 쭉 되짚어가며 공부하세요. 그러다 보면 내가 이해하지 못하거나 부족한 부분이 무엇인지를 깨닫게 되면서 문법의 기초가 탄탄하게 쌓일 거예요.

**바나나쌤의 영어 공부 순서가 따로 있나요?**

　제가 직접 공부해보고 가르치며 찾은 영문법 공부 순서를 잘 따라오면, 1달 만에 영어로 글을 읽는 게 가능해져요. 이것이 불가능했던 친구는 제 강사 인생 10년간 단 한 명도 없었으니 여러분도 할 수 있습니다! 물론 개인의 역량이나 쏟는 에너지, 시간에 따라 학생들 사이에서도 실력과 수준 차이는 있었어요. 하지만 분명한 건 '영어로 읽기 / 영어로 문장 구성하기'는 누구나 단기간에 쉽게 배울 수 있다는 거예요. 공부의 순서는 이러해요.

### [ 이 책의 공부 순서 ]

| | | |
|---|---|---|
| ① 뼈대 | ⑪ 12시제 | ㉑ 수동태 |
| ② 5형식 | ⑫ 조동사 | ㉒ 후치수식 |
| ③ 문장 | ⑬ 동명사 | ㉓ 관계대명사 |
| ④ 명사 | ⑭ to부정사 | ㉔ 관계부사 |
| ⑤ 대명사 | ⑮ 분사 | ㉕ 분사구문 |
| ⑥ 동사 | ⑯ 1형식 | ㉖ 가정법 |
| ⑦ 형용사 | ⑰ 2형식 | ㉗ 비교구문 |
| ⑧ 부사 | ⑱ 3형식 | ㉘ 특수구문 |
| ⑨ 전치사 | ⑲ 4형식 | ㉙ 첫 독해 |
| ⑩ 접속사 | ⑳ 5형식 | ㉚ 첫 영작 & 영어 대화 |

단어로만 적으니 딱딱해 보이죠? 하지만 이 책의 장점은 쉽고 재밌다는 거잖아요?

## 이 책의 장점

1. 쉽고 친절한 설명 덕분에 아리송했던 영문법, 속 시원하게 이해!
2. 바나나쌤과 짬뽕의 '핑퐁 대화 수업'이 재밌어서 머리에 쏙쏙!
3. 오늘 배운 내용을 '복습노트'와 '오늘의 퀴즈'로 재점검!
4. 돌고 돌던 영어 공부의 재미와 실력을 찾아주며 소중한 내 시간 절약!

저와 함께 공부해서 영어로 글을 읽고 문장을 만드는 게 가능해지면, 그때부터
는 학교에서 중요시하던 자잘한 부분을 공부하거나 다양한 공부법을 활용하면
됩니다. 특히 학생들이 과도하게 신경 쓰는 관사, 수일치 등은 초기 영어 공부에
서는 그리 중요하지 않아요. 오히려 간단하게 글을 읽고 쓰는 수준이 된 이후에
추가로 공부하면 훨씬 효과적으로 쉽게 익힐 수 있다는 걸 기억해주세요.
자, 지금부터 수많은 학생들에게 수능, 토익 등의 영어 시험 점수 향상, 영주권
취득, 원어민과의 대화, 영미 소설 읽기 등을 가능하게 했던 바나나쌤만의 방법
으로 영어 공부를 시작해볼까요?

Let's get started!
시작할까요?

# 이 책은 이렇게 공부하세요!

## 1
### 1단계.
### 쉽고 재미있게 영문법 공부!

펜을 들고 바나나쌤과 영어 왕초보 짬뽕의 수업에 함께 참여해요. 중요하게 익혀야 할 형식이나 단어, 문장 구조 등은 박스와 컬러, 각종 표 등으로 세세하게 체크하고 친절하게 설명했으니 이해하기 쉬울 거예요.

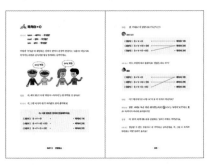

## 2
### 2단계.
### 복습노트로 중요한 것만 요점 정리!

오늘 배운 내용 중에 꼭 기억해야 할 부분을 보기 좋게 정리한 복습노트예요. 수업이 끝나고 복습노트를 보면서 다시 한번 익히면 머릿속에 차곡차곡 정리되어 잘 까먹지 않는답니다.

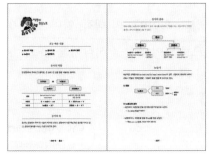

## 3
### 3단계.
### 오늘의 퀴즈로 내 실력 점검!

오늘 배운 내용의 핵심이 고스란히 담긴 퀴즈로 공부한 내용을 제대로 이해했는지 확인해보세요. 퀴즈를 직접 푼 다음, 책 뒤편에 수록된 정답과 맞춰보고 나에게 부족한 부분을 확인하면 오늘 공부 끝!

목차

## DAY 16

### 영어 1형식 박살 내기!

## DAY 17

### 영어 2형식 타파하기!

## DAY 18

### 영어 3형식 씹어 먹기!

## DAY 19
### 영어 4형식 작살내기!

## DAY 20
### 영어 5형식 정복하고 마무리!

## DAY 21
### 수동태, 내가 때린 게 아니라 걔가 내 주먹에 맞은 거야!

You're doing an amazing job.
너무 잘하고 있어요!

**DAY 22**

**후치수식,
복잡한 건
뒤로 미뤄!**

**DAY 23**

**관계대명사,
같은 말
두 번 하지
말자!**

**DAY 24**

**관계부사,
별것 아닌 말,
뭐 하러
두 번 해?**

Our hard
work is paying off!
Keep up the good work!
우리의 노력에 빛이 보이네요!
화이팅!

## DAY 25

### 분사구문, 문장도 다이어트가 필요해!

## DAY 26

### 가정법, '만~약에' 이 한마디를 제대로 하기가 그렇게 어렵다!

## DAY 27

### 비교구문, 비교할 걸 비교해야지!

**DAY 28**

**특수구문,
누구보다 복잡하게,
남들과는 다르게!**

**DAY 29**

**내 인생 첫 독해:
바나나쌤의 편지**

**DAY 30**

**내 인생 첫 영작
& 영어 대화:
안녕, 나는
한국에서 온 OOO야!**

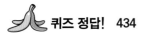

# DAY 16

## 영어 1형식
## 박살 내기!

오늘 배울 내용

- 1형식의 특징

- 자주 쓰는 1형식 동사

- 특이한 의미의 1형식 동사

- 헷갈려서 시험에 자주 나오는 1형식 동사

- 특이한 1형식 형태

DAY 16~20 수업과
관련된 영상은
← 여기!

바나나 짬뽕, 안녕! 빳빳한 새 책을 받은 기분이 어때요?

짬뽕 설레기도 하고 언제 이걸 공부하나 싶어서 겁나기도 해요. 후아~ 😣

바나나 1권에서 기초를 탄탄히 다졌으니까 2권에서는 좀 더 실전에 가까운 영어를 공부할 거예요. 지금까지는 영어의 뼈대를 세우는 기초적인 내용을 배웠다면 이제는 그 기초를 바탕으로 써먹을 수 있는 영어를 배우는 거죠. 오늘부터 총 5일 동안 5형식에 대해서 배울 거랍니다!

짬뽕 예전에 5형식을 대충 배운 기억이 나는데 더 배울 내용이 있는 건가요?

바나나 지난번에 배운 5형식을 일반 커피라고 치면 오늘부터 배우는 5형식은 특별한 원두로 내린 스페셜 커피가 될 거예요. 😊 그럼 바로 수업을 시작해볼까요?

## 🍌 1형식의 특징

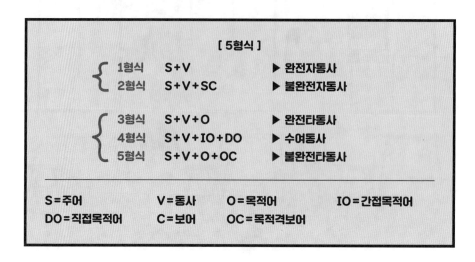

[ 5형식 ]

| | | | |
|---|---|---|---|
| 1형식 | S+V | ▶ 완전자동사 | |
| 2형식 | S+V+SC | ▶ 불완전자동사 | |
| 3형식 | S+V+O | ▶ 완전타동사 | |
| 4형식 | S+V+IO+DO | ▶ 수여동사 | |
| 5형식 | S+V+O+OC | ▶ 불완전타동사 | |

S=주어    V=동사    O=목적어    IO=간접목적어
DO=직접목적어    C=보어    OC=목적격보어

---

**바나나** 자, 위의 그림, 기억나죠? 예전에 열심히 배운 영어 5형식의 기본 형태입니다. 만약 여기서 기억나지 않는 게 있다면 얼른 한 번 더 복습하고 오세요!

▶ **1형식: S+V(주어+완전자동사)+(부사/전명구)**

$$S+V+\begin{bmatrix}(부사)\\(전명구)\end{bmatrix}$$

S가 V하다

**바나나** 1형식은 간단히 'S(주어)는 V(동사)하다'로 해석합니다. 1형식은 S+V만으로 완벽한 문장이 된다는 특징, 기억하고 있죠?

**짬뽕** 그럼요! 그런데 위의 표를 보니까 뒤에 부사와 전치사가 붙는다고 쓰여 있는데요?

**바나나** 맞아요. 그런데 자세히 보면 (부사), (전명구)를 이렇게 괄호 안에 넣어놨죠? 왜 그랬을까요?

**짬뽕**　넣고 빼는 게 자유로워서? 시간이나 장소 등 부가 설명만 해주는 거라서 그런 게 아닐까요?

**바나나**　That's right! 짬뽕, 아주 야무지게 잘 배웠네요! 😊 부사와 전명구는 넣고 빼는 게 자유롭기 때문에 1형식뿐만 아니라 2, 3, 4, 5형식, 즉 모든 형식의 문장을 자유롭게 드나들 수 있어요. 보통 1형식이라고 하면 문장이 매우 짧다고 생각하는데, 부사와 전명구를 함께 쓰면 1형식 문장이라도 길어지는 경우가 많답니다. 그럼 오늘은 1형식에 대한 고정관념을 버리고 다양한 모습을 살펴볼게요.

## 🍌 자주 쓰는 1형식 동사

| [ 자주 쓰는 1형식 동사 ] | | | |
|---|---|---|---|
| be<br>(있다 / 존재하다) | exist<br>(존재하다) | go<br>(가다) | come<br>(오다) |
| depart<br>(떠나다) | happen<br>(일어나다) | appear<br>(나타나다 / 발생하다) | show up<br>(나타나다) |
| disappear<br>(사라지다) | stand<br>(서 있다) | walk<br>(걷다 / 산책하다) | run<br>(달리다) |
| fly<br>(날다) | sweat<br>(땀 흘리다) | exercise<br>(운동하다) | fit<br>(딱 맞다) |
| weigh<br>(무게가 나가다) | sleep<br>(자다) | breathe<br>(숨 쉬다) | react<br>(반응하다) |
| live<br>(살다) | laugh<br>(웃다) | work<br>(일하다 / 작동하다) | help<br>(도움이 되다) |
| last<br>(지속되다) | remain<br>(남다) | stay<br>(머물다) | hurry<br>(서둘러 가다 / 서둘러 오다) |
| flow<br>(흐르다) | emerge<br>(나타나다) | gather<br>(모이다) | graduate<br>(졸업하다) |
| turn<br>(돌다) | fall<br>(떨어지다 / 넘어지다) | fail<br>(실패하다) | die<br>(죽다) |
| wait<br>(기다리다 / 대기하다) | | | |

바나나 앞의 동사들은 1형식 동사 중에 가장 자주 쓰이는 것들이에요. 그중 제일 앞에 쓴 be동사는 1형식에서 가장 중요한 동사로 '있다/존재하다'라고 해석하며 주로 전명구와 함께 쓰입니다.

I am in my office. 나 지금 사무실에 있어.

I am on the top of the mountain. 나는 산 정상에 올라와 있어.

God is in my heart. 신은 내 마음속에 존재한다.

(=God exists in my heart. 'exist' 또한 1형식 동사로 '존재하다'라는 뜻)


그러면 1형식 문장이 어떻게 쓰이는지 다양한 예시로 확인해볼게요.


〔 go: 가다 〕

Let's go for a walk. 산책하러 가자.
      V


〔 come: 오다 〕

Winter is coming. 겨울이 오고 있다.
  S       V


〔 depart: 떠나다 〕

The flight departs soon. 비행기가 곧 출발한다.
  S       V


〔 happen: 일어나다 〕

What happened? 무슨 일 있었어?
        V


〔 appear: 나타나다/발생하다 〕

Cracks appeared in the walls. 벽 위로 갈라진 금이 드러났다.
  S       V

〔 show up: 나타나다 〕

**He won't** show up **on time.** 걘 제시간에 오지 않을 거야.
S            V

〔 disappear: 사라지다 〕

**The problem won't just** disappear. 그 문제는 그냥 사라지지 않을 거야.
S                    V

〔 stand: 서 있다 〕

**Don't** stand **outside in the cold.** 추운데 밖에 서 있지 마.
V

〔 walk: 걷다/산책하다 〕

**I** walked **around the city.** 나는 도시 주변을 돌아다녔다.
S   V

〔 run: 달리다 〕

**Water** runs **through the filter.** 물이 필터를 통과해서 흐른다.
S     V

〔 fly: 날다 〕

**Birds** fly **in the sky.** 새들이 하늘을 난다.
S     V

〔 sweat: 땀 흘리다 〕

**I** sweat **like a pig.** 나는 땀을 비 오듯 흘린다.
S   V

〔 exercise: 운동하다 〕

**I** exercise **every day.** 나는 매일 운동한다.
S   V

〔 fit: 딱 맞다 〕

**These shoes** fit **perfectly.** 이 신발은 딱 맞는다.
S            V

〔 weigh: 무게가 나가다 〕

**Air** weighs. 공기도 무게가 있다.
S     V

〔 stay: 머물다 〕

**I** stayed up **all night.** 나는 밤을 새웠다.
S    V

바나나   이 밖에 나머지 동사를 사용해서 1형식 문장을 직접 만들어보면 1형식이 익숙해질 거예요.

# 🍌 특이한 의미의 1형식 동사

바나나   짬뽕, 다음 문장들을 해석해볼래요?

① **Anyone will do.**

② **Your appearance doesn't count in a job interview.**

③ **This job pays well.**

④ **This book reads well.**

⑤ **This car sells the most.**

짬뽕    ① Anyone will do. → 누구든지 할 것이다

② Your appearance doesn't count in a job interview.

   → 너의 외모는 직업 인터뷰에서 셀 수 없다

③ This job pays well. → 이 직업은 돈을 잘 준다

④ This book reads well. → 이 책은 잘 읽는다

⑤ This car sells the most. → 이 차는 많이 판다…

어? 문장들이 하나같이 어딘가 이상한 것 같은데요?

바나나  1형식을 따로 공부하지 않았다면 대부분이 짬뽕처럼 해석했을 거예요. 하지만 이 문장들을 올바르게 해석하면?

**① Anyone will do.** 누구든지 충분할 거야.

➡ do는 1형식에서는 '충분하다'라는 뜻으로 쓰이고, 레스토랑에서 손님과 종업원이 대화를 나눌 때 많이 사용해요.

**종업원**  Is everything all right? 모든 것이 마음에 드십니까?(=주문을 더 하시겠습니까?)
**손님**  Oh, all good. They will do. 오, 다 괜찮습니다. 이거면 (주문한 것이) 충분합니다.

이렇게 주문한 음식이 충분하거나 괜찮다고 말할 때 보통 do를 많이 사용하죠. 또 쇼핑 중에 사려던 물건 대신 비슷한 것을 선택할 때도 "That will do.(대충 그거면 될 거야/충분할 거야)"라고 표현합니다.

**② Your appearance doesn't count in a job interview.**
너의 외모는 면접에서 중요하지 않아.

➡ 한 해의 마지막 날이면 "3, 2, 1, 땡! 해피 뉴 이어!" 하며 카운트다운(count down)을 하죠? 여기서 count는 '숫자를 세다'라는 뜻이에요. 그래서 count를

'~를 세다'라는 3형식 동사로만 생각하기 쉽습니다. 하지만 1형식에서는 '중요하다'라는 뜻으로 해석된다는 사실을 아는 사람은 많지 않을 거예요. matter 또한 명사로는 '문제'라는 뜻이지만 1형식 동사로는 '중요하다'라는 의미로 쓰여요. 그래서 "It doesn't matter.(그건 중요하지 않아)"처럼 쓰인다는 것을 기억하세요!

짬뽕　　영어는 하나의 단어를 여러 품사로 쓰니까 헷갈리는 것도 많네요. 🙁

바나나　　그걸 잘 구분하기 위해서 영어 문장의 5형식을 배우는 거랍니다! 😮
익숙해지면 이 형식이 정말 유용하게 쓰이거든요. 그럼 다음 문장을 살펴볼까요?

③ **This job pays well.** 이 일은 수지가 맞는다.(이 일이 이익이 된다는 뜻)

➡ 대부분의 사람들은 pay라는 단어를 3형식 동사로는 '돈을 내다/지불하다', 명사로는 '월급' 정도로 알고 있을 거예요. 그래서 짬뽕처럼 '이 직업은 돈을 잘 준다'로 해석하기 쉽죠. 하지만 이 문장에서는 job을 '직업'보다는 '일'로 해석하는 게 더 자연스러워요. pay 또한 이 문장에서 목적어가 없는 1형식 동사로 쓰여 '수지가 맞는다'로 해석합니다.

④ **This book reads well.** 이 책은 잘 읽힌다.

짬뽕　　어? 잠깐만요! read는 '읽다'인데 왜 '읽힌다'로 해석해요?

➡ 우리가 보통 타동사라고 생각하는 단어가 1형식 자동사로 쓰일 때는 '~되다'라고 수동형으로 해석되기도 해요. sell(팔리다), read(읽히다), peel(벗겨지다), change(바뀌다/변화되다) 등의 단어가 그렇죠.

| 타동사 | 자동사 |
|---|---|
| sell(~를 팔다) | sell(팔리다) |
| read(~를 읽다) | read(읽히다) |
| peel(~를 벗기다) | peel(벗겨지다) |
| change(~를 바꾸다) | change(변화되다) |

⑤ **This car sells the most.** 이 차가 가장 잘 팔린다.

➜ 위에서 설명한 대로 sell은 타동사로는 '~를 팔다'지만 자동사로는 '팔리다'로 해석해요. 그래서 우리가 자주 쓰는 단어죠? '가장 잘 팔리는 책'이란 뜻의 best seller에서는 sell이 자동사 '팔리다'로 쓰인 거예요.

**1형식에서**
**① 의미가 달라지는 동사들**

| do | 충분하다 |
|---|---|
| part | 헤어지다 |
| vary | 다르다 |
| tell | 효과가 있다 |
| work | 작동하다/효과가 있다 |
| count | 중요하다 |
| matter | 중요하다 |
| pay | 수지가 맞다 |

**1형식에서**
**② 수동적으로 해석하는 동사들**

| sell | 팔리다 |
|---|---|
| read | 읽히다 |
| peel | 벗겨지다 |
| change | 바뀌다/변화되다 |

바나나  1형식에서 쓰이면 특이하게 해석되는 동사들을 정리해봤어요. 지금껏

써오던 의미와는 달라서 생소하게 느껴질 거예요.

짬뽕 이런 동사들은 배우지 않으면 엉터리로 해석하기 딱 좋겠는데요? 알고 있다고 생각하던 것도 다시 한번 점검 또 점검하면서 봐야겠어요! 😃

## 🍌 헷갈려서 시험에 자주 나오는 1형식 동사

바나나 이번에는 시험에 단골로 나오는 동사들을 볼게요. 1형식이 아닌 다른 형식에 쓰이면 뜻이 달라지는 동사들입니다.

| 1형식 외에 다른 형식에서 뜻이 달라지는 동사들 | |
| --- | --- |
| **1형식 자동사** | **3형식 타동사** |

| 1형식 자동사 | |
| --- | --- |
| grow | 성장하다 |
| rise | 일어나다<br>솟아오르다 |
| lie | 거짓말하다<br>눕다 |
| stand | 서 있다 |
| stay | 머물다 |

| 3형식 타동사 | |
| --- | --- |
| grow | 키우다 |
| raise | 키우다<br>들어올리다 |
| lay | 놓다<br>두다 |
| stand | ~한 상태를 유지하다 |
| stay | ~한 상태를 유지하다 |

짬뽕 선생님, 이 동사들은 시험 문제에 어떤 식으로 나오나요?

바나나 이러한 단어가 문장에서 문법적으로 적절하게 쓰였는지를 묻는 경우가 많아요. 그중에서도 rise와 lie가 가장 많이 나온답니다.

### ▶ rise & raise

〔 자동사 〕 **일어나다/솟아오르다** → rise - rose - risen
〔 타동사 〕 **키우다/들어올리다** → raise - raised - raised

바나나   자, 그럼 여기서 문제! 다음 문장에 들어갈 동사는 rise일까요, raise일 까요?

If you want to participate, please (rise/raise) your hands.
참여하고 싶다면 손을 _____ 해주세요.

짬뽕   '손을 올려주세요'라고 해야 하니까 raise요!

바나나   딩동댕!

Arty and banana want to (rise/raise) their kids in Australia.
아티와 바나나는 그들의 아이를 호주에서 _____ 하고 싶다.

짬뽕　　아이를 키우는 거니까 raise요!

바나나　잘했어요! 이제 이런 문제가 나오면 지금처럼 해석하며 풀면 된답니다.
😊 그럼 이것보다 조금 더 어려운 lie와 lay를 볼게요.

---

▶ **lie & lay**　　〔자동사〕　눕다 → lie - lay - lain
　　　　　　　　　　　　　　거짓말하다 → lie - lied - lied
　　　　　　　　　　〔타동사〕　놓다/두다 → lay - laid - laid

---

위의 박스에서 lie를 잘 보면 자동사에서부터 뜻이 2개로 갈리죠? 그래서 이 두
가지를 비교하는 문제가 시험에 종종 나와요. 현재형은 같지만 과거형은 형태가
다르기 때문에 문장에서 구분해서 써야 하거든요. 또 자동사 '눕다'의 과거형 lay
가 타동사 '놓다'의 현재형 lay와 똑같은 점을 이용한 문제도 학생들을 헷갈리게
만들죠.

짬뽕　　으아아~~~! 비슷하면서 다르니까 더 어려워요. 😣

바나나　😵 특히 과거형을 묻는 문제가 많이 나오니까 잘 기억해두세요. 그럼
아래 문제를 풀어볼까요?

**She has (lied/lain) to me over years!**

**그녀는 수년간 나에게 거짓말을 해왔어!**

짬뽕　　음… 뜻을 알아도 헷갈리네요. '거짓말하다'의 PP형이니까 lied?

바나나　맞아요! 이렇게 문제를 반복해서 풀어보면서 기억하려고 노력해보세
요! 그럼 우리 하나만 더 풀어봐요.

① He (lie/lay) on the bed. 그는 침대에 누웠다.

② He (lay/laid) his coat on the bed. 그는 침대 위에 코트를 올려놓았다.

짬뽕     문제 ①은 '눕다'니까 lie, 문제 ②는 '놓다'니까 lay! 맞죠?

바나나     아이고, 짬뽕, 시제를 생각해야죠! 해석에는 둘 다 과거형으로 쓰여 있죠? 그러니까 ①에는 lay(누웠다), ②에는 laid(놓았다)로 과거형을 써야 해요.

짬뽕     으~~, 정말 쉽지 않네요, 쉽지 않아! 😬

바나나     쉬웠으면 시험에 자주 안 나왔겠죠? 😃 자, 그럼 열심히 반복해서 연습할 거라 믿고, 이번엔 아주 특별한 모습의 1형식을 만나볼게요.

##  특이한 1형식 형태

▶ There $\begin{bmatrix} \text{is} \\ \text{are} \end{bmatrix}$ + S

→ '~가 있다'로 해석
→ 주어보다 동사가 먼저 오는 문장 구조
→ 따라서 뒤에 오는 주어가 단수/복수인지를 미리 알아야 is/are 중에 알맞은 동사 선택

바나나     짬뽕, 아래 문장을 해석해볼까요?

**There is an elevator in my apartment.**

짬뽕     거기에는 있다… 엘리베이터가… 내 아파트에? 으… 맞나요?

바나나 짬뽕의 해석은 '거기에는'이라는 단어로 시작하네요. 그런데 말이죠, 이 문장의 there는 해석하지 않는 부사랍니다. 🙂

짬뽕 엥? 해석도 안 하는 걸 왜 써놓은 거예요?

바나나 사실 이 문장은 매우 특이한 구조예요. 자세히 보면 동사와 주어가 도치(문장 구성 요소의 자리를 바꿔주는 것)된 게 보이죠?

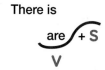

문장에 be동사가 먼저 오고 그 뒤에 S가 왔어요.

짬뽕 엥? 왜 멀쩡한 주어와 동사를 도치하는 거예요?

바나나 구성요소가 S + V뿐인 1형식은 문장이 너무 짧아서 종종 어색하게 느껴지기 때문이에요. 특히 동사가 be동사일 때는 더 심하죠. 그래서 there 같은 요소를 넣어 문장을 채워준 거예요. 그럼 1형식 문장이 왜 어색한지 아래 두 문장을 볼까요?

**개가 있다.** → A dog is.
**사람들이 있다.** → People are.

문법적으로는 완벽한 문장이지만 어디가 시작이고 끝인지 모르겠는 데다 허전하지 않나요?

짬뽕 그러네요. 문법적으로 틀린 곳이 없는데 왠지 어색하고 비어 보여요. 너무 짧아서 그런가요?

바나나   맞아요. 특히 be동사가 나 홀로 오는 모양새가 어색해 보이죠? 그래서 이럴 때 문장 앞에 해석하지 않는 부사 there를 써주기로 한 거예요. "자, 앞으로 1형식 문장이 도치되어 올 거니까 준비하세요!" 이런 사인을 주는 거죠. 😊

짬뽕   오, 신박한데요? 😎

바나나   그렇죠? 우리는 이런 there를 '유도부사'라고 불러요. 유도는 '~를 유도하다 / 이끌어내다'라는 뜻이니까, 유도부사는 '주어와 동사의 도치를 유도하는 부사'라는 의미예요. 그리고 there는 보통 장소부사로 쓰여 '거기에'라고 해석하지만, 앞의 문장에서는 장소부사가 아닌 유도부사로 쓰였으니까 해석하지 않는 거죠! 그럼 짬뽕, 앞의 어색했던 문장을 유도부사 there를 써서 만들어볼래요?

짬뽕   There is a dog. → 개가 있다. There are people. → 사람들이 있다. 오! 이런 문장은 저도 자주 봤어요. 이게 1형식 문장이었군요!

바나나   그렇답니다~! 그리고 이 문장을 발전시키려면 전명구나 부사를 추가하면 돼요.

**There is a dog in front of my school.** 우리 학교 앞에는 개 한 마리가 있어.
**There are people in the house.** 그 집에는 사람들이 있어.

짬뽕   아하! 이제 좀 알겠어요! 😄

바나나   그런데 이 'there is~ / there are~' 구문이 시험에 자주 나오는 이유가 있어요. 바로 be동사의 수일치 때문이죠.

### There is/are + S

반복해서 보고 있는 위 문장 구조를 보면 주어가 동사 뒤에 있죠? 그래서 문장을 만들 때는 제일 먼저 주어가 단수인지 복수인지를 따져야 해요. 그래야만 동사 is / are 중에 주어에 맞는 것을 적절하게 선택할 수 있으니까요. 그럼 아래 문장에서 알맞은 동사를 골라보세요.

**There (is/are) many books in my bag.**

짬뽕      are요! 주어가 many books로 복수니까요! 쌤, 너무 쉬운데요?

바나나    그렇죠? 😊 주어의 단수/복수에 따르는 동사만 알면 이런 문제는 말 그대로 껌이죠! 그럼 난이도를 살짝 높여볼게요.

**There (is/are) no one in the room.**

짬뽕      음, 아무도 없다는 말이니까… 단수로 취급해야 하지 않을까요?

바나나    Wow! Amazing 짬뽕! 더 이상 가르칠 게 없는데요? 맞습니다. 'There is / are +S 구문'은 부정문으로 쓸 때 There isn't 혹은 There aren't로도 쓰지만, There is no S 형태로도 많이 쓰니 기억해주시고, 자, 오늘 수업은 여기서 끝! 수고 많았어요! 😲

짬뽕      오! 오늘은 왠지 빨리 끝난 것 같아요! 😊

바나나    저도 그래요. 예전에 배운 걸 바탕으로 공부하니 재밌고 쉽게 느껴지죠? 😊 내일은 2형식을 공부하게 될 텐데요, 2형식 문장부터는 수준이 확 올라가서 다양한 시제의 예시를 만날 테니 기대하세요!

짬뽕      흐, 시제라니! 큰 산을 넘어야 할 것만 같은 예감이 드는걸요. 쌤, 그럼 내일 또 바나나요! 🍌

## 오늘 배운 내용

▶ 1형식의 특징
▶ 특이한 의미의 1형식 동사
▶ 특이한 1형식 형태

▶ 자주 쓰는 1형식 동사
▶ 헷갈려서 시험에 자주 나오는 1형식 동사

## 1형식의 특징

S + V(완전자동사)만으로 완전한 문장을 만들 수 있다. 이때 부사나 전명구가 함께 올 수 있다.

> ▶ 1형식: S + V(주어 + 완전자동사) + (부사/전명구)
>
> **S + V +** ⎡ **(부사)** ⎤ S가 V하다
> ⎣ **(전명구)** ⎦

## 자주 쓰는 1형식 동사

| be<br>(있다 / 존재하다) | exist<br>(존재하다) | go<br>(가다) | come<br>(오다) |
|---|---|---|---|
| depart<br>(떠나다) | happen<br>(일어나다) | appear<br>(나타나다 / 발생하다) | show up<br>(나타나다) |

| | | | |
|---|---|---|---|
| disappear<br>(사라지다) | stand<br>(서 있다) | walk<br>(걷다/산책하다) | run<br>(달리다) |
| fly<br>(날다) | sweat<br>(땀 흘리다) | exercise<br>(운동하다) | fit<br>(딱 맞다) |
| weigh<br>(무게가 나가다) | sleep<br>(자다) | breathe<br>(숨 쉬다) | react<br>(반응하다) |
| live<br>(살다) | laugh<br>(웃다) | work<br>(일하다/작동하다) | help<br>(도움이 되다) |
| last<br>(지속되다) | remain<br>(남다) | stay<br>(머물다) | hurry<br>(서둘러 가다/서둘러 오다) |
| flow<br>(흐르다) | emerge<br>(나타나다) | gather<br>(모이다) | graduate<br>(졸업하다) |
| turn<br>(돌다) | fall<br>(떨어지다/넘어지다) | fail<br>(실패하다) | die<br>(죽다) |
| wait<br>(기다리다/대기하다) | | | |

\* 특히 1형식에서 be동사는 '있다/존재하다'로 해석합니다.

## 특이한 의미의 1형식 동사

| 1형식에서<br>① 의미가 달라지는 동사들 | | 1형식에서<br>②수동적으로 해석하는 동사들 | |
|---|---|---|---|
| do | 충분하다 | sell | 팔리다 |
| part | 헤어지다 | read | 읽히다 |
| vary | 다르다 | peel | 벗겨지다 |
| tell | 효과가 있다 | change | 바뀌다/변화되다 |
| work | 작동하다/효과가 있다 | | |
| count | 중요하다 | | |
| matter | 중요하다 | | |
| pay | 수지가 맞다 | | |

# 헷갈려서 시험에 자주 나오는 1형식 동사

| 1형식 외에 다른 형식에서 뜻이 달라지는 동사들 |
|---|

## 1형식 자동사

| grow | 성장하다 |
|---|---|
| rise | 일어나다<br>솟아오르다 |
| lie | 거짓말하다<br>눕다 |
| stand | 서 있다 |
| stay | 머물다 |

## 3형식 타동사

| grow | 키우다 |
|---|---|
| raise | 키우다<br>들어올리다 |
| lay | 놓다<br>두다 |
| stand | ~한 상태를 유지하다 |
| stay | ~한 상태를 유지하다 |

---

### ▶ rise & raise

〔자동사〕 **일어나다/솟아오르다** → rise - rose - risen

〔타동사〕 **키우다/들어올리다** → raise - raised - raised

---

### ▶ lie & lay

〔자동사〕 **눕다** → lie - lay - lain

　　　　 **거짓말하다** → lie - lied - lied

〔타동사〕 **놓다/두다** → lay - laid - laid

▶ **There** $\begin{bmatrix} \text{is} \\ \text{are} \end{bmatrix}$ **+ S**

→ '~가 있다'로 해석

→ 주어보다 동사가 먼저 오는 문장 구조

→ 따라서 뒤에 오는 주어가 단수 / 복수인지를 미리 알아야 is / are 중에 알맞은 동사 선택

**1.** 1형식 문장의 특징에 따라 빈칸을 채우세요.

> 1형식은 S+V(_____)만으로 문장이 완전할 수 있다. _____ 나 _____ 가
> 함께 올 수 있다.

**2.** 자주 쓰는 1형식 동사의 뜻을 쓰세요.

| | | | |
|---|---|---|---|
| be | | react | |
| | | live | |
| exist | | laugh | |
| go | | work | |
| come | | | |
| depart | | help | |
| happen | | last | |
| appear | | remain | |
| show up | | stay | |
| disappear | | hurry | |
| stand | | flow | |
| walk | | emerge | |
| run | | gather | |
| fly | | graduate | |
| sweat | | turn | |
| exercise | | fall | |
| fit | | | |
| weigh | | fail | |
| sleep | | die | |
| breathe | | wait | |

**3. 특이한 의미의 1형식 동사의 뜻을 쓰세요.**

① 1형식에서 의미가 달라지는 동사들

| | | | | | |
|---|---|---|---|---|---|
| do | ＿＿＿＿＿ | part | ＿＿＿＿＿ | vary | ＿＿＿＿＿ |
| tell | ＿＿＿＿＿ | count | ＿＿＿＿＿ | matter | ＿＿＿＿＿ |
| pay | ＿＿＿＿＿ | work | ＿＿＿＿＿ / ＿＿＿＿＿ | | |

② 1형식에서 수동적으로 해석하는 동사들

| | | | | | |
|---|---|---|---|---|---|
| sell | ＿＿＿＿＿ | read | ＿＿＿＿＿ | peel | ＿＿＿＿＿ |
| change | ＿＿＿＿＿ / ＿＿＿＿＿ | | | | |

**4. 다음 중 1형식이 아닌 문장을 모두 고르세요. (복수 정답)**

① I went to bed early last night.

② You should work as a singer.

③ The medicine works like a charm.

④ Winter is on my head, but eternal spring is in my heart.

⑤ He is sweating like a pig.

⑥ People went nuts for her book.

⑦ He appeared out of nowhere.

⑧ I started work as a magazine model in France.

⑨ Arty stayed positive no matter how difficult it was.

⑩ Have you been sleeping well?

**5. 아래 문장을 1형식으로 영작하세요.**

① 내 가방에는 5개의 초콜릿이 있어.

_____

② 우리 가족 구성원은 총 4명이야.

_____

③ 우리 집 바로 앞에는 커먼웰스 은행이 있어.(＊ Commonwealth Bank)

_____

④ 이것은 할인 판매 중이다.

_____

⑤ 나이는 중요하지 않아.

_____

⑥ 난 항상 네 곁에 있을 거야.
   〔be동사 문장〕

_____

   〔일반동사 문장〕

_____

⑦ 나는 학교에 걸어서 간다.

_____


**6. 아래 문장을 한국어로 해석하세요.**

① It will do.

_____

② It will tell!

_____

③ This book sells the most.

_____

④ Your idea works well.

_____

⑤ What he said doesn't count.

_____

⑥ People used to pay in gold in the past.

_____


**7. 다음 중 알맞은 단어를 고르세요.**

① The plane couldn't fly (fast / fastly).

② You always dress (beautiful / beautifully).

③ He showed up (late / lately).

④ Have you been to your hometown (late / lately)?

⑤ She jumped around the room (happy / happily).

⑥ The project will finish (short / shortly).

⑦ He (lay / lied) on the couch.

⑧ She (has lied / has lain) to her husband for years.

⑨ This building (has lied / has lain) empty for many years.

⑩ The current price of a single Bitcoin has (risen / raised) nearly 200%.

⑪ In the zombie movie, the dead (rise / raise) up and kill people.

⑫ The film (rises / raises) many important questions.

⑬ There (is / are) two sides to every story.

⑭ There (is / are) no man without faults.

*정답은 p.435를 참고하세요.

# DAY 17

## 영어 2형식
## 타파하기!

오늘 배울 내용
- 2형식의 기본 형태
- 주격보어의 종류
- 대표적인 2형식 동사
- 헷갈리기 쉬운 2형식 동사
- 유사보어

DAY 16~20 수업과
관련된 영상은
← 여기!

바나나    짬뽕! You look so pretty today!

짬뽕    아유~, 무슨 말씀이세요~. 저 오늘은 세수도 안 해서 엉망인걸요. ☹

바나나    하하! 한국 사람들은 칭찬을 받으면 쑥스러운 나머지 스스로를 깎아내리는 말을 자주 하죠. 그런데 이걸 영어로 표현할 때는 매우 조심해야 해요. 외국 사람들은 한국식 '겸손한' 반응에 당황해서 아래의 상황처럼 오해하는 경우가 많거든요.

① 상대가 자존감과 관련해서 문제가 있다고 판단 → 걱정을 해줌

**Why would you say that? You are a wonderful person!**

왜 그렇게 말하는 거야? 넌 정말 멋진 사람인데!

② 외모에 관련된 언급 때문에 기분을 상하게 했다고 판단 → 사과함

**I am sorry. I just thought you look beautiful. No offense!**

오, 미안해, 난 그냥 네가 예쁘다고 생각했을 뿐이야. 기분 나쁘게 하려던 건 아니야.

짬뽕    Oh my god! 전 단순히 좀 쑥스러워서 그런 것뿐인데… 😣 그럼 칭찬에는 어떻게 반응해야 해요?

바나나    고맙다고 인사한 다음에 상대를 칭찬하는 게 일반적이에요. 예의를 지키는 사이라면 "Thanks! You look awesome today as well!(고마워! 너도 오늘 완전 근사해!)", 아주 친해서 농담을 주고받는 사이라면 "You don't look too bad yourself!(너도 오늘 괜찮아 보이는데!)"라고 받아치죠.

〔 깍듯한 사이 〕    〔 친한 사이 〕

짬뽕    와! 이거야말로 상당한 문화적 차이네요!

바나나    그뿐만 아니라 칭찬을 하는 방법에도 큰 차이가 있어요. 한국 사람들은 '너 예쁘다 / ~생겼다 / 날씬하다 / 몸매가 좋다' 등 외모에 관한 칭찬을 직접적으로 하기도 하죠? 그런데 서양권에서는 외모에 관해 언급하는 것을 굉장히 조심스럽게 생각합니다. 그래서 칭찬을 하더라도 "I like your dress!(네 드레스는 정말 멋져!)", "I love your hair style!(네 머리 스타일 엄청 멋지다!)"처럼 간접적으로 칭찬해요.

짬뽕　아하! 기억해둬야겠어요. 😄

바나나　자, 오늘 배울 2형식은 위에서 말한 칭찬하는 상황과도 관련이 있어요. 'S는 C이다'로 해석되기 때문에 '나는 ~이다/너는 ~이다'같이 묘사/소개/설명/평가를 할 때 자주 쓰이거든요. 그럼 일상적인 대화에서 자주 쓰이는 2형식을 기본 형태부터 자세히 배워볼게요!

## 🍌 2형식의 기본 형태

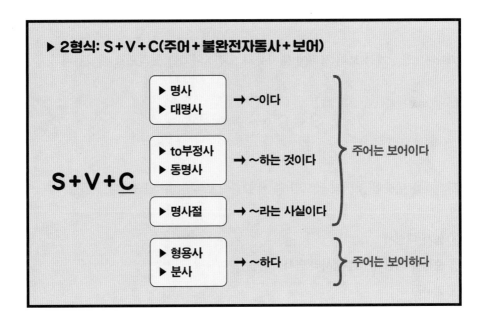

짬뽕　지난번엔 '보어에는 형용사/명사가 온다' 정도만 배웠는데 지금 보니 보어 자리에 올 수 있는 요소가 꽤 다양하네요.

바나나　그때는 문법의 기초 단계라 간난하게 나루었는데, 이세는 기본을 다 배웠으니 하나하나 자세하게 봐야겠죠?

## 🍌 주격보어의 종류

— **명사류 보어**

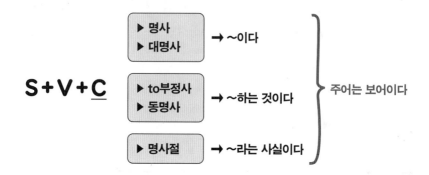

$$S + V + \underline{C}$$

- ▶ 명사
- ▶ 대명사 → ~이다
- ▶ to부정사
- ▶ 동명사 → ~하는 것이다
- ▶ 명사절 → ~라는 사실이다

} 주어는 보어이다

**바나나** 문장에서 보어 자리에 명사류가 오면 S와 C가 동격으로 해석됩니다.

---

### S = C → 주어는 보어이다

---

명사류를 비슷한 것끼리 묶으면 총 세 그룹으로 나눌 수 있습니다.

① **명사/대명사**
② **준동사(동명사/to부정사의 명사적 용법)**
③ **명사절**

각각 해석법이 조금씩 다르니 예시를 통해 살펴볼게요.

① 명사 / 대명사: ~이다

**I am** a student. 나는 학생이다.

**You are** my best friend. 너는 내 베스트 프렌드야.

**It is** mine. 이건 내 것이야.

**The actor is** he. 그 배우가 그 남자야.

**This is** she. 제가 그 여잔데요.


② 준동사(동명사/to부정사의 명사적 용법): ~하는 것이다

**My goal is** buying a new car. 내 목표는 새 차를 사는 거야.

**My job is** packing strawberries. 내 직업은 딸기를 포장하는 거야.

**The best way to be successful is** to focus on one goal at a time.

성공하기 가장 좋은 방법은 한 번에 한 가지 목표에 집중하는 것이다.

**My resolution is** to learn Spanish and French.

나의 계획은 스페인어와 프랑스어를 배우는 거야.

**The secret is** to love somebody sincerely. 비결은 누군가를 진심으로 사랑하는 것이다.


짬뽕    준동사를 배워서 그런지 위의 예시는 그렇게 어렵지 않네요. ☺ 그런데 절에 관해서는 자세히 배운 적이 없는데 제가 해석할 수 있을까요?


바나나    어려울 것 없어요! S+V를 절이라고 부르죠? 그래서 S+V가 오면 'S가 V하다는 것/S가 V하다는 사실'이라고 해석해주면 된답니다. 😄


③ 명사절: S가 V라는 사실이다

**My prayer is** that your love will overflow over you more and more.

나의 바람은 당신의 사랑이 더욱더 넘쳐흐르는 것이다.

**The problem was** that he was lying about everything!

문제는 그가 모든 것을 거짓말하고 있다는 사실이었다.


짬뽕    오호! 절이 들어간 긴 문장도 그렇게 어렵지 않네요!


바나나    Right? 이번에는 보어 자리에 형용사류가 오는 경우를 알아봐요.

## —— 형용사류 보어

$$S+V+\underline{C} \quad \boxed{\begin{array}{l} \blacktriangleright \text{ 형용사} \\ \blacktriangleright \text{ 분사} \end{array}} \rightarrow \text{~하다} \Bigg\} \text{주어는 보어하다}$$

바나나  보어 자리에 형용사류가 오는 경우로 그 종류에는 일반 형용사와 분사가 있습니다.

$$\text{S} \fallingdotseq \text{C} \rightarrow \text{주어는 보어하다}$$

① **일반 형용사**
② **분사(현재분사 V-ing/과거분사 PP)**

예시를 통해 자세히 살펴볼게요.

① 일반 형용사: ~하다

**She is** intelligent **and** sophisticated. 그녀는 똑똑하고 지적이야.

**The exam is so** difficult. 그 시험은 너무 어려워.

**Don't be so** hard **on yourself.** 스스로에게 너무 부담 주지 마.

② 분사(현재분사 / 과거분사): ~하다

〔 **현재분사 V-ing: ~하는/~하는 중인** 〕

**This game is** exciting! 이 게임 재밌어!

**Taking a test is so** boring. 시험 치는 건 너무 지루해.

**Learning about cultural differences is** interesting. 문화 차이를 배우는 것은 흥미로워.

**Your food is** amazing! 너의 음식은 정말 환상적이야!

〔 과거분사 PP: ~된/~진/받은 〕

**I am so lost.** 나 완전 멘붕이야.

**He is interested in you.** 그는 너에게 관심 있어.

**We were so exhausted after working out.** 우리는 운동 뒤에 완전 녹초가 되었다.

**I am tired of your behavior.** 난 너의 행동에 지쳤어.

바나나  그럼 아래 분사들을 이용해서 자유롭게 문장을 만들어볼까요?

tired(피곤함을 느끼는)    tiring(피곤하게 하는)    bored(지루함을 느끼는)

boring(지루한)    annoyed(짜증이 난 상태의)    annoying(짜증이 나는)

**Overtime work is tiring and annoying.** 야근하는 건 피곤하고 짜증나는 일이야.

〔 예문 1 〕 _____

〔 예문 2 〕 _____

〔 예문 3 〕 _____

〔 예문 4 〕 _____

# 🍌 대표적인 2형식 동사

**바나나**  짬뽕, 2형식 불완전자동사라고 하면 어떤 동사가 떠올라요?

**짬뽕**  2형식 동사라면 당연히 be동사죠!

**바나나**  That's right! 여러분도 자유롭게 만든 앞의 예문을 살펴보세요. 모두 be동사를 쓰지 않았나요?

**짬뽕**  우와! 😮 쌤, 돗자리 까셔야겠어요! 😛 제가 쓴 예시도 대부분 be동사를 썼어요.

**바나나**  be동사가 가장 흔한 2형식 동사이기 때문이죠. 이렇게 be동사의 사용 빈도가 높다 보니 '2형식 동사는 be동사'라는 오해를 사기도 하지만, be동사는 다양한 2형식 동사 중 하나일 뿐이라는 걸 잊지 마세요!

**짬뽕**  네! 그럼 다른 2형식 동사들도 알려주세요!

### [ 대표적인 2형식 동사 ]

| | | |
|---|---|---|
| **be동사류** | ~이다 | am / are / is / was / were / have been / has been / had been |
| **추측동사** | ~처럼 보이다 | seem / appear |
| **변화동사** | ~한 상태가 되다 | become / get / fall / go / grow / make / prove / turn / run / come |
| **상태유지동사** | ~한 상태를 유지하다 | remain / hold / keep / stand / stay |
| **결과동사** | ~로 판명 나다 | prove / turn out |
| **감각동사** | ~보이다 / 들리다 / 냄새나다 / 맛이 나다 / 느껴지다 | look / sound / smell / taste / feel |

바나나   그럼 추측동사부터 하나씩 깊게 공부해볼게요.


## ── 추측동사: ~처럼 보이다

| seem / appear |
| --- |

바나나   말 그대로 주어가 '~한 상태처럼 보인다'라고 추측하는 표현이에요. 직설적인 표현보다 돌려 말하는 걸 즐기는 영어권에서 무척 애용하는 동사들이죠. 이 동사들은 명사를 보어로 받을 때 항상 전치사 like를 함께 써야 한다는 점을 주의해주세요. 사용 빈도는 seem이 appear보다 훨씬 높습니다.


〔 seem 〕

① seem＋형용사: ~한 상태로 보인다

② seem like＋명사: ~인 것처럼 보인다

③ seem to V: ~하는 것처럼 보인다

④ seem that S＋V: S가 V하는 것처럼 보인다


His house seems luxurious. 그의 집은 매우 고급스러워 보인다.

He seems like a homeless man. 그는 노숙자처럼 보인다.

You seem to know about something.

너는 뭔가 아는 것처럼 보인다.(보어 -to부정사의 형용사적 용법)

It seems that he wants to keep a distance from you.

그가 너와 거리를 두고 싶어 하는 것 같아.


〔 appear 〕

① appear＋형용사: ~한 상태로 보인다

② appear like＋명사: ~인 것처럼 보인다

She appeared **surprised** at the news. 그녀는 그 소식을 듣고 놀란 듯 보였다.

He doesn't appear **like** a swindler. 그는 사기꾼처럼 보이지 않는다.

## —— 변화동사: ~한 상태가 되다

> become / get / fall / go / grow / make / prove / turn / run / come

바나나 주어의 상태 변화를 나타내는 동사로 '~한 상태가 되다'로 해석합니다. 교과 과정에서는 become을 변화동사의 대표적인 예로 배우지만, 실생활에서는 get / go와 같은 동사들도 자주 쓰여요.

I've become **a grumpy old man.** 나는 까칠한 늙은이가 되고야 말았어.

BTS has become **popular all over the world.** BTS는 전 세계에서 인기를 얻게 되었다.

I got **so nervous.** 나는 너무 긴장한 상태가 됐어.

It gets **awkward when people ask about my ex-boyfriend.**
사람들이 전남친에 대해서 물어볼 때면 분위기가 어색해져.

This milk went **bad.** 이 우유는 상했어.

She went **crazy at age 46.** 그녀는 46살에 정신이 나갔다.

Sliced or cut apples turn **yellow quickly.** 얇게 썰거나 자른 사과는 빠르게 갈변돼요.

The weather is going to turn **nasty again.** 날씨가 또 험악해질 것 같은데.

The day is growing **dark.** 날이 점점 어두워지고 있다.

## ── 상태유지동사: ~한 상태를 유지하다

> remain / hold / keep / stand / stay

바나나　주어의 상태가 변함없이 유지되는 것을 나타내는 동사예요.

Stay cool and relax. 차분하고 여유로운 상태를 유지해.

Keep calm and carry on. 평정심을 유지하고 계속해 나가자.

Even after breaking up, we stayed friends for a long time.

심지어 헤어진 후에도 우리는 친구 관계를 오랫동안 유지했다.

His views still hold true today. 그의 식견은 여전히 유효하다.

Their motives for the murder remain unknown.

그들의 살해 동기는 여전히 알려지지 않은 상태다.

The house has stood empty since I was child. 내가 어렸을 때부터 이 집은 항상 비어 있었다.

## ── 결과동사: ~로 판명 나다

> prove / turn out

바나나　어떤 과정을 거친 뒤 '~로 입증되다/판명 나다' 등의 결과를 나타내는
동사예요.

The work turned out to be beyond my abilities. 그 일은 내 능력 밖의 일로 판명되었다.

It turned out he is my father. 그가 우리 아빠로 밝혀졌어.

The experiment with the clones proved a failure. 클론에 대한 실험은 실패로 드러났어.

The project will prove to be a huge success. 이 프로젝트는 엄청난 성공임이 입증될 거예요.

(큰 성공을 거둘 것이다)

—— **감각동사: ~보이다/들리다/냄새나다/맛이 나다/느껴지다**

| look / sound / smell / taste / feel |
|---|

바나나  눈, 코, 입, 귀의 감각으로 느낄 수 있는 것을 표현하는 동사입니다.

**Your food** looks **delicious.** 네 음식은 맛있어 보여.

**That** sounds like **a fun plan!** 그거 재미있는 계획처럼 들리는데!

**His feet** smell like **rotten eggs.** 그의 발에서는 썩은 달걀 냄새가 난다.

**My mom's food** tastes like **heaven!** 우리 엄마 음식은 천국의 맛이야!

**I feel sick.** 나 아파.

**I felt her arms around me.** 나는 그녀의 팔이 나를 감싸고 있는 것을 느꼈다.

짬뽕  헉, 선생님! 저는 위의 동사 대부분을 3형식 타동사로 생각하고 있었어요. 예를 들면 make / prove / keep 같은 것들요!

바나나  짬뽕이 말한 make / prove / keep 같은 동사들은 3형식이 맞아요. 하지만 2형식에서도 쓸 수 있답니다. 😊 2형식보다는 3형식에서 더 자주 쓰여서 3형식 타동사라는 인상을 주는 것뿐이에요. 똑같이 생긴 동사라도 의미가 조금 바뀌어서 다양한 형식에 쓸 수 있다는 것을 기억해주세요. 그럼 헷갈리기 쉬운 2형식 동사들을 알아볼게요.

## 🍌 헷갈리기 쉬운 2형식 동사

① make

바나나  2형식에서는 '~가 되다', 3형식에서는 '~를 만들다'로 해석합니다.

〔2형식〕 You will make **a great pilot.** 너는 훌륭한 파일럿이 될 거야.

〔3형식〕 You made **the best cookies ever!** 너는 최고의 쿠키를 만들었어!


② stay

**바나나** 1형식에서는 '~에 머물다', 2형식에서는 '~한 상태를 유지하다'로 해석합니다.


〔1형식〕 I would stay **with you.** 나는 너와 함께 있을래.

〔2형식〕 I stayed **calm.** 나는 침착함을 유지했다.


③ grow

**바나나** 1형식에서는 '자라다', 2형식에서는 '~한 상태가 되다', 3형식에서는 '~를 키우다'로 해석합니다.


〔1형식〕 She grew up **so much!** 그녀는 엄청 많이 성장했다.

〔2형식〕 Her face grew **red.** 그녀는 얼굴이 빨개졌다.

〔3형식〕 She grows **flowers and vegetables.** 그녀는 꽃과 채소를 키운다.


④ stand

**바나나** 1형식에서는 '서 있다', 2형식에서는 '~한 상태를 유지하다'로 해석합니다.


〔1형식〕 I will stand **by your side.** 나는 네 옆에 서 있을 거야.

〔2형식〕 This house stood **empty for a long time.** 이 집은 오랫동안 텅 빈 채로 있었어.


**짬뽕** 이렇게 형식을 미리 알 수 있다면 문장 해석이 어렵지 않을 것 같아요. 그런데 책을 읽다가 갑자기 저런 단어가 나오면 형식에 맞게 제대로 해석할 수 있을까요?

바나나 그걸 가능하게 하려면 열심히 공부해야겠죠? 😊 수업을 들으면서 동사가 각 형식에 따라 다양하게 해석된다는 걸 이해했을 거예요. 그 뒤에는 다양한 예시의 독해를 공부하면서 저마다의 해석에 익숙해지는 과정이 필요하답니다.

## 🍌 유사보어

바나나 이제 영문법 용어의 눈치왕이 된 짬뽕, 유사보어가 뭔지 추측해볼래요?

짬뽕 예전에 '유사분사'가 분사는 아니지만 분사처럼 쓰이는 걸 뜻했으니까, 유사보어는 '보어랑 비슷한' 무언가가 아닐까요? 😎

바나나 Exactly! 유사하다는 말은 똑같다는 말과는 의미가 다르죠? 짬뽕이 말한 대로 비슷하다는 뜻이에요. 그럼 보어와 비슷한 게 무엇인지 아래 그림을 보며 설명할게요.

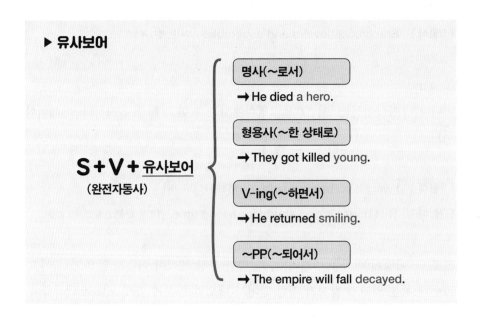

▶ 유사보어

S + V + 유사보어
(완전자동사)

명사(~로서)
→ He died a hero.

형용사(~한 상태로)
→ They got killed young.

V-ing(~하면서)
→ He returned smiling.

~PP(~되어서)
→ The empire will fall decayed.

짬뽕    어? die는 1형식 동사 아닌가요? 2형식을 공부하는 중인데 1형식 '완전자동사'가 나왔네요!

바나나    오! 정확하게 짚었어요. 앞의 동사들은 1형식 완전자동사들이에요!

짬뽕    그런데 원래 1형식 동사 뒤에는 아무것도 오지 않는다고 하지 않았나요? 그런데 앞의 예시에서는 1형식 동사 뒤에 명사/형용사/V-ing/PP 등이 마치 '보어'인 양 붙어 있는데요?

바나나    바로 그거예요! 보어를 받지 못하는 완전자동사 뒤에 일반 보어와 비슷한 척하는 '보어와 유사한 녀석들'이 오는 걸 '유사보어'라고 하는 거랍니다! 😊

짬뽕    음… 그런데 좀 헷갈려요. 완벽한 1형식 문장이 끝났는데 이렇게 보어인 척하는 문법요소가 막 추가되어도 괜찮나요?

바나나    와, 짬뽕, 예리해요! 원래는 잘못된 문법이에요. 하지만 이런 문법이 대중적으로 널리 쓰이면서 하나의 문법으로 자리를 잡았고 '유사보어'라는 이름으로 재탄생하게 된 거죠. 언어란 고정된 게 아니라 끊임없이 변화하는 유동적인 생명체와 같아요. 그래서 규칙에 어긋나는 예외가 많이 있답니다. 😄 자, 그럼 이제 유사보어가 포함된 예문을 하나씩 해석해봐요!

〔 **1형식에 쓰이는 유사보어** 〕

**He died** a hero. 그는 죽었다 + 영웅으로서

**He returned** smiling. 그는 돌아왔다 + 웃으면서

**The empire will fall** decayed. 그 제국은 멸망할 것이다 + 부패되어서

〔 **수동태 문장에 쓰이는 유사보어** 〕

**They got killed** young. 그들은 살해당했다 + 젊은 나이에

짬뽕    으으… 보어도 겨우 깨우쳤는데 보어랑 유사한 녀석까지 끼어드니까 골치가 아파요… 😬 😣

바나나   예외가 없이는 규칙도 없다! 너무 얄밉게 보지 말고 잘 챙겨 봐주세요. 😃 자, 이 정도면 2형식에서 알아야 할 모든 것을 다 공부했어요. 오늘도 총명하게 잘 따라와준 짬뽕과 여러분, 모두 수고 많았어요. 내일부터 3형식! 타동사를 배울 텐데요, 본격적으로 외울 내용과 수능/토익 등 시험에 자주 등장하는 내용도 많으니 기대해주세요. 😃 그럼 우리 **내일 또 바나나요!** 🍌

## 오늘 배운 내용

▶ **2형식의 기본 형태**　　▶ **주격보어의 종류**　　▶ **대표적인 2형식 동사**

▶ **헷갈리기 쉬운 2형식 동사**　　▶ **유사보어**

## 2형식 기본 형태

S+V+C 형태의 2형식 문장은 주어와 동사 외에 주어를 수식해주는 주격보어를 필요로 한다. 보어 자리에 오는 품사는 크게 명사와 형용사가 있다.

> **보어가 명사**　　　**보어가 형용사**
>
> **S = C**　　　　**S ≒ C**
>
> 주어는 보어이다　　　주어는 보어하다

# 주격보어의 종류

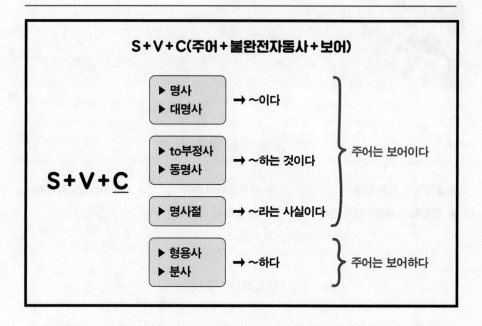

## S+V+C(주어+불완전자동사+보어)

S+V+<u>C</u>

| ▶ 명사 / ▶ 대명사 | → ~이다 | } 주어는 보어이다 |
| ▶ to부정사 / ▶ 동명사 | → ~하는 것이다 | |
| ▶ 명사절 | → ~라는 사실이다 | |
| ▶ 형용사 / ▶ 분사 | → ~하다 | } 주어는 보어하다 |

# 대표적인 2형식 동사

### [ 대표적인 2형식 동사 ]

| be동사류 | ~이다 | am / are / is / was / were / have been / has been / had been |
|---|---|---|
| 추측동사 | ~처럼 보이다 | seem / appear |
| 변화동사 | ~한 상태가 되다 | become / get / fall / go / grow / make / prove / turn / run / come |
| 상태유지동사 | ~한 상태를 유지하다 | remain / hold / keep / stand / stay |
| 결과동사 | ~로 판명 나다 | prove / turn out |
| 감각동사 | ~보이다 / 들리다 / 냄새나다 / 맛이 나다 / 느껴지다 | look / sound / smell / taste / feel |

# 헷갈리기 쉬운 2형식 동사

### ① make: (2형식)~가 되다 / (3형식)~를 만들다

（２）　You will make a great pilot. 너는 훌륭한 파일럿이 될 거야.

（３）　You made the best cookies ever! 너는 최고의 쿠키를 만들었어!

### ② stay: (1형식)~에 머물다 / (2형식)~한 상태를 유지하다

（１）　I would stay with you. 나는 너와 함께 있을래.

（２）　I stayed calm. 나는 침착함을 유지했다.

### ③ grow: (1형식)자라다 / (2형식)~한 상태가 되다 / (3형식)~를 키우다

（１）　She grew up so much! 그녀는 엄청 많이 성장했다.

（２）　Her face grew red. 그녀는 얼굴이 빨개졌다.

（３）　She grows flowers and vegetables. 그녀는 꽃과 채소를 키운다.

### ④ stand: (1형식)서 있다 / (2형식)~한 상태를 유지하다

（１）　I will stand by your side. 나는 네 옆에 서 있을 거야.

（２）　This house stood empty for a long time. 이 집은 오랫동안 텅 빈 채로 있었어.

## 유사보어

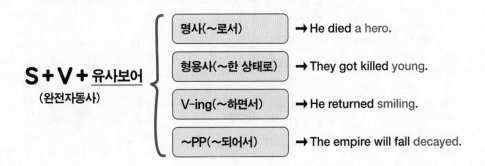

S + V + 유사보어
(완전자동사)

- 명사(~로서) → He died a hero.
- 형용사(~한 상태로) → They got killed young.
- V-ing(~하면서) → He returned smiling.
- ~PP(~되어서) → The empire will fall decayed.

오늘의
바나나 퀴즈

**1. 2형식 문장의 특징에 따라 빈칸을 채우세요.**

① S+V+C 형태의 2형식 문장은 주어와 동사 외에 주어를 수식해주는 _____를
필요로 한다.

② 보어 자리에 오는 품사는 크게 _____와 _____가 있다.

③ 보어가 명사인 경우: S _____ C → 주어는 보어이다.

④ 보어가 형용사인 경우: S _____ C → 주어는 보어하다.

**2. 다음 빈칸에 알맞은 해석법을 쓰세요.**

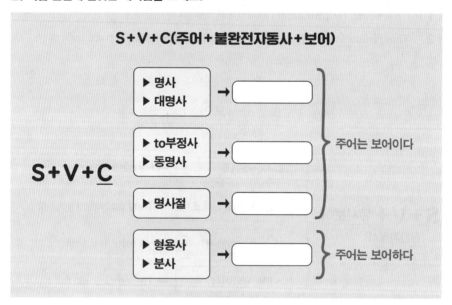

**3.** 다음 중 2형식 문장을 고르세요.

① Fish and guests smell after three days.

② The horrible smell made me sick.

③ I can smell trouble.

④ Money has no smell.

⑤ Your house smells oranges.

**4.** 다음 중 2형식이 아닌 문장을 고르세요.

① The bed was incredibly comfortable.

② She will make a good wife.

③ It doesn't look like we can publish this book in January.

④ I will make Korean people proud.

⑤ The library will remain closed until next semester.

**5.** 다음 중 알맞은 단어를 고르세요.

① Everything went (wrong/wrongly).

② Arty is (terrible/terribly) upset at me for making such a stupid mistake.

③ Banana looks very (friend/friendly).

④ This book is (interesting/interestingly) written.

⑤ This cake tastes (wonderful/wonderfully).

⑥ I feel (terrible/terribly) about what I said.

**6.** 다음 문장에서 틀린 것을 고르세요.

There once was a little boy named Arty. Arty has always been an optimistic boy. Things would go ① wrong here and there, but Arty would stay ② hopefully and upbeat whatever the situations. His best friend, Nate, however, was the complete opposite! Nate tended to struggle and find things difficult to deal with. But the two were ③ the closest pair of friends you ever could find. One day when Arty was walking his dog Scooter, he saw Nate sitting on the side of road in tears, Arty went over to Nate and asked, "Nate, what's wrong!?" Arty sat down next to him, concerned. "Everything is going ④ wrong. First, I lost my favorite toy car at school today, and then I found out the school camping trip this weekend has been canceled, because there's going to be a heavy rain shower. Can this day get ⑤ any worse?" he sobbed with his head in his hands. "I'm sorry to hear that, Nate, but I think I can cheer you up! How about we camp in the park down the street? I'm sure it'll be just as good as the school trip would've been; it has tons of trees, lakes, wild animals and everything!" While he was wiping his tears Arty stood up and took Nate's hand. "I guess we can try, but what if something bad happens like we get lost or an animal attacks us?" Nate said weakly. "Don't be silly, just trust me, we'll be fine!" Arty beamed.

**7. 아래 문장을 2형식으로 영작하세요.**

① 냉장고에 있던 음식이 모두 상했다.

_____

② 그는 아티스트처럼 보인다.

_____

③ 날이 점점 어두워지고 있어.

_____

**8. 아래 문장을 한국어로 해석하세요.**

① He looks like a regular Joe. (* a regular Joe: 평범한 미국인)

_____

② Florida sounds like paradise to me.

_____

③ Her lack of experience has proven to be the reason for her failure.

_____

*정답은 p.436을 참고하세요.

# DAY 18

## 영어 3형식
## 씹어 먹기!

오늘 배울 내용

- 3형식의 기본 형태

- 대표적인 3형식 동사

- 3형식 동사의 취향

- 목적어: to부정사 vs 동명사

- 전치사와 함께 쓰면 틀리는 3형식 동사

DAY 16~20 수업과
관련된 영상은
← 여기!

바나나    세상에~ 마상에! 할렐루야! Yeahhhh!!!!!

짬뽕    바나나쌤, 무슨 일 있나요? 😮 왜 이렇게 흥분하신 거예요?

바나나    오 마이 갓! 짬뽕, 영화 〈기생충〉이 아카데미 영화제에서 수상했다는 소식, 들었나요?

짬뽕    그럼요! 칭찬이 자자하더라고요. 물론 저도 봤답니다! 😀

바나나    오, 재미있게 봤나요?

짬뽕    음, 솔직히 제 스타일은 아니었어요. 전 로맨틱 코미디를 좋아하거든요.

바나나  나는 〈기생충〉을 백 번 보라고 해도 볼 수 있는데! 딱 내 취향을 저격했거든요. 그리고 보니 짬뽕이랑 나는 영화 취향이 갈리나 봐요.

짬뽕  저는 로맨틱 코미디, 액션, 범죄/공포, SF/판타지를 좋아해요.

바나나  오, 나도 범죄/공포랑 아, 스릴러 영화도 좋아해요!

**[ 바나나와 짬뽕의 영화 취향 ]**

짬뽕  아니 쌤, 이 중에서 범죄/공포 영화만 좋아하시는 거예요? 어쩐지 어딘가 어두워 보인 이유가….

바나나  짬뽕, 사람을 영화 취향으로 판단하기 있기, 없기?

짬뽕  헤헤, 농담인 거 아시죠? 😊 그런데 갑자기 영화 취향은 왜 물어보신 거예요?

바나나  우리 둘의 영화 취향이 확실해서 좋아하는 것과 싫어하는 것이 딱 나뉘었죠? 마찬가지로 오늘 배우는 3형식 동사에도 취향이란 것이 존재해요.

짬뽕  하하! 살다 보니 동사의 취향을 배우는 날이 다 오네요! 😊

## 🍌 3형식의 기본 형태

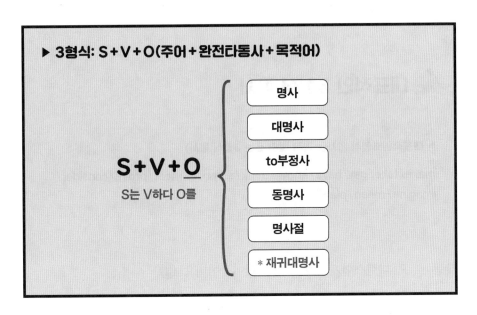

▶ 3형식: S + V + O(주어 + 완전타동사 + 목적어)

S + V + O
S는 V하다 O를

- 명사
- 대명사
- to부정사
- 동명사
- 명사절
- * 재귀대명사

바나나　위의 그림은 3형식 문장의 기본 형태예요. 짬뽕, 목적어 자리에는 어떤 품사가 온다고 했죠?

짬뽕　명사요!

바나나　좀 더 세부적으로 나누면 목적어 자리에는 명사류인 명사/대명사/to부정사/동명사/명사절이 올 수 있어요. 그리고 이 명사류를 비슷한 것끼리 묶으면 총 세 그룹으로 나뉩니다.

① 목적어가 사물/사람/개념을 표현: 명사/대명사
② 목적어가 행위를 표현: 동명사/to부정사(명사적 용법)
③ 목적어가 어떤 사실을 표현: 명사절

바나나　자, 바로 이 부분에서 동사의 취향이 중요해져요. 동사의 성향에 따라 뒤에 오는 목적어가 달라진답니다. ☺ 그럼 자주 쓰는 대표적인 3형식 동사를 보며 설명할게요.

## 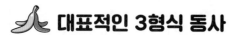 대표적인 3형식 동사

> ▶ 대표적인 3형식 동사(=가장 많이 쓰는 3형식 동사)
>
> make / take / get / have / know / think / surprise / meet / prove / consider / imagine / mean / plan 등

짬뽕    오, 다행스럽게 대부분 아는 단어들이네요! 😃

바나나    아무래도 3형식 문장이 일상에서 워낙 자주 쓰이기 때문에 익숙할 거예요. 그럼 짬뽕, 동사 make 뒤에는 어떤 목적어가 자주 올까요?

짬뽕    흠… 뭐 아무거나 다 올 수 있는 게 아닐…까요?

바나나    이렇게 바로 생각나지 않을 때는 다양한 목적어를 넣어 문장을 만들어 보면 좋겠죠? 😛

짬뽕    I made a cake! 나는 케이크를 만들었다! 아, cake 같은 명사가 올 수 있네요. 그리고 She made it! 그녀가 그걸 만들었어! 이렇게 대명사도 올 수 있고요. 그런데… 준동사(to부정사/동명사)나 명사절은 생각이 안 나요…. ☹

바나나    예시가 떠오르지 않는 건 짬뽕의 기억력 탓이 아니에요. 동사 make에는 목적어로 명사/대명사가 올 수 있지만, 준동사/명사절은 쓰지 않기 때문에 생각조차 나지 않는 거랍니다. ☺ 그럼 왜 쓰지 않을까요? '만들다'라는 뜻의

make에 준동사나 명사절을 붙여서 해석하면 '~하는 것을 만들다/~가 ~하는 것을 만들다'가 되는데, 어딘가 어색하지 않나요? 예를 들어볼게요. "I make dancing."은 '나는 춤추는 것을 만든다'? "I make that I love you."는 '나는 너를 사랑하는 것을 만든다'? 말이 안 되잖아요!

짬뽕     오! 진짜 그러네요. 그럼 이런 동사들이 또 나오나요?

## 🍌 3형식 동사의 취향

**바나나**  이런 동사들이 예외적으로 단 몇 개만 있는 것은 아니고요, 대부분의 타동사는 각자의 취향에 따라 받는 목적어가 정해져 있어요. 예를 들어 make는 뒤에 명사/대명사를 목적어로 받지만, think는 to부정사 혹은 명사절만 목적어로 받습니다.

**[ make와 think의 목적어 취향 ]**

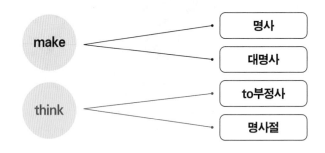

**짬뽕**  헉! 그럼 이런 동사들의 목적어 취향을 다 외워야 하나요?

**바나나**  이 부분이 3형식 동사의 난관이죠. 수백, 수천 개가 넘는 단어의 취향을 모두 외운다는 건 거의 불가능하니까요. 하지만 전부는 어렵더라도 자주 쓰는 필수 동사들의 특이 취향과 뒤따르는 구조는 공부하며 익혀야 해요. 그중에 하나인 think(생각하다)를 살펴보면 목적어로 명사절과 to부정사만 써요.

**짬뽕**  I think... 어? 그런데 I think about you. 이 문장은 동사 think가 명사를 목적어로 받는 구조 아닌가요?

**바나나**  정확하게 말하면 동사구 think about(~에 대해서 생각하다)이 목적어로 you를 받는 것이지, think가 목적어로 you를 받는 건 아니랍니다. 하지만 think가 '생각하다'로 해석될 때는 목적어에 명사절 혹은 to부정사가 온다고 기억해도 좋아요. 그래서,

I think ~~you.~~ (대명사 → X)

He thinks ~~money.~~ (명사 → X)

She thinks ~~eating.~~ (동명사 → X)


위의 세 문장 모두 틀린 문장이에요.


I think (that) you don't have any other choices.

**내 생각에 넌 다른 선택권이 없는 거 같아.(명사절 → O)**

I **didn't** think to tell you. **너한테 말할 생각은 없었어.(to부정사 → O)**

* 'think + to부정사 + 목적어'는 자주 쓰이지는 않지만 항상 부정문으로 사용


**짬뽕**  잠깐! 질문요! think가 목적어로 to부정사를 받으면 동명사도 받아야 하는 것 아닌가요? 둘이 거의 비슷한 걸로 알고 있는데 왜 to부정사는 받고 동명사는 안 받는 거예요?


**바나나**  좋은 질문이에요! 😊 to부정사(명사적 용법)와 동명사는 둘 다 '~하는 것'이란 뜻으로 해석하며 비슷하게 쓰이죠. 하지만 둘은 미세한 차이가 있어요.


① 주어 자리에는 to부정사보다 동명사를 자주 쓴다.

to부정사는 두 번 끊어서 발음해야 하는 단점이 있기 때문에 주어 자리에는 잘 쓰지 않아요. 쓰더라도 가주어-진주어 구문으로 바꿔서 쓰죠. 그래서 주어 자리에는 to부정사보다 동명사를 더 자주 씁니다.


② 동사에 따라 목적어 자리의 to부정사/동명사를 구분해서 써야 하는 경우가 있다.

to부정사/동명사를 둘 다 목적어로 쓰는 동사들도 있지만, 동사에 따라 to부정사를 선호하거나 동명사만 목적어로 받는 것들도 있어요. 그리고 to부정사/동명사는 목적어로 쓰일 때 각각 특별한 뉘앙스를 갖습니다.

짬뽕   목적어로 쓰일 때 둘의 뉘앙스가 어떻게 다른가요?

#  목적어: to부정사 vs 동명사

> 동명사냐, to부정사냐, 그것이 문제로다!

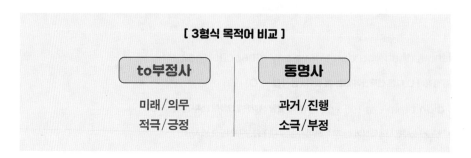

[ 3형식 목적어 비교 ]

| to부정사 | 동명사 |
|---|---|
| 미래/의무<br>적극/긍정 | 과거/진행<br>소극/부정 |

바나나   우선 to부정사는 전치사 to에서 그 뿌리를 살펴볼 수 있어요. to는 '~를 향해'라는 의미로 '앞으로 나아가는 방향성'을 제시하죠? 이런 to의 영향으로 to 부정사 또한 '미래'와 '적극성'을 내포하고 있어요. 그래서 목적어 자리에서 '~하 는 것/~할 것'으로 해석합니다.

## —— to부정사를 목적어로 받는 3형식 동사

[ to부정사를 목적어로 받는 3형식 동사 ]

| 미래 | expect(~할 것을 기대하다)<br>promise (~할 것을 약속하다)<br>plan(~할 것을 계획하다)<br>decide(~할 것을 결정하다) | 의무 | swear(~할 것을 맹세하다)<br>profess(~할 것을 공언하다) |
|---|---|---|---|
| 적극 | strive(~하려고 애쓰다)<br>attempt(~하는 것을 시도하다)<br>try(~하려고 노력하다)<br>struggle(~하려고 고군분투하다) | 긍정 | desire(~할 것을 열망하다)<br>wish(~할 것을 바라다)<br>hope(~할 것을 희망하다)<br>aspire(~할 것을 갈망하다) |

I promise to keep **it secret!** 나는 그것을 비밀로 하겠다고 약속할게.

He plans to retire **in 2030.** 그는 2030년에 은퇴할 계획이야.

I swear to tell **the truth.** 저는 진실만을 말할 것을 맹세합니다.

바나나　이렇게 목적어로 to부정사를 받는 3형식 동사들은 대부분 '미래/의무/긍정/적극적인 표현'과 관련된 경우가 많아요. 반면, 동명사는 '진행/과거/소극/부정'의 의미를 담고 있는데, 함께 쓰는 동사들을 보면 그 뉘앙스를 대번에 느낄 수 있을 거예요. 😎

## ─── 동명사를 목적어로 받는 3형식 동사

### [ 동명사를 목적어로 받는 3형식 동사 ]

| | | | |
|---|---|---|---|
| 과거 | quit(~하던 것을 그만두다)<br>involve(~하던 것과 관련이 있다)<br>avoid(~하던 것을 피하다)<br>admit(~하던 것을 인정하다) | 진행 | enjoy(~하는 중인 것을 즐기다)<br>appreciate(~하는 것을 고맙게 여기다)<br>suggest(~하는 것을 제안하다) |
| 소극 | consider(~할지 말지 고려하다)<br>delay(~하는 것을 미루다)<br>postpone(~하는 것을 미루다)<br>tolerate(~하는 것을 견디다)<br>miss(~하는 것을 놓치다) | 부정 | deny(~한 것을 부인하다)<br>stop(~하는 것을 그만두다)<br>mind(~하는 것을 싫어하다)<br>escape(~하는 것을 피하다) |

I quit smoking **for my wife.** 나는 내 아내를 위해 담배를 끊었다.

She avoided mentioning **drugs.** 그녀는 마약에 대한 언급을 피했다.

I don't mind seeing **her again.** 나는 그녀를 다시 보는 것을 꺼리지 않는다

바나나　확신과 미래에 대한 기대를 표현하는 to부정사를 받는 동사와 달리, '과거/진행/소극/부정'과 관련된 표현들이 많이 보이죠?

짬뽕  이렇게 정리하니까 둘의 성격 차이가 확 느껴져요! 그럼 동명사를 목적어로 받는 타동사, to부정사를 목적어로 받는 타동사, 이렇게 나눠서 외우면 되나요?

바나나  그런데 영어는 언어이다 보니 명확하게 이분법적으로 나누기는 어려워요. 일례로 to부정사와 동명사 모두를 목적어로 받는 경우도 있거든요.

## ── to부정사/동명사 모두를 목적어로 쓰며 의미 변화 없는 3형식 동사

바나나  to부정사든 동명사든 무엇을 써도 의미 변화 없이 똑같이 쓸 수 있는 동사예요.

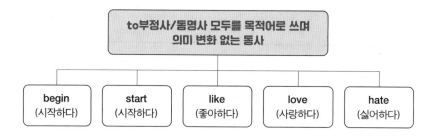

〔 begin: 시작하다 〕

**A boy** began to cry. 한 소년이 울기 시작했다.

**The car** began rolling **down.** 차가 아래로 구르기 시작했다.

〔 start: 시작하다 〕

**A brand-name bag** starts to depreciate **as soon as you use it.**

명품 가방은 쓰자마자 가치가 떨어진다.

〔 like: 좋아하다 〕

**Who** likes babysitting? **누가 애 보는 걸 좋아하나?**

〔 love: 사랑하다 〕

I love to be **with you but I need to work.** 너랑 있는 게 너무 좋지만 일해야 해.

〔 hate: 싫어하다 〕

I personally hate shopping. **나는 개인적으로 쇼핑하는 걸 안 좋아해.**

바나나 자, 이렇게 의미 변화 없이 to부정사/동명사를 둘 다 목적어로 받을 수 있는 동사들도 있답니다.

짬뽕 그럼 얘들은 아무것도 신경 쓰지 않고 아무거나 막 써도 되는 거예요?

바나나 그렇다고 아무것도 신경 쓰지 않는다는 건 너무 극단적이고요, 의미가 크게 변하지 않은 상태로 사용한다는 말이에요. 😊

짬뽕 으… 그럼 차이가 있긴 있는 거네요?

바나나 뜻의 차이라기보다는 사용하는 뉘앙스가 좀 다르달까요? 예를 들어서 설명할게요.

**[ to부정사 ]**
① '지금' 뭘 먹고 싶냐는 질문
② '일반적으로' 무얼 먹는 걸 좋아하냐는 질문

What would you like to eat? 너는 뭐가 먹고 싶어?

Do you like eating ice cream? 아이스크림 먹는 거 좋아해?

**[ 동명사 ]**
상대가 뭔가를 먹고 있는 상황일 때 하는 질문

to부정사는 미래와 관련된 표현이다 보니, 아직 일어나지 않은 일이나 일반적인 질문을 할 때 자주 사용해요. 동명사는 상대가 이미 뭔가를 하고 있는 상황에 질문하는 표현으로 많이 쓰고요. 하지만 이렇게 깊은 내용까지는 몰라도 괜찮답니다.

짬뽕 그럼 그냥 거의 똑같다! 이렇게 생각하고 편하게 쓸래요!

바나나 하하! 우리 짬뽕은 단순해서 좋다니까요! 그런데 방금 본 표현들은 아주 사소한 뉘앙스 정도의 차이가 나지만, 뜻 자체가 달라지는 경우도 있으니 주의해야 해요.

## to부정사와 동명사 모두를 목적어로 쓰지만 의미가 달라지는 3형식 동사

바나나 to부정사든 동명사든 무엇을 써도 되지만 의미가 달라지는 동사예요. to부정사는 미래의 일, 동명사는 과거의 일을 뜻합니다.

```
┌─────────────────────────────────────┐
│  to부정사/동명사 둘 다 목적어로 쓰지만      │
│      의미가 달라지는 동사                  │
└─────────────────────────────────────┘
```

## to부정사 → 미래                    ## 동명사 → 과거

| to부정사 → 미래 | 동명사 → 과거 |
|---|---|
| remember to V<br>(~할 것을 기억하다) | remember V-ing<br>(~한 것을 기억하다) |
| forget to V<br>(~할 것을 깜빡하다) | forget V-ing<br>(~한 것을 깜빡하다) |
| regret to V<br>(~할 것을 후회하다) | regret V-ing<br>(~한 것을 후회하다) |

〔 remember to V: 미래 ↔ remember V-ing: 과거 〕

She remembered to set the alarm for me. 그녀는 나를 위해 알람을 맞출 것을 기억하고 있었다.

She remembered setting the alarm for me. 그녀는 나를 위해 알람을 맞춘 것을 기억하고 있었다.


〔 forget to V: 미래 ↔ forget V-ing: 과거 〕

He forgot to call his mother. 그는 그의 엄마에게 전화할 것을 깜빡했다.

He forgot calling his mother. 그는 그의 엄마에게 전화한 것을 깜빡했다.


〔 regret to V: 미래 ↔ regret V-ing: 과거 〕

I regret to say that... 이렇게 말하게 되어 유감스럽지만… (좋지 않은 소식이라 유감이라는 뜻)

I regret saying that... …라고 말한 것을 후회해. (과거의 언행을 후회한다는 뜻)


짬뽕    이 동사들은 to부정사 vs 동명사의 의미 차이가 확실하게 드러나네요.
잘 구분해서 써야겠어요. 😀

바나나   간략하게 한 번 더 정리할게요. 동사 개수가 많지 않으니 꼭 외워주세요!

> ① to부정사와 동명사 둘 중 무엇을 목적어로 써도 의미가 같은 동사
>   → begin / start / like / love / hate
>
> ② to부정사와 동명사 둘 중 무엇을 목적어로 쓰는지에 따라 의미가 달라지는 동사
>   → remember / forget / regret

짬뽕   선생님! 쇠뿔도 단김에 빼랬으니까 공부하는 김에 동사의 목적어 취향을 모조리 배우면 어때요?

바나나   아이고! 아쉽게도 그건 불가능해요. 😞

짬뽕   아니, 바나나쌤 사전에 불가능이란 없을 줄 알았는데요!

바나나   왜냐하면 타동사 개수만 해도 몇만 개나 되는 데다 특징도 제각각이고 예외가 너무 많거든요. 😫 결국 자주 나오는 것들 위주로 공부하면서 익숙해지는 방법밖에는 없답니다. 그래도 몇 개만 더 알려줄게요. 몇 번 본다고 외워지진 않을 테니 욕심내지 말고 천천히 독해풀이로 연습하며 익히는 걸 추천해요!

── **특정 목적어를 자주 쓰는 3형식 동사**

바나나   to부정사, 동명사, 명사절 중 주로 하나만 자주 쓰는 동사예요.

```
┌─────────────────────────────────────┐
│   특정 목적어를 자주 쓰는 3형식 동사   │
└─────────────────────────────────────┘
```

| to부정사 | 동명사 | 명사절 |
|---|---|---|
| 〔 결정/계획 〕<br>plan / choose / promise /<br>decide / determine<br><br>〔 제안/동의/거절 〕<br>offer / demand / agree /<br>accept / refuse | mind / enjoy / give up /<br>avoid / postpone /<br>put off / allow / stop /<br>suggest | 〔 인식동사 〕<br>think / find / know /<br>believe / suppose /<br>guess / realize |

\* **determine**(결정하다) / **offer**(제안하다) / **demand**(요구하다) / **refuse**(거절하다) / **postpone**(미루다)
　**put off**(미루다) / **allow**(허락하다) / **suggest**(제안하다)

## 🍌 전치사와 함께 쓰면 틀리는 3형식 동사

**바나나**　짬뽕, 오랜만에 영작 연습 좀 해볼까요? 여러분도 함께 영작해봐요!

① 이 문제에 대해서 **토론하자**.　→ _____
② 그녀는 그 건물에 **들어갔다**.　→ _____
③ 그는 비밀에 대해서 **언급했다**.　→ _____
④ 너는 너의 엄마와 많이 **닮았다**.　→ _____

**짬뽕**　후후, 맡겨만 주세요!

① 이 문제에 대해서 **토론하자**.　→ Let's discuss about this issue.
② 그녀는 그 건물에 **들어갔다**.　→ She entered in the building.
③ 그는 비밀에 대해서 **언급했다**.　→ He mentioned about the secret.
④ 너는 너의 엄마와 많이 **닮았다**.　→ You resemble with your mother.

바나나 캬! 우리 짬뽕은 어쩜 이렇게도 예상한 그대로 틀렸을까요?

짬뽕 네? 이렇게 완벽해 보이는 문장에 실수가 있다고요?

바나나 짬뽕이 틀린 부분은 한국 사람이라면 백이면 백, 모두가 틀리는 영작 실수예요.

## [ 전치사와 함께 쓰면 틀리는 3형식 동사 ]

| enter<br>(~에 들어가다) | reach<br>(~에 도달하다) | attend<br>(~에 참석하다) | mention<br>(~에 대해 언급하다) | discuss<br>(~에 대해 토론하다) |
|---|---|---|---|---|
| resemble<br>(~를 닮다) | obey<br>(~에 복종하다) | visit<br>(~에 방문하다) | answer<br>(~에 답하다) | contact<br>(~와 접촉하다) |
| influence<br>(~에 영향을 미치다) | lack<br>(~가 부족하다) | marry<br>(~와 결혼하다) | divorce<br>(~와 이혼하다) | graduate<br>(~를 졸업하다) |
| thank<br>(~에 감사하다) | join<br>(~에 가입하다) | | | |

짬뽕 enter, reach, attend 모두 해석에 '~에'가 붙네요?

바나나 맞아요. 그래서 한국인은 무의식중에 '~에'를 표현하려고 전치사를 넣는 거예요. enter in, reach to, attend to처럼 말이죠.

짬뽕 앗, 저도 앞의 문장에서 같은 실수를 했네요!

바나나 이제 실수한 부분이 눈에 보이나요? 앞에서 사용한 동사들은 이미 목적어를 받을 준비가 되어 있는 '타동사'예요. 그래서 따로 전치사를 써줄 필요가 없습니다. 전치사를 쓰면 오히려 틀린 문장이 되어버리죠. 그러면 틀린 문장을 다시 고쳐 써볼까요?

① 이 문제에 대해서 **토론하자.** → Let's **discuss** this issue.

② 그녀는 그 건물에 **들어갔다.** → She **entered** the building.

③ 그는 비밀에 대해서 **언급했다.** → He **mentioned** the secret.

④ 너는 너의 엄마와 많이 **닮았다.** → You **resemble** your mother.

짬뽕  하… 전 정말이지 뼛속까지 한국인인가 봐요. 다 이해했는데도 저 영어 문장들이 어딘가 어색해 보인단 말이죠…. ☹

바나나  하하! 그건 아마 다른 학생들도 마찬가지일걸요? 그래서 이 내용들이 시험 문제에 매우 자주 나온다는 거 아닙니까! 그러니 열심히 공부해서 꼭 기억해줘야 해요! 😀 자, 오늘은 3형식을 배웠는데 어땠나요?

짬뽕  재밌었어요! 3형식의 취향을 알고 나니 좀 더 섬세하게 다뤄야만 할 것 같은 느낌이랄까요? 😎

바나나  바로 이럴 때 '아는 만큼 보인다'라고 하는 거죠! 앞으로 짬뽕이 만들 3형식을 기대할게요! 내일 배울 4형식은 3형식과 밀접하게 연결되어 있으니 복습도 열심히 하고, **내일 또 바나나요!** 🍌

## 오늘 배운 내용

▶ **3형식의 기본 형태**

▶ **3형식 동사의 취향**

▶ **전치사와 함께 쓰면 틀리는 3형식 동사**

▶ **대표적인 3형식 동사**

▶ **목적어: to부정사 vs 동명사**

## 3형식의 기본 형태

S+V+O 형태의 3형식 문장은 주어, 동사 외에 목적어가 꼭 필요한 타동사가 쓰인다. 목적어 자리에는 명사류(명사 / 대명사 / to부정사 / 동명사 / 명사절)가 온다.

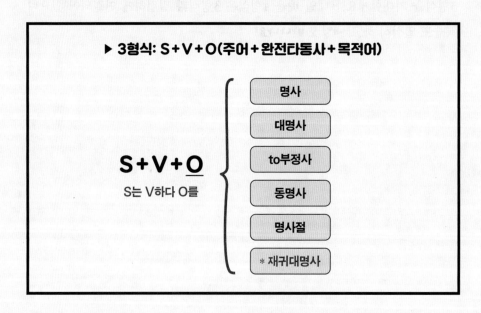

▶ **3형식: S + V + O(주어 + 완전타동사 + 목적어)**

**S + V + O**
S는 V하다 O를

- 명사
- 대명사
- to부정사
- 동명사
- 명사절
- *재귀대명사

① 목적어가 사물 / 사람 / 개념을 표현: 명사 / 대명사

② 목적어가 행위를 표현: 동명사 / to부정사(명사적 용법)

③ 목적어가 어떤 사실을 표현: 명사절

## 대표적인 3형식 동사

> ▶ **대표적인 3형식 동사(=가장 많이 쓰는 3형식 동사)**
>
> make / take / get / have / know / think / surprise / meet / prove / consider /
> imagine / mean / plan 등

## 3형식 동사의 취향

동사마다 자주 오는 목적어를 익혀두면 좋은데, 바나나쌤은 이를 '동사의 취향'이라고 부른다. 동사의 의미를 파악하고 뒤에 어떤 목적어가 오는 게 자연스러운지 생각하면 굳이 외우지 않아도 동사의 취향을 파악할 수 있다.

예를 들어 make는 목적어로 명사 / 대명사는 받지만 준동사 / 명사절은 쓰지 않는다. 이유는 간단하다. make(만들다)는 준동사와 함께 쓰면 '~하는 것을 만들다', 명사절과 함께 쓰면 '~가 ~하는 것을 만들다'로 한국어 해석마저 어색하기 때문이다.

**I make dancing.** 나는 춤추는 것을 만든다?

**I make that I love you.** 나는 너를 사랑하는 것을 만든다?

왜 이렇게 쓸 수 없는지 곧바로 납득할 만한 법칙이 있으면 좋겠지만, 대부분의 동사가 목적어를 가리는 취향에는 이유가 따로 없다.

# 목적어: to부정사 vs 동명사

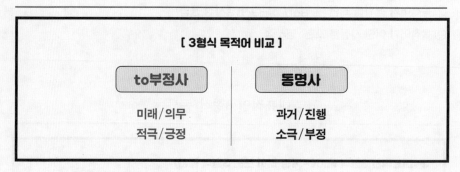

[ 3형식 목적어 비교 ]

| to부정사 | 동명사 |
|---|---|
| 미래/의무 | 과거/진행 |
| 적극/긍정 | 소극/부정 |

to부정사와 동명사는 목적어로 쓰일 때 약간의 성격 차이가 있다. 그래서 준동사 중에서도 동명사만 혹은 to부정사만 목적어로 받으며 '편식'하는 동사들이 꽤 많다. 반면, 동명사든 to부정사든 상관없이 목적어로 받는 동사들도 있다. 이 경우 ① 의미 변화 없는 동사들도 있고, ② 의미가 달라지는 동사들도 있다.

## ① to부정사/동명사 모두를 목적어로 쓰며 의미 변화 없는 동사

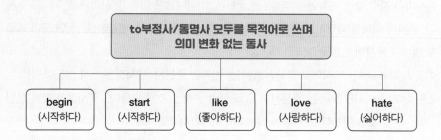

to부정사/동명사 모두를 목적어로 쓰며
의미 변화 없는 동사

| begin<br>(시작하다) | start<br>(시작하다) | like<br>(좋아하다) | love<br>(사랑하다) | hate<br>(싫어하다) |
|---|---|---|---|---|

**A boy** began to cry. 한 소년이 울기 시작했다.

**The car** began rolling **down.** 차가 아래로 구르기 시작했다.

**A brand-name bag** start to depreciate **as soon as you use it.**
명품 가방은 쓰자마자 가치가 떨어진다.

**Who** likes babysitting? 누가 애 보는 걸 좋아하나?

I love to be **with you but I need to work.** 너랑 있는 게 너무 좋지만 일해야 해.

**I personally** hate shopping. 나는 개인적으로 쇼핑하는 걸 안 좋아해.

## ② to부정사/동명사 모두를 목적어로 쓰지만 의미가 달라지는 동사

to부정사든 동명사든 무엇을 써도 되지만 의미가 달라지는 동사로 to부정사는 미래의 일,
동명사는 과거의 일을 뜻한다.

[ remember to V: 미래 ↔ remember V-ing: 과거 ]

**She** remembered to set **the alarm for me.** 그녀는 나를 위해 알람을 맞출 것을 기억하고 있었다.

**She** remembered setting **the alarm for me.** 그녀는 나를 위해 알람을 맞춘 것을 기억하고 있었다.


[ forget to V: 미래 ↔ forget V-ing: 과거 ]

**He** forgot to call **his mother.** 그는 그의 엄마에게 전화할 것을 깜빡했다.

**He** forgot calling **his mother.** 그는 그의 엄마에게 전화한 것을 깜빡했다.


[ regret to V: 미래 ↔ regret V-ing: 과거 ]

**I** regret to say **that...** 이렇게 말하게 되어 유감스럽지만... (좋지 않은 소식이라 유감이라는 뜻)

**I** regret saying **that...** ...라고 말한 것을 후회해. (과거의 언행을 후회한다는 뜻)

# 전치사와 함께 쓰면 틀리는 3형식 동사

그 자체로 이미 목적어를 받을 수 있는 타동사로 전치사를 따로 써줄 필요가 없다.

## [ 전치사와 함께 쓰면 틀리는 3형식 동사 ]

| enter<br>(~에 들어가다) | reach<br>(~에 도달하다) | attend<br>(~에 참석하다) | mention<br>(~에 대해 언급하다) | discuss<br>(~에 대해 토론하다) |
|---|---|---|---|---|
| resemble<br>(~를 닮다) | obey<br>(~에 복종하다) | visit<br>(~에 방문하다) | answer<br>(~에 답하다) | contact<br>(~와 접촉하다) |
| influence<br>(~에 영향을 미치다) | lack<br>(~가 부족하다) | marry<br>(~와 결혼하다) | divorce<br>(~와 이혼하다) | graduate<br>(~를 졸업하다) |
| thank<br>(~에 감사하다) | join<br>(~에 가입하다) | | | |

**1. 3형식 문장의 특징에 따라 빈칸을 채우세요.**

> S+V+O 형태의3형식 문장은 주어와 동사 외에 _____가 꼭 필요한 _____가 쓰인다.

**2. 3형식의 목적어 자리에 쓰일 수 있는 명사류(명사/대명사/to부정사/동명사/명사절)에서 알맞은 것을 쓰세요.**

① 목적어가 사물/사람/개념을 나타낼 때: _____

② 목적어가 행위를 나타낼 때: _____

③ 목적어가 어떤 사실을 나타낼 때: _____

**3. 다음 빈칸을 채우세요.**

[ _____의 목적어 취향 : to부정사 vs 동명사 ]

기본적으로 to부정사와 동명사는 목적어로 쓰일 때 조금의 성격 차이가 있다.

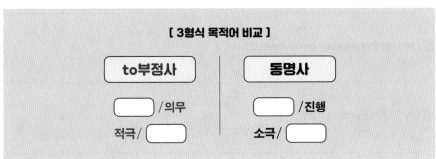

**4.** 아래 문장을 한국어로 해석하세요.

① He founded a hospital in Africa.

_____

② I decided to learn French, just for fun.

_____

③ An old man picked up something from the ground.

_____

④ We regret to inform you that your application has not been successful.

_____

⑤ I regret spending so much money on food.

_____

⑥ Don't forget to take out the garbage.

_____

⑦ I will never forget taking the phone call from you that night.

_____

⑧ Did you remember to tip the waiter?

_____

⑨ I remember saying good bye to him.

_____

⑩ My BMW began to rust.

_____

**5. 아래의 문장을 3형식으로 영작하세요.**

① 공부를 더 열심히 하지 않은 것이 후회돼.

_____

② 이렇게 말하게 되어 유감이지만, 당신은 더 이상 여기에 머물 수 없습니다.

_____

③ 나갈 때 문 잠그는 거 잊지 마 !

_____


**6. 다음 중 틀린 부분을 바르게 고치세요.**

① You can contact to me by email.

_____

② You can discuss about any problems with me.

_____

③ I am too short to reach to the shelf.

_____

④ I am going to marry to Arty.

_____

⑤ Read the text carefully and then answer to the questions.

_____

*정답은 p.436을 참고하세요.

## 오늘의 명언 about '기회'!

- ### Don't wait for opportunity. Create it.
  기회를 기다리지 말고, 만들어라.

  * opportunity(기회) / create(창조하다)

 바나나쌤의 한마디!

취업이 안 되어 힘들고, 시험 점수가 낮거나 시험에 떨어져 좌절하고… 대부분의 젊은이들은 누군가의 선택을 기다리느라 마음고생 하는 경우가 많아요. 하지만 가끔은 취업이나 시험 외에도 내가 도전해볼 수 있는 다른 일을 고민하는 시간도 중요하다고 생각해요. 내 기회를 내가 직접 만들게 될지 누가 아나요? 제가 유튜브로 새로운 기회를 열었던 것처럼요!

- ### Success usually comes to those who are too busy to be looking for it. 성공은 성공을 찾아 바쁘게 헤메는 사람을 찾아온다.

# DAY 19

## 영어 4형식
## 작살내기!

오늘 배울 내용
- 4형식의 기본 형태
- 간접목적어 & 직접목적어
- 4형식과 3형식

DAY 16~20 수업과
관련된 영상은
← 여기!

짬뽕     바나나쌤, 저 할 말 있어요! 어제 3형식을 집에서 공부한 다음에 짧은 영어 동화책을 읽었거든요. 그런데 배운 건 눈에 잘 보인다더니 3형식 동사 뒤에 있는 목적어밖에 안 보이는 거 있죠. 동사의 취향은 뭘까? 그럼 뒤에 뭐가 올까? 동사와 목적어를 생각하며 봤더니 단어마다 함께 오는 패턴이 보이기 시작하는 거예요. 정말 신기했어요! 😊

바나나　세상에! 드디어 우리 짬뽕에게도 기운이 느껴지기 시작했어요!

짬뽕　무슨 기운요?

바나나　범생이의 기운! 이거 심상치 않은데요… 영어 점수가 오르고… 시험에 합격하고… 영어로 술술 말하게 되는 기운이 샘솟고 있어요! ☺

짬뽕　꺅~! 생각만 해도 기분 좋아요! 오늘 4형식 수업도 너무 기대돼요! 😮

##  4형식의 기본 형태

> ▶ 대표적인 4형식 동사: ~를 주다
> give / hand / make / call / bring / show / ask / pay / cook / feed / play / get / lend / send

바나나　4형식 동사는 비교적 종류가 적은 편이에요. '~에게 ~를 주다'로 해석되는 구조가 그리 흔치 않기 때문이죠.

**Banana teacher gives us examples of how to use English grammar.**
바나나 선생님은 우리에게 영어 문법 사용법을 예시들을 주셨다.
**Would you please hand me the salt and pepper?** 소금과 후추를 건네주겠니?

짬뽕　그럼 오늘 수업은 일찍 끝나나요? 헤헤.

바나나　네! 3형식과 비교하면 공부 분량이 확실히 적거든요. 그럼 4형식의 기본적인 모양새부터 볼까요?

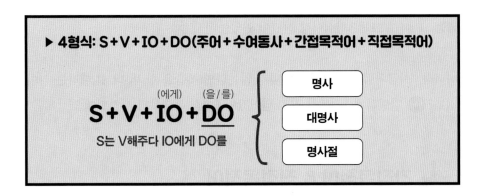

짬뽕 윽, 예전에도 배웠지만 4형식 IO+DO 비주얼은 여전히 비호감이에요.

바나나 자, 그럴 땐 어떻게 하라고 했죠? 간단하게 '목적어가 2개 온다'라고 생각하라고 했어요. 아래처럼요!

$$S + V + O + O$$
(에게) (을/를)

그런데 이 2개의 목적어에 굳이 간접목적어, 직접목적어라고 이름 붙인 건 뭐 때문일까요?

짬뽕 문장 안에서 중요도를 나타내기 위해서요! 둘 중에 동사와 직접적으로 연관되고 중요도가 높은 게 직접목적어, 비교적 덜 중요한 게 간접목적어라고 배웠어요!

바나나 Exactly! 역시 짬뽕, 똑소리 나네요. 😄

짬뽕 4형식 문장은 다 계획이 있으니까요!

바나나 그럼 그 계획이 뭐랑 연결되어 있는지도 기억나요?

짬뽕    아… 그게 3형식이랑 연관이 있었는데…. 😞

바나나   지금처럼 자세하게 기억나지 않는다면 복습을 한 번 더 할 때라는 의미
겠죠? 😳 간단하게 1권에서 짚고 넘어갔던 4형식 복습부터 시작할게요!

## 🍌 간접목적어 & 직접목적어

바나나   4형식의 가장 큰 특징은 바로 목적어를 2개 쓴다는 점이에요.

$$\text{S} + \text{V} + \overset{\text{(에게)}}{\text{IO}} + \overset{\text{(을/를)}}{\underline{\text{DO}}} \left\{ \begin{array}{c} \boxed{\text{명사}} \\ \boxed{\text{대명사}} \\ \boxed{\text{명사절}} \end{array} \right.$$

간접목적어 IO는 '~에게'로 해석하고 사람/동물을 나타내며 주로 명사/대명사
를 씁니다. 반면에 직접목적어 DO는 물건/개념/정보 등을 나타내고 명사/대
명사/명사절을 쓸 수 있습니다.

> ▶ IO(간접목적어)와 DO(직접목적어)
>
> IO(간목): ~에게 → 사람/동물 → 명사/대명사 사용
> DO(직목): ~을/를 → 물건/개념/정보 → 명사/대명사/명사절 사용

살짝 복잡해 보이는 4형식은 간단하게 **S + V + O + O**라고 쓸 수 있다고 했어요.
그런데 여기에서 목적어를 하나 지우면 어떻게 되죠? S + V + O. 이렇게 3형식과
똑같은 모습이 됩니다.

짬뽕  아, 기억났어요! 4형식의 목적어를 하나 지우면 3형식으로 쓸 수 있다고 배웠어요.

바나나  이때 어떤 목적어를 지우자고 했죠?

짬뽕  간접목적어요! 중요도가 낮아서 생략할 수 있다고 했어요. 하지만 직접목적어는 정보를 직접 전달하는 만큼 중요하기 때문에 3형식으로 바꿀 때도 지우면 안 되고요. 쌤, 맞죠?

바나나  Awesome! 정확하게 설명했어요. 이름에서부터 드러나죠? 덜 중요해서 '간접', 더 중요해서 '직접'! 그럼 지난번에 배운 내용에 이어 오늘은 4형식과 3형식의 관계를 조금 더 깊이 알아볼게요. 😎

## 🍌 4형식과 3형식

바나나  짬뽕, 4형식에서 간접목적어를 생략하면 3형식이 된다! 맞습니까?

짬뽕  네!

바나나  그럼 연습 한번 해봐요. 아래 4형식을 3형식으로 바꿔볼까요?

① I gave him my phone number. 나는 그에게 내 휴대폰 번호를 줬다.
② I made her some cookies. 나는 그녀에게 쿠키를 만들어 주었다.

짬뽕
① I gave my phone number. 나는 내 휴대폰 번호를 줬다.
② I made some cookies. 나는 쿠키를 만들었다.

바나나  완벽해요! 4형식을 3형식으로 전환하는 연습을 해봤는데 어땠어요?

짬뽕  어렵지는 않았지만, 4형식을 3형식으로 바꾸니까 1% 부족한 느낌이에요. 누구에게 번호를 주었는지, 누구를 위해 쿠키를 만들었는지, 궁금한 내용이 100% 충족되지 않아요. ☹

바나나  (간접)목적어 하나를 지워버렸으니 어딘가 부족한 게 당연하죠. 짬뽕이 말한 대로 무작정 (간접)목적어를 지우면 의미가 왜곡되거나 충분히 전달되지 않을 수 있어요. 그래서 어떻게 하기로 했냐 하면, 두구두구두구!

> ▶ 4형식 → 3형식으로 전환
>
> ## S + V + IO + DO → S + V + DO + 전치사 + IO

간접목적어를 지워버리는 대신에 전치사에 명사를 붙여 전명구 처리를 해주는 거예요!

짬뽕  오호! 전명구는 문장의 구성요소가 아니니까! 완전 교묘하네요! ☺

바나나  이렇게 간접목적어를 전명구로 바꿔주면 문장이 3형식이 되더라도 의미 변화 없이 완벽하게 전달할 수 있어요. 앞의 문장을 고쳐보면 이렇게 되죠.

① **I gave my phone number to him.** 나는 그에게 내 휴대폰 번호를 줬다.
② **I made some cookies for her.** 나는 그녀에게 쿠키를 만들어 주었다.

짬뽕  음… 뭔가 기억이 스멀스멀 올라오는데요, 전치사 to를 쓰는 동사, for를 쓰는 동사… 예전에 학교 수업에서 무작정 이런 걸 외웠던 기억이 나는데, 혹시 그건가요?

바나나    하하! 맞아요!

짬뽕    그땐 이걸 왜 외워야 하는지 몰랐는데 4형식을 3형식으로 전환할 때 쓰는 전치사였군요! 이걸 이제야 알다니!

바나나    그럼 내친김에 쭉 정리해봐요.

| [ 4형식 → 3형식으로 전환할 때 쓰는 전치사별 동사 ] | | | |
|---|---|---|---|
| to + IO 동사 | for + IO 동사 | on + IO 동사 | of + IO 동사 |
| 전달/건넴(주로 물건)<br>* 대부분의 4형식 동사 | 노동/호의 | 장난/농담 | 요청/질문 |
| give<br>send<br>bring<br>write<br>teach<br>show<br>tell | buy<br>find<br>cook<br>make<br>get<br>choose<br>call<br>fix | play<br>trick<br>game | ask<br>inquire<br>demand<br>beg |

짬뽕    쌤, 그런데 왜 전치사를 통일하지 않고 다르게 쓰는 거예요?

바나나    우선 to / for / of가 가진 의미의 차이를 알아야 해요.

### ① to → 가장 흔하게 쓰임

pass의 의미, 즉 '전달'하거나 '건네는' 느낌이 강한 전치사예요. 그래서 뭔가를 건네준다는 뜻을 가진 give, send, bring 등의 단어와 잘 어울립니다.

### ② for → 가끔 쓰임

for는 '~를 위해'라는 의미로 쓰이죠? 그래서 4형식 동사 중에서도 상대방에게 애정이 담긴 행동이나 노력해서 뭔가를 주는 행위의 동사 buy, make, cook 등이 잘 어울립니다.

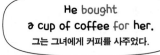

### ③ on → 특정 단어에만 쓰임

on은 play, trick, game같이 장난치거나 농담하는 행위의 단어와 함께 씁니다.

* 실질적으로 play, trick, game은 3형식으로 전환해서 쓰는 비율이 99%라서 4형식으로 쓰는 경우는 거의 없어요.

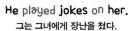

④ of → 오직 몇몇 단어에만 쓰임

of는 ask, inquire, beg같이 질문과 관련된 몇몇 단어에만 쓰입니다.

> He asked a question of her.
> 그는 그녀에게 질문을 했다.

짬뽕    와, 선생님, 백 년 묵은 궁금증이 해결된 기분이에요! 배우고 보니 3형식과 4형식은 정말 긴밀하게 연결되어 있네요.

바나나    그렇죠? 그런데 이렇게 긴밀한 관계 때문에 종종 실수할 때도 있어요. 제가 틀린 문장 몇 개를 보여줄 테니 어느 부분이 어떻게 틀렸는지 맞혀보세요.

① **The fund manager suggested me a good market.**
그 펀드 매니저가 나에게 좋은 마켓을 소개해주었다.

② **We apologize you that the program is not available yet.**
우리는 그 프로그램이 준비되지 않은 점에 있어서 여러분에게 사과드립니다.

③ **My girlfriend introduced me her friends.** 여자친구가 나에게 자기 친구들을 소개해주었다.

짬뽕    선생님… 눈을 씻고 찾아봐도 틀린 문장이 없는데요…. 문법도 완벽, 해석도 완벽, 다 완벽한데요? 😮

바나나    엥, 그래요? 지금 위의 문장 속 동사는 모두 3형식 단어예요. 그걸 참고해서 틀린 점을 다시 찾아볼래요?

짬뽕    이! 3형식 동사니까 목적어를 하나만 써야 하죠? 그런데 위의 문장들은 목적어를 2개씩 썼어요. 3형식 동사를 가지고 4형식으로 쓴 거니까 모두 틀린 문장이에요! 어라? 그런데 4형식을 3형식으로 바꾸는 건 가능하잖아요. 반대로 3형식을 4형식으로 바꾸면 안 되는 거예요?

바나나   보통 4형식 동사는 3형식 전환이 가능하지만, 3형식을 마음대로 4형식으로 전환하는 건 불가능해요. 그래서 위의 문장들이 틀린 거죠! 자, 그럼 어떻게 수정해야 할까요?

짬뽕   전치사랑 명사로 전명구 처리하면 될까요?

바나나   Exactly! 그럼 전명구로 바꿔보죠!

① The fund manager suggested a good market (to me).
② We apologize (to you) that the program is not available yet.
③ My girlfriend introduced (to me) her friends.

**[ 4형식으로 착각하기 쉬운 3형식 동사 ]**

| suggest<br>(제안하다) | confess<br>(자백하다) | announce<br>(발표하다) | propose<br>(제안하다) |
|---|---|---|---|
| prove<br>(증명하다) | describe<br>(묘사하다) | introduce<br>(소개하다) | repeat<br>(반복하다) |
| admit<br>(인정하다) | apologize<br>(사과하다) | explain<br>(설명하다) | |

* 한국어로 '~에게 ~를 V하다'로 잘못 해석되기 쉬워 영작할 때 실수하기 쉬우니 주의!

바나나   위의 동사들은 4형식으로 착각하기 쉬운 3형식 동사들이에요. 한국어로 해석할 때 '~에게 ~를 V하다'로 풀이되기 쉬워서 한국인이 특히 이 부분에서 실수를 많이 하죠. 꼭 참고해주세요. 자, 그럼 4형식 공부는 이제 끝입니다!

짬뽕 　와! 4형식 짱! 😊 짧고 굵게 마스터했어요! 😁

바나나 　복습만이 살길이란 거 알죠? 내일 배울 5형식은 다섯 가지 형식의 맏형 격이라서 공부 분량이 많은 편이에요. 내용 또한 조금 어려울 수 있으니 각오하고 오세요. 그럼 우린 **내일 또 바나나요!** 🍌

짬뽕의
복습노트

## 오늘 배운 내용

▶ **4형식의 기본 형태**　　▶ **간접목적어 & 직접목적어**　　▶ **4형식과 3형식**

## 4형식의 기본 형태

S+V+IO+DO 형태의 4형식 문장은 목적어가 2개라는 것이 가장 중요한 특징으로 간접목적어와 직접목적어의 해석법과 사용법을 알아야 한다.

> ▶ **4형식: S+V+IO+DO(주어+수여동사+간접목적어+직접목적어)**
>
> $$\text{S+V+} \underset{\text{(에게)}}{\text{IO}} + \underset{\text{(을/를)}}{\underline{\text{DO}}}$$
>
> S는 V해주다 IO에게 DO를
>
> - 명사
> - 대명사
> - 명사절

## 간접목적어 & 직접목적어

> ▶ **IO(간접목적어)와 DO(직접목적어)**
>
> IO(간목): ~에게 → 사람/동물 → 명사/대명사 사용
> DO(직목): ~을/를 → 물건/개념/정보 → 명사/대명사/명사절 사용

# 4형식과 3형식

---

> ▶ **대표적인 4형식 동사: ~를 주다**
>
> give / hand / make / call / bring / show / ask / pay / cook / feed / play / get /
> lend / send

① **4형식은 3형식으로 전환할 수 있다**

> ▶ **4형식 → 3형식으로 전환**
>
> ## S + V + IO + DO → S + V + DO + 전치사 + IO

I will make you some tea.

→ I will make some tea for you. 내가 당신에게 차를 끓여 줄게요.

He played her jokes all night long.

→ He played jokes on her all night long. 그는 밤새도록 그녀에게 농담을 했다.

② **반면에 3형식 동사는 마음대로 4형식으로 전환할 수 없다**

She didn't confess her ignorance to me. 그녀는 자신의 무지함을 인정하지 않았다.

→ She didn't confess me her ignorance. (X)

He proposed a deal to her. 그는 그녀에게 딜을 제안했다.

→ He proposed her a deal. (X)

오늘의 바나나 퀴즈

**1. 4형식 문장의 특징에 따라 빈칸을 채우세요.**

> S+V+IO+DO 형태의 4형식 문장은 _____가 2개 온다는 게 가장 중요한
> 특징이다. 간접목적어와 직접목적어의 해석법과 사용법을 알아두는 것이 중요하다.

① IO(간목) → (해석) _____

• 품사: 명사, 대명사

• 주로 오는 것들: _____

② DO(직목) → (해석) _____

• 품사: 명사, 대명사, 명사절

• 주로 오는 것들: _____

**2. 대표적인 4형식 동사를 이용해 영작하세요.**

> 〔~를 주다〕 give/hand/make/call/bring/show/ask/pay/cook/feed/
> play/get/lend/send

① give: 나에게 쉬는 시간을 좀 줘!(그만 좀 해!)

_____

② hand: 설탕 좀 건네줄래?

_____

③ make: 금방 먹을 걸 좀 만들어 줄게!

_____

④ cook: 치킨수프를 만들어 줄게.

_____

⑤ ask: 부탁 하나만 해도 될까?(요청해도 될까?)

_____

⑥ show: 웹사이트를 제작하는 방법을 보여줄게요.

_____

⑦ tell: 나는 내 친구에게 비밀을 말해주었다.

_____

⑧ feed: 나는 내 개에게 일반 음식(사람들이 먹는 음식)을 먹이지 않는다.

_____


**3. 아래 문장을 한국어로 해석하세요.**

① I gave my manager a two weeks' notice.

_____

② A police officer gave me directions to Dongdaemun.

_____

③ He convinced her that their relationship could get better after marriage
counseling.

_____

④ I wish you a Merry Christmas.

_____

⑤ It cost me an arm and a leg.

_____

⑥ It wouldn't do you any harm to be a gentleman.

_____


**4. 다음 3형식 문장을 4형식 문장으로 바꾸세요.**

① He gave a hug to me.

_____

② May I ask a favor of you?

_____

③ Can I buy a drink for you?

_____


**5. 다음 4형식 문장을 3형식 문장으로 바꾸세요.**

① I am going to find you a nice hotel.

_____

② I sent you a letter.

_____

③ Don't ask me any question.

_____

**6.** 다음 빈칸에 들어갈 말이 차례대로 짝지어진 것을 고르세요.

Don't play tricks _____ me!

I gave the video games back _____ him.

① over – on     ② on – for     ③ of – into     ④ on – to     ⑤ to- in

＊정답은 p.436~437을 참고하세요.

## 오늘의 명언 about '지식과 실천'!

- The pen is mightier than the sword. 펜은 칼보다 강하다. — Edward Bulwer-Lytton

  * mighty(힘센/강력한) / sword(검)

 바나나쌤의
한마디!

여러분은 펜이 칼보다 강하다는 말을 믿나요? 저는 이 표현을 저 나름대로 여러 가지 의미로 해석하며 믿고 있어요. "지식은 힘보다 강하고, 아름다운 외모보다 매력적이고, 돈보다 유용하게 쓰인다"라고요!

작거나 약하다고 좌절하지 말고, 못생겼다고 우울해하지 말고, 가난하다고 주눅 들 거 없어요. 왜냐하면 이 책을 보고 있는 당신이야말로 그 누구보다 강해질 거니까요! 강해지고 싶다면 아래의 격언도 기억해주세요. '펜'을 얻기 위해서는 나 스스로 시작해야 한다는 걸요.(우리가 지금 하는 영어 공부도 마찬가지랍니다, 속닥속닥!)

- Push yourself, because no one else is going to do it for you.
  스스로를 밀어붙여라. 아무도 그 일을 대신 해주지 않을 테니까.

# DAY 20

## 영어 5형식
## 정복하고
## 마무리!

오늘 배울 내용

- 5형식의 기본 형태

- 준동사 목적격보어

- 원형부정사를 쓰는 사역동사 & 지각동사

- 대표적인 5형식 동사

- 4형식과 5형식

DAY 16~20 수업과
관련된 영상은
← 여기!

바나나  짬뽕, 하이! 짬뽕의 칭찬 덕분에 정말 뿌듯한걸요? 😃 그런데! 칭찬하는 분위기에 미안하지만… 지금 짬뽕이 영어로 말한 문장들은 문법적으로는 괜찮지만, 다른 이유 때문에 대대적인 수술이 필요해요. 😵

짬뽕  앗? 제가 콩글리시를 썼나요?

바나나  Not really. 그런 건 아닌데요, because of를 남발한 나머지 문장이 유치해졌어요. ☹️

짬뽕  힝… 그럼 어떻게 해야 수준 높은 영어 문장을 만들 수 있을까요?

바나나  문장을 5형식으로 써주면 원어민의 뉘앙스가 확 살아나요. 짬뽕이 말한 문장들을 제가 5형식으로 바꿔볼게요.

**I am so happy because of you!** 선생님 덕분에 정말 행복해요!

→ You make me happy!

**I want to study English because of you!** 선생님 덕분에 제가 영어를 공부하고 싶어졌어요!

→ You inspire me to study English.

**Because of this book, I study English!** 이 책 덕분에 영어 공부해요!

→ This book encourages me to study English!


짬뽕　오! 문장이 훨씬 단순하고 깔끔해진 데다 전달력도 있네요!


## 🍌 5형식의 기본 형태

바나나　5형식은 S+V+O에 목적어를 꾸며주는 OC(목적격보어)를 써준 형태예요.

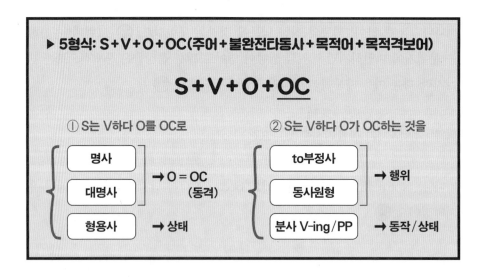

5형식 동사는 S+V+O 형태의 3형식(완전타동사)에 OC를 더해서 '목적격보어가 있어야 완성되는 타동사'라는 의미로 '불완전타동사'라고 불러요. 목적격보어

는 목적어를 꾸며주거나 보충 설명하는 역할로 목적어와 아주 긴밀한 관계를 맺고 있죠.

**짬뽕**　역시 5형식 보어 자리에는 여러 가지 문법요소가 쓰일 수 있군요.

**바나나**　이미 품사와 준동사를 공부했기 때문에 이제부터는 수준을 높여 공부할 거예요. 우선 5형식을 해석하는 두 가지 방법부터 알아볼게요.

① S는 V하다 O를 OC로
② S는 V하다 O가 OC하는 것을

**짬뽕**　①은 배운 적이 있는데 ②는 처음 봐요.

**바나나**　①은 이미 아는 거라 간단하게 넘어갈 텐데요, ②는 생소해서 어렵게 느껴질 수 있어요. 그럼 차례대로 설명할게요.

---

### S는 V하다 O를 OC로 → O = OC

5형식 목적격보어 자리에 명사/대명사/형용사가 들어가는 경우로 '목적어 = 목적격보어' 공식이 적용되어 O와 OC를 동격으로 해석해주면 됩니다. 대부분 '~를 ~한 상태로/~를 ~로'라고 해석해요.

**She called** herself a queen of English. 그녀는 스스로를 영어의 여왕이라고 불렀다.

→ 그녀는＋불렀다＋그녀 스스로를＋영어의 여왕으로

**People consider** him a great movie director. 사람들은 그가 훌륭한 영화감독이라고 생각한다.

→ 사람들은＋생각한다＋그를＋훌륭한 영화감독으로

**People believed** her innocent. 사람들은 그녀가 결백하다고 믿었다.

→ 사람들은＋믿었다＋그녀를＋결백한 상태로

**Leave** me alone! 나를 혼자 내버려둬!

→ 내버려둬라＋나를＋혼자인 상태로

**Keep** yourself warm **at home.** 집에 머물며 스스로를 따뜻한 상태로 유지해.

→ 유지해＋너 스스로를＋따뜻한 상태로＋집에서

**I found** the library empty. 나는 도서관이 텅 빈 상태인 것을 확인했어.

→ 나는＋찾았다＋도서관을＋텅 빈 상태로


짬뽕　여기까진 배운 내용이라 기억나요! 😮


바나나　자, 그럼 진짜 5형식은 지금부터!


## 🍌 준동사 목적격보어

—　**S는 V하다 O가 OC하는 것을 → OC＝준동사 사용**

$$S + V + O + \underline{OC}$$
② S는 V하다 O가 OC하는 것을

- to부정사
- 동사원형 → 행위
- 분사 V-ing/PP → 동작/상태

바나나 해석 ②는 목적격보어 자리에 본격적으로 '준동사'를 쓰는 경우로 우리가 이제껏 배운 준동사의 뜻 그대로 해석해요. 다만, 목적격보어는 목적어와 관련성이 깊다고 했죠? 그래서 목적격보어 자리에 준동사를 쓸 때는 목적격보어와 목적어를 마치 주어-동사 관계처럼 해석합니다.

---

▶ 5형식 목적격보어에 준동사가 들어갈 때 해석법
→ O + OC 관계 = S + V 관계처럼 해석 → O가 OC하는 것을

---

그래서 해석 또한 'S는 V하다 O가 OC하는 것을'이 되는데요, O와 OC가 주어-동사처럼 해석된 게 보이죠?

짬뽕 네! 그런데 쌤, 목적격보어 자리에 to부정사도 쓰고 분사도 쓰는데, 동명사는 왜 안 쓰나요?

바나나 첫째, '~하는 것'이라는 의미를 나타내는 to부정사가 있기 때문이고, 둘째, 동명사까지 쓰면 분사 V-ing와 헷갈릴 수 있기 때문이죠. 그럼 짬뽕이 궁금해하는 준동사 목적격보어를 종류별로 자세하게 살펴볼게요.

---

## ── 종류별 준동사 목적격보어

### 1. 현재분사 V-ing가 목적격보어: O가 V-ing하는 중인 것을

The police found her lying on the street. 경찰은 그녀가 길거리에 누워 있는 것을 발견했다.

I noticed him crying without making sound. 나는 그가 소리 없이 우는 중인 것을 알아차렸다.

I saw BTS singing live in concert! 나는 BTS가 콘서트에서 라이브로 노래하는 중인 것을 봤어!

I saw you kissing her. 나는 네가 그녀와 키스하는 중인 것을 봤어.

I felt my face turning red. 나는 내 얼굴이 빨개지는 중인 것을 느꼈다.

## 2. 과거분사 PP가 목적격보어: O가 PP되는 것을

**I heard** my name called from somewhere. 나는 내 이름이 어딘가에서 불리는 것을 **들었다.**

**I want** him gone. 나는 그가 떠나길 원해.(떠나는 것을)

**I got** him wasted. 나는 그가 고주망태가 되도록 **만들었다.**

**I had** my computer fixed. 나는 컴퓨터를 고쳤다.(컴퓨터가 고쳐지도록 시켰다)

**Tom's song makes** me depressed. 탐의 노래는 나를 우울하게 **만들어.**

**I got** my hair cut yesterday. 나는 어제 머리카락을 잘랐어.(머리카락이 잘리도록 시켰다)

## 3. to부정사가 목적격보어: O가 to V하는 것을

**The law should allow** a person to marry anyone he wants.

법은 누구라도 원하는 사람과 결혼하는 것을 **허용해야 한다.**

**I want** him to get out of here right now. 나는 그가 지금 당장 여기서 나가길 **원해.**

**Learning English would enable** people to travel without trouble.

영어를 배우는 것은 사람들이 문제없이 여행할 수 있도록 **해줄 거야.**

**His mistake caused** our company to pay a large fine.

그의 실수는 우리 회사가 많은 벌금을 지불하게 **만들었다.**

## 4. 원형부정사가 목적격보어: O가 (to) V하는 것을

① 사역동사＝make /have /let /help: ~시키다

**Let** it go. 순리대로 두어라.(그것이 가는 것을 허락해라)

**Let** it be. 있는 대로 두어라.(그것이 존재하는 것을 허락해라)

**My teacher had** us clean the classroom. 선생님은 우리가 교실을 청소하도록 **시켰다.**

**You make** me laugh. 너는 나를 웃게 **만들어.**

② 지각동사＝see /watch /hear /feel: 보다 /듣다 /느끼다

**I saw** her play the drums. 나는 그녀가 드럼을 연주하는 것을 **봤어.**

**I heard** him fight with his friend. 나는 그가 친구와 싸우는 걸 **들었어.**

**James heard** someone call his name. 제임스는 누군가가 그의 이름을 부르는 것을 **들었다.**

**I felt my computer get hotter.** 나는 내 컴퓨터가 점점 뜨거워지는 것을 느꼈다.

**I've seen you cook.** 나는 네가 요리하는 것을 본 적이 있어.

**I heard your phone ring.** 나는 네 폰이 울리는 것을 들었어.

짬뽕  선생님이 써주신 해석법을 따라서 해석해보긴 했는데요, 원형부정사, 사역동사, 지각동사가 뭔지 자세히 설명해주시겠어요?

바나나  Sure thing! 😃

# 🍌 원형부정사를 쓰는 사역동사 & 지각동사

## ── 원형부정사

바나나  원형부정사는 to부정사의 원형인 형태를 뜻해요.

짬뽕  '원형'이라고 하면 '원래의 모양'이란 뜻인가요?

바나나  Exactly! to부정사의 뿌리는 동사이기 때문에 to를 삭제한 '동사원형'이 '원형부정사'가 됩니다.

**▶ 원형부정사＝동사원형＝(to) V**

짬뽕  to V에서 to를 생략하면 그냥 동사가 되는 거 아닌가요?

바나나  중요한 지적이에요! 하지만 원형부정사는 to를 잠깐 숨겨놓은 것일 뿐! to를 삭제한다고 해서 그냥 동사가 되진 않아요. 즉 원형부정사는 to부정사의 모든 역할을 하되, 단순히 to를 생략한 형태로 쓰는 것이죠.

짬뽕   아니… 가만히 있는 to를 왜 지우는 거예요? 😲

바나나   예전에도 언급했던 부분인데요, to부정사는 쓰임이 많은 만큼 매우 중요해요. 하지만 최대 단점은 '두 번에 나누어 발음해야 한다는 것'! 그게 무척이나 귀찮았던 영어권 사람들이 to를 생략하고 쓰던 것이 문법으로 고착된 거예요.

짬뽕   오, 그렇군요! 그럼 어떤 문장에서 to를 지우고 원형부정사를 써야 하죠?

바나나   아무 데나 막 쓸 수 있는 건 아니고요, 두 가지 조건이 충족되어야 쓸 수 있어요.

〔 **to부정사 대신 원형부정사를 써야 하는 경우** 〕
① 5형식 문장의 동사에 '사역동사(make/have/let/help)' 혹은 '지각동사(see/watch/hear/feel)'가 쓰임
② 목적격보어 자리에 to부정사가 쓰임

위와 같은 경우라면 to부정사의 to를 생략한 채 원형부정사로 쓰는 거랍니다! 자, 그럼 '나는 그에게 방청소를 시켰다'라는 문장을 영작하며 to부정사와 원형부정사를 살펴볼까요?

I made him (to) clean his room.
사역동사      to부정사
= I made him clean his room.

〔 **문법 규칙을 따른 문장 → I made him to clean his room.** 〕

자, 여기에서 make라는 사역동사가 쓰였고, 목적격보어 자리에 to clean이라는 to부정사가 왔죠? 그럼 이제 to를 생략하고 clean만 남기면?

짬뽕    I made him clean his room. 이렇게 쓰는 거군요! 사역동사 뒤에는 무조건 동사원형이라고 외우기만 할 땐 어려웠는데, 규칙을 정확하게 알고 나니 감이 잡히네요. 😃

---

## 사역동사

바나나    사역(使役)은 '사람을 부리어 일을 시킨다'라는 뜻으로 사역동사에는 'make / have / let / help' 등이 있어요.

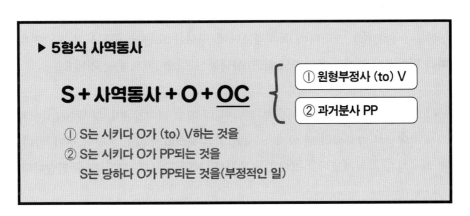

▶ **5형식 사역동사**

**S + 사역동사 + O + OC**
- ① 원형부정사 (to) V
- ② 과거분사 PP

① S는 시키다 O가 (to) V하는 것을
② S는 시키다 O가 PP되는 것을
　 S는 당하다 O가 PP되는 것을(부정적인 일)

I had **my son** set up Instagram on my phone.
나는 아들에게 내 휴대폰에 인스타그램을 설치하라고 시켰다.

I had **my clothes** patched. 나는 옷을 덧대었다.(옷이 덧대지도록 시켰다)

I had **my bag** stolen. 나는 가방을 도둑맞았다.(가방이 훔쳐지는 일을 당했다)

짬뽕   그럼 5형식에 쓰인 make와 have는 무조건 '시키다'라고 해석해야 하나요?

바나나   Good question! make /have /let /help 동사는 본래 '만들다/가지다/두다/돕다'라는 뜻으로 더 잘 알려져 있죠? 5형식 동사로 본래 뜻을 나타내는 경우도 많이 있어요.

〔 **make가 일반적인 뜻 '만들다'로 해석될 때** 〕 ➡ **목적격보어＝명사**
**I made my son a super star!** 나는 아들을 슈퍼스타로 만들었어!

하지만 make /have /let /help 동사들이 준동사 목적격보어와 함께 5형식에 쓰이면 '~를 시키다/~하게 만들다'로 해석해야 합니다.

〔 **make가 5형식에서 예외적으로 '시키다'로 해석될 때** 〕 ➡ **목적격보어＝준동사**
**I made my son (to) dance.** 나는 아들을 춤추게 했다.

짬뽕   아하! 😊  그러니까 목적격보어에 명사가 오는지, 준동사가 오는지에 따라 일반적인 의미로 쓰이기도 하고, 사역동사로 쓰이기도 하는 거네요!

바나나   그렇게 볼 수 있죠. 추가로 하나만 더 짚고 넘어갈게요. 동사 help는 편의상 사역동사 그룹에 속해 있지만 '시키다'로 해석하지 않고 본래의 뜻인 '돕다'로 해석해요. 목적격보어 자리에도 to부정사 / 원형부정사를 모두 쓸 수 있습니다.

짬뽕   으아아! 편의상이 아닌 거 같은데요? 🙁 help는 뜻도 규칙도 안 통하는데 왜 사역동사 그룹에 속한 거예요?

바나나   원래 목적격보어 자리에 '원형부정사'를 쓰는 일이 흔치 않거든요. 그래서 help에 '원형부정사'를 쓸 수 있다는 점이 특이하게 작용했던 거죠. 그렇다고 해서 '사역동사와 help에는 원형부정사를 쓴다!'라고 따로 분류해서 가르치기도

애매하고…. 이런 이유로 문법책에서 사역동사 그룹에 help를 은근슬쩍 넣어놓은 것뿐이랍니다. 😊

---

## 지각동사

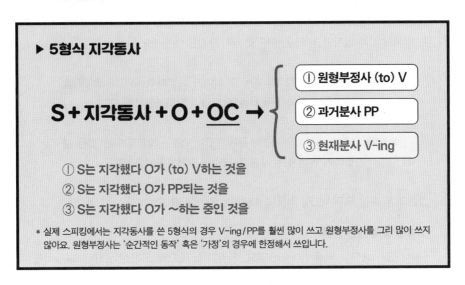

▶ 5형식 지각동사

**S + 지각동사 + O + OC →**
- ① 원형부정사 (to) V
- ② 과거분사 PP
- ③ 현재분사 V-ing

① S는 지각했다 O가 (to) V하는 것을
② S는 지각했다 O가 PP되는 것을
③ S는 지각했다 O가 ~하는 중인 것을

\* 실제 스피킹에서는 지각동사를 쓴 5형식의 경우 V-ing/PP를 훨씬 많이 쓰고 원형부정사를 그리 많이 쓰지 않아요. 원형부정사는 '순간적인 동작' 혹은 '가정'의 경우에 한정해서 쓰입니다.

바나나  지각(知覺)이란 '감각 기관을 통해 대상을 인식한다'라는 뜻으로 지각동사에는 see/watch/hear/feel 등 감각과 관련된 동사들이 있어요.

If you saw him cook, you wouldn't eat that food. 그가 요리하는 걸 봤다면 너는 그 음식을 안 먹을 거야.(가정)

I saw you sneeze. 나는 네가 재채기하는 걸 봤어.(순간적인 동작)

I saw him stealing money from you. 나는 그가 네 돈을 훔치고 있는 걸 봤어.(훔치는 장면을 봤단 뜻)

I felt her mind changing. 나는 그녀의 마음이 변화 중인 걸 느꼈다.

5형식에 쓰이는 지각동사도 사역동사와 마찬가지로 목직격보어 자리에 오는 to부정사를 대신해 원형부정사를 쓰는 것이 규칙이에요.

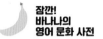 **잠깐! 바나나의 영어 문화 사전**  사역동사와 지각동사는 왜 원형부정사를 쓸까?

**바나나** 지금까지 5형식 문장에서 사역동사와 지각동사가 쓰일 때, 목적격보어 자리에 오는 to부정사의 to를 생략하고 원형부정사로 쓰는 규칙을 공부했어요. 사실 영어권 사람들도 이 규칙의 이유조차 모르는 채 그냥 쓰는 문법 구조라서 정확한 이유는 알려진 바가 없지만, 이와 관련된 몇 가지 주장은 존재해요.

> ① **주장 A:** 사역동사와 지각동사는 그 의미가 특별하기 때문에 생동감을 부여하기 위해서 '동사원형' 모양인 원형부정사를 쓴다.

> ② **주장 B:** 5형식에서 O와 OC의 관계가 S와 V의 관계와 같다는 것을 강조하기 위해서 '동사원형' 모양인 원형부정사를 쓴다.

그런데 두 주장 모두 100% 마음에 와닿지는 않는데 왜 그럴까요?

### ① 주장 A에 대한 반론

5형식 동사 중에 사역동사가 아닌데도 '시키다'의 뜻으로 쓰이는 get / allow / force 등의 단어들이 있습니다. 하지만 이 단어들은 목적격보어 자리에 to부정사를 원형부정사로 쓰는 규칙을 적용하지 않습니다. 그러므로 '의미가 특별해서' 원형 부정사를 쓴다는 것은 사실이 아니에요.

예를 들어 5형식에서 쓰이는 get은 '시키다'로 해석하지만 사역동사로 구분하지 않고, 목적격보어 자리에 to부정사를 그대로 써줍니다. 그러니 사역동사의 의미가 특별하다는 이유로 원형부정사를 쓴다고 하기는 어려운 것이죠.

**I couldn't get my son to finish his homework.**
나는 아들이 숙제를 끝내도록 시킬 수 없었다.

### ② 주장 B에 대한 반격

사역동사, 지각동사뿐만 아니라 다른 5형식 동사들이 쓰이는 경우에도 OC 자리에 준동사가 쓰이면 O와 OC의 관계가 S와 V의 관계처럼 해석이 됩니다. 그러므로 'O와 OC의 관계를 강조'하기 위해 원형부정사를 쓴다는 것은 사실이 아닌 거죠.

**짬뽕**  쌤의 이야기를 들으니 발음하기 편리하도록 원형부정사를 쓰기 시작했다는 게 가장 일리 있는 주장인 것 같아요. '사역동사인 make / have / let / help / see / hear / feel' 등의 단어는 정말 자주 쓰는 동사인데 매번 목적격보어 자리의 to부정사를 발음하는 게 거추장스러웠겠죠? 그렇다 보니 to를 거듭 생략하다가 원형으로 굳어진 게 아닌가 싶어요. 제가 이해한 게 맞나요? 😊

**바나나**  Right! 영어는 언어이기 때문에 많은 사람들이 쓰는 것이 규칙으로 자리 잡는 경우가 많아요. 처음엔 실수였더라도 사람들이 계속 반복하면 규칙이 되는 거죠. '자장면'이 '짜장면'이 된 것처럼요.(예전에는 자장면이 표준어, 짜장면은 틀린 표기였는데 사람들이 짜장면을 많이 써서 표준어가 되었거든요!) 😮

자, 앞에서 설명한 준동사 목적격보어는 5형식 문법에서 가장 중요하게 다루는 내용이에요. 이것만 잘 알아도 5형식 문법은 다 안다고 할 수 있답니다. 😎

##  대표적인 5형식 동사

| [ 대표적인 5형식 동사 ] | |
|---|---|
| OC에 명사/대명사가 오는 동사 | make / find / call / name / consider / keep |
| OC에 형용사/분사가 오는 동사 | make / believe / find / think / drive / consider / want / like / leave |
| OC에 to부정사/분사가 오는 동사 | get / force / order / encourage / enable / ask / advise / allow / permit / cause |
| OC에 동사원형(원형부정사)이 오는 동사 | • 사역동사: make / have / let / help<br>• 지각동사: see / watch / feel / notice / hear / smell / taste / observe |

\* force(강요하다 / ~하게 만들다) / encourage(격려하다) / enable(가능하게 하다) / permit(허용하다) / cause(초래하다) / observe(관찰하다)

**I found the professor difficult to talk to.** 나는 그 교수님과 대화하기 어려운 것 같아.(그렇다고 생각해)

**You drive me crazy!** 넌 나를 미치게 해!

**My father is forcing me to go to University.** 우리 아빠가 내가 대학에 가는 것을 강요하는 중이야.

**Playing computer games lets me de-stress.** 컴퓨터 게임을 하는 것은 내가 스트레스를 풀 수 있게 해줘.

**I smelled my father cooking.** 나는 아빠가 요리하는 중인 냄새 맡았어.

#  4형식과 5형식

바나나 4형식과 5형식은 서로 연관되어 있지는 않지만, 둘의 구성이 매우 비슷해서 때때로 구분하기 힘들 때가 있습니다.

<table>
<tr><td>〔 4형식 〕</td><td></td><td>〔 5형식 〕</td></tr>
<tr><td>S + V + IO + DO</td><td>vs</td><td>S + V + O + OC</td></tr>
</table>

4형식은 S+V+O가 온 뒤에 목적어(DO)가, 5형식은 S+V+O가 온 뒤에 보어(OC)가 오는 형태로 목적어와 보어 자리에 둘 다 명사류가 들어갈 수 있어요. 간단히 정리하면 아래와 같습니다.

<table>
<tr><td>〔 4형식 〕</td><td></td><td>〔 5형식 〕</td></tr>
<tr><td>S + V + 명사 + 명사</td><td>vs</td><td>S + V + 명사 + 명사</td></tr>
</table>

짬뽕 헉! 이런 경우에는 4형식과 5형식을 구분하기 쉽지 않겠는데요…. ☹

바나나 맞아요. 그래서 형태만으로는 구분할 수 없고, 구성 요소의 관계와 해석을 통해 구분해야 합니다. 아래 두 문장에서 구성요소 간의 관계를 살펴볼게요.

〔 4형식 〕 I made him a cake.

〔 5형식 〕 I made him a singer.


우리가 4형식에서 간접목적어와 직접목적어는 서로 관련이 없다고 배웠어요.

➡ 〔 4형식 〕 IO ≠ DO → him ≠ a cake

하지만 5형식에서는 목적어와 목적격보어가 서로 같거나 비슷하다고 배웠어요.

➡ 〔 5형식 〕 O = OC → him = a singer


그럼 해석을 통해 구분해볼까요?


〔 4형식 해석 〕 ~에게 ~를 V하다 → 나는 그에게 케이크를 만들어 주었다.

〔 5형식 해석 〕 ~를 ~로 V하다 → 나는 그를 가수로 만들었다.


여기서 잠깐! "I made him a cake."를 '나는 그를 케이크로 만들었다'라고 해석하는 분들은 없겠죠? 그럼 바로 호러영화가 된다고요! 😫

나는 그에게 케이크를 만들어 주었다. (O)      나는 그를 케이크로 만들었다. (x)


짬뽕    아악! 그렇게 엽기적인 실수를 할 수도 있군요. 정확하게 이해했어요! ☺


바나나   좋습니다! 이로써 5형식을 완벽하게 공부했어요. 이제 어디 가서 5형식

좀 안다고 해도 될 만큼 꼼꼼하게 배웠으니까, 어떤 문제가 나와도 자신감 있게
풀 수 있을 거예요!

짬뽕    Your lectures allow me to have a dream! 바나나쌤의 수업이 제가
꿈꾸는 것을 가능하게 하네요, 꺅! 😊

바나나   I believe that your dream will come true and I will always be by
your side. 그럼 복습 열심히 해주시고 내일 또 바나나요!

짬뽕의
복습노트

## 오늘 배운 내용

- ▶ 5형식의 기본 형태
- ▶ 원형부정사를 쓰는 사역동사 & 지각동사
- ▶ 4형식과 5형식
- ▶ 준동사 목적격보어
- ▶ 대표적인 5형식 동사

## 5형식의 기본 형태

S+V+O+OC 형태의 5형식 문장은 목적어 뒤에 목적어를 보충 설명하는 목적격보어(OC)가 오는 게 특징이다. 목적격보어 자리에는 명사/대명사/형용사뿐만 아니라 준동사(to부정사/현재분사/과거분사)가 올 수 있다.

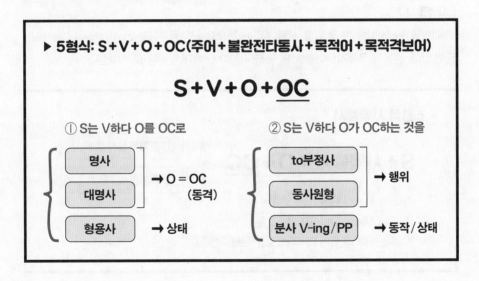

▶ 5형식: S+V+O+OC(주어+불완전타동사+목적어+목적격보어)

**S+V+O+OC**

① S는 V하다 O를 OC로

| 명사 |
| 대명사 | → O = OC (동격)

| 형용사 | → 상태

② S는 V하다 O가 OC하는 것을

| to부정사 |
| 동사원형 | → 행위

| 분사 V-ing/PP | → 동작/상태

# 준동사 목적격보어

목적격보어 자리에 준동사를 쓰면 목적격보어와 목적어의 관계가 마치 주어-동사 관계인 것처럼 해석한다.

**O+OC 관계 = S+V 관계처럼 해석 → O가 OC하는 것을**

---

▶ **5형식 목적격보어에 들어가는 준동사별 해석**

① 현재분사 = 목적격보어 → O가 ~하는 중인 것을
② 과거분사 = 목적격보어 → O가 PP되는 것을
③ to부정사 = 목적격보어 → O가 to V하는 것을

---

# 원형부정사를 쓰는 사역동사 & 지각동사

5형식 동사에 '사역동사'나 '지각동사'가 쓰이면 목적격보어 자리에 오는 to부정사를 원형 부정사로 쓰는 것이 규칙이다.(원형부정사 = 동사원형 = (to) V)

**[ 사역동사 ]**

사역(使役)은 '사람을 부려 일을 시킨다'라는 뜻으로 사역동사에는 make / have / let / help 등이 있다. 준동사 목적격보어를 쓰면 '~를 시키다 / ~하게 만들다'로 해석한다.

---

▶ **5형식 사역동사**

## S + 사역동사 + O + <u>OC</u>  { ① 원형부정사 (to) V
  ② 과거분사 PP }

① S는 시키다 O가 (to) V하는 것을
② S는 시키다 O가 PP되는 것을
  S는 당하다 O가 PP되는 것을(부정적인 일)

---

## [ 지각동사 ]

지각(知覺)은 '감각 기관을 통해 대상을 인식한다'라는 뜻으로 지각동사에는 see / watch / hear / feel 등 감각과 관련된 동사들이 있다. 지각동사도 사역동사와 마찬가지로 to부정사를 대신해 원형부정사를 쓰는 것이 규칙이다.

---

### ▶ 5형식 지각동사

**S + 지각동사 + O + OC**

- ① 원형부정사 (to) V
- ② 과거분사 PP
- ③ 현재분사 V-ing

① S는 지각했다 O가 (to) V하는 것을
② S는 지각했다 O가 PP되는 것을
③ S는 지각했다 O가 ~하는 중인 것을

\* 실제 스피킹에서는 지각동사를 쓴 5형식의 경우 V-ing / PP를 훨씬 많이 쓰고 원형부정사를 그리 많이 쓰지 않아요. 원형부정사는 '순간적인 동작' 혹은 '가정'의 경우에 한정해서 씁니다.

---

## 대표적인 5형식 동사들

### [ 대표적인 5형식 동사 ]

| | |
|---|---|
| OC에 명사/대명사가 오는 동사 | make / find / call / name / consider / keep |
| OC에 형용사/분사가 오는 동사 | make / believe / find / think / drive / consider / want / like / leave |
| OC에 to부정사/분사가 오는 동사 | get / force / order / encourage / enable / ask / advise / allow / permit / cause |
| OC에 동사원형(원형부정사)이 오는 동사 | • 사역동사: make / have / let / help<br>• 지각동사: see / watch / feel / notice / hear / smell / taste / observe |

\* force(강요하다 / ~하게 만들다) / encourage(격려하다) / enable(가능하게 하다) / permit(허용하다) / cause(초래하다) / observe(관찰하다)

# 4형식과 5형식

4형식과 5형식은 구성이 매우 비슷해서 헷갈리기 쉽다. 이때는 모양으로 구분하지 않고 구성요소 간의 관계와 해석을 통해서 구분한다.

〔 4형식 〕 　　　　　　　　　　　〔 5형식 〕

## S + V + 명사 + 명사　vs　S + V + 명사 + 명사

〔 4형식 〕　**She made** him a cup of coffee.

　　　　　그녀는 그에게 커피 한잔을 타다 주었다. (그≠커피)

〔 5형식 〕　**She made** him an alcoholic.

　　　　　그녀는 그를 알코올 중독자로 만들었다. (그＝알코올 중독)

**1. 5형식 문장의 특징에 따라 빈칸을 채우세요.**

S+V+O+OC 형태의 5형식 문장은 목적어 뒤에 목적어를 보충 설명하는

① _____가 오는 게 특징이다. 목적격보어 자리에는 명사 / 대명사 / 형용사

뿐만 아니라 ② _____가 올 수 있다.

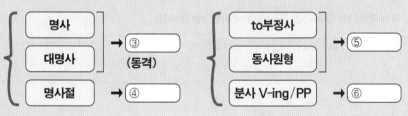

▶ **5형식: S+V+O+OC(주어+불완전타동사+목적어+목적격보어)**

## S+V+O+OC

① S는 V하다 O를 OC로

| 명사 | |
| 대명사 | → ③ _____ (동격) |
| 명사절 | → ④ _____ |

② S는 V하다 O가 OC하는 것을

| to부정사 | |
| 동사원형 | → ⑤ _____ |
| 분사 V-ing/PP | → ⑥ _____ |

**2. 다음 빈칸에 알맞은 말을 쓰세요.**

목적격보어 자리에 준동사를 쓰면 목적격보어와 목적어의 관계가 마치 ① _____

관계처럼 해석된다. [O+OC 관계 = ② _____ + ③ _____ 관계]

**3. 목적격보어가 명사/ 대명사/ 형용사인 문장을 한국어로 해석하세요.**

① His mother made him a doctor.

_____

② He called himself a king of the world.

_____

③ I want him dead.

_____

④ His song makes me a little gloomy.

_____

⑤ I had always believed her innocent.

_____


**4. 목적격보어가 준동사인 문장을 한국어로 해석하세요.**

① They found her lazy body lying on the ground.

_____

② The news had me worried.

_____

**5.** 다음 빈칸에 알맞은 말을 쓰세요.

5형식 목적격보어 자리에 어떤 준동사를 쓰냐에 따라 해석법은 달라진다.

① 현재분사 = 목적격보어 해석 → O가 ~ _____

② 과거분사 = 목적격보어 해석 → O가 PP _____

③ to부정사 = 목적격보어 해석 → O가 to V _____

> 5형식 동사에 ⓐ _____ 혹은 ⓑ _____ 가 쓰이면 목적격보어 자리에
> 오는 to부정사를 원형부정사로 쓰는 것이 규칙이다. (원형부정사 = 동사원형 = (to)V)

**6.** 다음 빈칸에 알맞은 말을 쓰세요.

▶ **5형식 사역동사**

**S + 사역동사 + O + OC**  { ① 원형부정사 (to) V
{ ② 과거분사 PP

① S는 [ _____ ] O가 (to) V하는 것을
② S는 [ _____ ] O가 PP되는 것을
 S는 [ _____ ] O가 PP되는 것을(부정적인 일)

> 사역(使役)은 ⓐ '_____'라는 뜻이다.
> 사역동사에는 ⓑ _____ 등이 있다.
> 준동사 목적격보어를 쓰면 '~를 시키다 / ~하게 만들다'로 해석한다.
> to부정사를 대신해 ⓒ _____을 쓰는 게 특징이다.

**7.** 다음 빈칸에 알맞은 것을 고르세요.

(1) This song makes me _____.

① to dance      ② to dancing      ③ dance

④ to be danced      ⑤ having dancing

(2) Arty _____ me to wash the dishes.

① makes      ② lets      ③ has

④ asks      ⑤ help

**8.** 다음 빈칸에 들어갈 수 없는 두 가지를 고르세요.

He _____ me take a break.

① let      ② allowed      ③ made

④ had      ⑤ asked

**9.** 다음 중 해석법이 다른 한 가지를 고르세요.

① I had my teeth capped.      ② I had my computer stolen.

③ I had my car towed away.      ④ I had my nails done.

⑤ I had my hair colored.

**10.** 다음 중 문법적으로 틀린 문장을 고르세요.

① I had my hair cut. 나는 머리를 잘랐다.

② Birds' wings enable them fly. 새의 날개는 그들이 나는 것을 가능하게 해준다.

③ Unemployment drove me nuts with boredom.
실직 상태는 너무나 지루해서 나를 미치게 만들었다.

④ I encourage you to pursue your dream to be a lawyer.

나는 변호사가 되려는 네 꿈을 추구하길 격려한다.

⑤ I advise you to own up at once. 나는 네가 즉시 자백하기를 충고한다.


## 11. 다음 빈칸에 알맞은 것을 고르세요.

▶ **5형식 지각동사**

$$S + 지각동사 + O + \underline{OC}$$

① 원형부정사 (to) V

② 과거분사 PP

③ 현재분사 V-ing

① S는 지각했다 O가 (to) V [ ] 것을

② S는 지각했다 O가 PP [ ] 것을

③ S는 지각했다 O가 ~ [ ] 것을

지각(知覺)은 ⓐ '_____'라는 뜻으로
지각동사에는 ⓑ _____ 등 감각과 관련된 동사들이 있다.
지각동사도 사역동사와 마찬가지로 to부정사를 대신해 ⓒ _____를
쓰는 것이 규칙이다.


## 12. 다음 빈칸에 알맞은 것을 고르세요.

① I heard someone (called / calling) my name. 나는 누가 내 이름을 부르는 것을 들었다.

② An old lady is watching her little grandchild (to toddle / toddling) around.

한 할머니가 자신의 손주가 아장아장 걷는 것을 바라보고 있다.

③ I saw a stranger (to stand / standing) in front of the door.

나는 낯선 사람이 문앞에 서 있는 것을 보았다.

④ I saw him (turn/to turn) into the library. 나는 그가 방향을 돌려 도서관으로 들어가는 것을 보았다.

⑤ I felt her heart (flip and beat/to flip and beat) very strongly.

나는 그녀의 심장이 두근거리고 매우 강하게 쿵쾅대는 것을 느꼈다.

**13.** 다음 빈칸에 알맞은 것을 고르세요.

I found my phone screen _____. 나는 내 휴대폰 액정이 깨진 것을 확인했다.

① crack                   ② cracking                   ③ cracked

④ to crack                ⑤ to be cracking

**14.** 아래의 문장을 5형식으로 영작하세요.

① 우리 아들이 공부하는 것을 좀 도와주실 수 있나요?(help)

_____

② 너는 그가 너의 친구라고 생각하니?(consider)

_____

③ 나는 제인이 그녀의 집을 청소하는 것을 도와주었다.(help)

_____

④ 내가 영어를 쓰자 그는 낄낄대며 나를 창피하게 만들었다.(make)

_____

⑤ 제가 제 소개를 해도 될까요?(allow or let)

_____

*정답은 p.437을 참고하세요.

# DAY 21

수동태,
내가 때린 게 아니라
걔가 내 주먹에
맞은 거야!

오늘 수업과
관련된 영상은
← 여기!

**짬뽕** 선생님! 오늘 수업 제목이 너무 웃겨요! 😝 그런데 "내가 때린 게 아니라 걔가 내 주먹에 맞은 거야!"라는 문장에서 내가 때린 거나 걔가 내 주먹에 맞은 거나 결국 똑같은 거 아닌가요?

**바나나** 완전히 똑같은 말은 아니죠! 일어난 사건은 똑같을지라도 관점의 차이가 있잖아요. "같은 말이라도 '아' 다르고 '어' 다르다"라는 말이 있듯이, "내가

때렸다!"라고 말하면 때리는 동작을 하는 '나(주어)' 자신이 주인공이 되고, "걔가 내 주먹에 맞은 거야!"라고 하면 동작을 당한 '걔(목적어)'가 사건의 중심인물이 되는 놀라운 차이가 생긴답니다. 😃

짬뽕   듣고 보니 정말 그렇네요. 내가 때렸다고 했을 때는 잘못이나 책임이 '나'에게 있는 것처럼 느껴지는데, 걔가 내 주먹에 맞았다고 하니 왠지 '걔'한테 문제가 있는 것처럼 느껴져요.

바나나   그렇죠? 😊 이렇게 문장을 쓰는 방식에 따라 중요한 요소가 달라지는데요, 이때 "내가 걔를 때렸다!"라는 문장을 능동태, "걔가 내 주먹에 맞은 거야!"를 수동태라고 합니다.

〔능동태〕  내가 걔를 때렸다! = I punched him!
〔수동태〕  걔가 내 주먹에 맞은 거야! = He was punched by me!

짬뽕   오~! 이렇게 비교하니까 둘의 차이가 확 느껴져요! 그런데 이 능동태와 수동태라는 말을 참 많이 들었는데도 정확한 개념을 잘 모르겠어요. 쌤이 평생 까먹지 않게 설명해주실 거죠? 😛

## 🍌 능동태 & 수동태

바나나   능동태란 한자로 '능할 능(能), 움직일 동(動)'으로 '(주어가) 스스로 움직이며 행위의 주체가 된다'라는 뜻이에요. 여기서 스스로 움직이는 행위의 주체는 주어겠죠? 즉 능동태란 주어가 동사를 직접 행한다는 뜻이에요.

짬뽕   엇? 그런데 지금까지 배운 5형식 모두 주어가 동작을 한 거잖아요. 그럼 5형식이 전부 능동태인 거예요?

**바나나**  맞아요! 지금까지 우리가 배운 일반적인 문장 모두가 능동태라고 생각하면 돼요. 😊 '주어＋동사＋나머지 문장 요소'가 쓰이는 문장 대부분이 능동태거든요. 앞의 예시 문장 "내가 걔를 때렸어＝I punched him."도 3형식 능동태로 쓰인 경우예요.

**짬뽕**  능동태라는 단어가 어려워서 뜻도 대단하지 않을까 했는데 일반적인 문장 형식이었네요. 그럼 수동태는 뭐예요?

**바나나**  수동태의 개념은 조금 낯설 수 있으니 차근차근 설명할게요. 수동태는 한자로 '받을 수(受), 움직일 동(動)'을 써서, '타인(능동태의 주어)으로부터 (능동태의 목적어가) 움직임／작용을 받는다'라는 의미예요. 그래서 똑같은 상황이라도 주어가 한 행위보다 목적어가 당한 행위에 더 집중하는 경우에 수동태를 씁니다.
예를 들어볼게요. "걔가 내 주먹에 맞은 거야＝He was punched by me."는 수동태 문장으로 행위와 행위를 당한 사람인 목적어의 관계에 더 집중합니다. 이때는 '동사-원래 목적어(걔)의 관계가 핵심'이 되는 거죠. 반대로 동사 punch(때리다)가 능동태로 쓰인 "내가 걔를 때렸어＝I punched him."은 주어가 직접 동작하는 것에 집중하게 되어 '주어-동사의 관계가 핵심'이 됩니다. 능동태와 수동태에서 핵심 요소가 이해되었나요?

**짬뽕**  네! 능동태와 수동태가 뭔지 이제야 잘 알겠어요! 😊

**바나나**  역시 이해가 빠른 짬뽕! 자, 이제 본격적으로 수동태에 대해 배울 텐데요, 먼저 질문 하나 할게요. 수동태는 주어보다 목적어를 더 중요하게 생각할 때 쓰는 표현이라고 했죠? 그럼 이때 목적어가 더 중요하다는 걸 어떻게 표현할까요?

**짬뽕**  음… 목적어에 별표 표시를 하면 어뗘요? My boss promoted ★me★ 아니면 목적어에 형광펜을 치면요? My boss promoted me.

바나나　😫😊😁 아니, 짬뽕! 왜 문법을 창조하려고 하는 거죠? 이런 데서 창의력을 낭비하지 말라고요. 😊 심지어 이렇게 쓴다고 해도 writing 할 때는 이해가 되지만 speaking 할 때는 표현이 안 되잖아요.

짬뽕　크아⋯ 그걸 간과했네요. 😫

바나나　자, 짬뽕, 영어 문법에서 가장 중요한 게 뭐라고 했죠?

짬뽕　순서! 문장의 순서요!

바나나　That's right! 잘 기억하고 있군요! 영어에서는 순서가 문장의 핵심 요소라고 했어요. 그런데 알고 보면 수동태는 목적어를 주어 자리에 놓으며 대담하게 자리 바꾸기를 하는 것이거든요.

짬뽕　어떻게 보면 룰을 거스르는 거네요!

바나나　Exactly! 능동태 문장을 수동태 문장으로 바꾸려면 목적어를 주어 자리로 옮기고, 일반동사를 be PP 형태로 바꾸면 됩니다. 그러면 원래 목적어 자리의 명사가 주어 자리로 가면서 '동사의 작용을 받는 대상'으로 바뀌며 수동태 문장이 되는 것이죠.

짬뽕　그런데 목적어가 주어 자리로 가면 원래 있던 주어는 어떻게 해요?

바나나　주어는 생략하기도 하지만 옛정을 생각해서 전명구(주로 by + 명사)로 표현하기도 해요. 수동태는 일반적으로 '~되다/~당하다'로 해석하는데, 다음에서 능동태와 비교한 걸 보면 이해하기 쉬울 거예요.

> **▶ 능동태 vs 수동태 비교**
>
> 〔능동태〕 **S + V + O** → S가 O를 V하다.(주어가 목적어를 동사하다)
>
> 〔수동태〕 **S + be PP** (by + **N**(명사))
>
>    → S(주어)가 N(명사)에 의해 V를 당하다.
>    (원래 목적어가 원래 주어에 의해 동사당하다)

## 🍌 수동태의 종류

**바나나** 학교에서는 수동태의 기본형인 be PP만 배우고 넘어가는 경우가 많은데, 수동태는 크게 두 가지 종류로 나눌 수 있어요.

① **상태를 강조 → be PP**
② **동작을 강조 → get PP**

우선 be PP와 get PP의 차이를 알아볼게요. 짬뽕, 아래 두 문장을 해석해볼래요?

① I will be married.
② I will get married.

**짬뽕** 어라? 두 문장 모두 '나는 결혼된 상태일 것이다'…로 해석되는데요.

**바나나** 짬뽕의 해석대로라면 be PP와 get PP에 차이가 없는데요? 자, 이 둘은 동작과 상태 중 무엇을 강조하는지가 다르다고 했어요. 문장을 다시 보면, "① I will be married."는 be PP를 써서 '결혼을 하게 된 상태'에 집중해요. 그래서 '나는 유부녀인 상태가 될 거야'로 해석합니다. 반면 문장 "② I will get married."는 get PP를 써서 '결혼하는 동작'에 집중해요. 결혼하는 동작은 결혼식을 행하는 거니까 '나는 곧 결혼식을 하게 될 거야'라고 해석합니다.

짬뽕 와, 저는 똑같이 해석했는데 알고 보니 뉘앙스가 아예 다르네요! 😮

바나나 그렇죠? 아까 배운 동사 punch도 be punched 혹은 get punched로 쓸 수 있어요. 그럼 '때리다'라는 뜻을 가진 punch는 '상태'동사일까요, '동작'동사일까요?

짬뽕 주먹을 날리는 모습이 딱 떠오르니까 동작동사 같아요!

바나나 맞습니다. 그래서 "He got punched!(그는 한 대 맞았어!)"라고 말하면 주먹이 날아가는 느낌을 살릴 수 있어요. 😄

짬뽕 그럼 "He was punched."라고 말하면요?

바나나 의미가 달라지겠죠? 예를 들어 내가 친구의 눈에 큰 멍이 든 걸 봤어요. 그때 다른 친구에게 "쟤 눈이 왜 저렇게 멍들었어?"라는 질문을 받았다면 "He was punched.(쟤 한 대 맞은 상태잖아)"라고 '상태'에 집중해서 의미를 전달할 수 있겠죠.("He was punched."보다 "He has been punched."가 더 자연스러운 표현이에요.)

짬뽕 오! 감 잡았어요! be PP는 상태, get PP는 동작!

바나나 아래 문장도 위와 같은 맥락으로 해석할 수 있어요.

**He was killed.** → 그는 살해된 상태다.(죽은 상태)

**He** got killed. → 그는 살해를 당했다.(살해된 동작과 행위에 집중)

짬뽕    이제 be PP와 get PP의 차이를 완전히 이해한 것 같아요. 😊

바나나    이 밖에도 become PP / go PP / come PP 등의 수동태가 있지만, 이들 대부분을 '2형식 동사＋과거분사' 정도로 간주하고 수동태로 여기지 않는 경우가 많아요. 해석도 똑같기 때문에 굳이 구분할 필요도 없답니다. 😊

## 🍌 수동태의 형태

바나나    지금까지 수동태의 종류를 배웠으니 이제 독해 중에 만나게 될 다양한 수동태의 형태를 정리해볼게요.

### 1. 일반시제 수동태: 되다/지다/받다
→ am PP/is PP/are PP/was PP/were PP

---

#### ▶ 일반시제 수동태: be PP

---

**I** am married. 나는 기혼자이다.(결혼한 상태)

**If he** is kicked out, I will bring him to my place. 그가 쫓겨난다면 나는 그를 우리 집으로 데려올 거야.

**The door** was locked. 문이 잠겨 있는 상태였다.

**The photographs** were well displayed in their living room. 사진은 그들의 거실에 잘 배치되어 있었다.

## 2. 진행시제 수동태: 되는 중이다

→ am being PP/is being PP/are being PP/was being PP/were being PP

**진행형 be-ing**
**+ 수동태    be PP**
_____
▶ **진행시제 수동태＝be being PP**

I am being punished **by my parents.** 나는 부모님에게 벌을 받는 중이다.

**The room** is being cleaned **by house keepers.**

하우스키퍼들이 방을 청소하고 있어.(하우스키퍼에 의해 방이 청소되고 있어)

**My English language abilities** were being questioned **by American companies.**

내 영어 실력이 미국 회사들에 의해 의문을 제기받고 있었다.

**My car** is being towed. 내 차가 견인되고 있어.

**My essays** were being checked **by my English professor.**

내 작문은 영어 선생님에게 점검받고 있었다.

## 3. 완료시제 수동태: (과거부터 지금까지)~되고 있다

→ has been PP/have been PP/had been PP

**완료형 have PP**
**+ 수동태    be PP**
_____
▶ **완료시제 수동태＝have been PP**

**My English** has been improved. 내 영어실력은 향상돼왔어.(과거부터 현재까지)

**The laundry** has been changed.

세탁물이 바뀌었어요.(세탁기 안에 있는 세탁물을 다른 것으로 바꾸었다는 말)(과거부터 현재까지)

**A number of hip hop musicians** have been arrested for drug use.

많은 힙합뮤지션들이 마약 복용 혐의로 구속되어왔어.(과거부터 현재까지)

**The mummy's skin** had been dried up.

미라의 피부는 그때까지 완전히 말라붙어 있었다.(더 과거부터 과거시점까지)


짬뽕　　우와! 영어 시제가 수학 공식처럼 딱딱 떨어지네요? 쌤, 너무 재미있어요! 😮 그런데 공부하다 보니 본질적인 궁금증이 생기는데요, 수동태는 굳이 왜 쓰는 건가요? 영어의 생명인 순서까지 바꿔가며 쓸 만큼 중요한 건가요?


## 🍌 수동태를 쓰는 이유

바나나　　짬뽕의 예상대로 영어에서 수동태는 아주 중요한 역할을 합니다. 이것 또한 영어의 논리성과 관련이 있는데요, 먼저 아래 그림의 상황을 영어로 한번 얘기해볼래요?

짬뽕　　Somebody stole her cell phone and... somebody took her books....

바나나  somebody를 주어로 두 번이나 썼는데 이렇게 영작한 이유가 있나요?

짬뽕  영어는 무조건 주어를 써야 하잖아요. 그런데 훔친 사람이 누구인지 모르니까 somebody를 반복해서 썼죠. 누군지도 모르는 주어를 꼭 넣어야 하니 막막해요. 😫

바나나  그래서 탄생한 게 수동태예요! 아까 짬뽕이 쓴 문장을 다시 볼까요?

**누군가가 여자의 휴대폰을 훔쳐 갔어. → Somebody stole her cell phone.**
$$\quad\quad\quad\quad\quad\quad\quad\quad\quad\quad\quad\quad\text{S}\quad\quad\text{V}\quad\quad\quad\text{O}$$

위의 문장은 완벽한 3형식 문장이에요. '누군가=somebody'라는 주어가 '훔쳐 갔다=stole'라는 행동을 해서 '능동태(주어가 행동을 직접 하는 것)'로 표현했어요. 그런데 짬뽕 말대로 '누군지도 모르는 주어'가 등장하는 문장마다 매번 somebody/someone 등의 단어를 써줘야 한다면 너무 번거롭겠죠? 하지만 안 쓸 수도 없어요. 문장 구성요소를 마음대로 생략하지 않는 영어의 원칙 때문에 주어를 꼭 써줘야 하니까요. 그런데! 영어에는 이 원칙 말고도 논리를 중요시한다는 특성도 있잖아요? 그래서 이렇게 '비실용적인' 능동태를 손보기 위해 수동태를 만든 거랍니다! 🤓

짬뽕  맞아요. 살다 보면 ① '주어가 누구인지 모를 때'도 있고, ② '주어가 누구인지 중요하지 않을 때'도 있잖아요. 이럴 때마다 somebody/someone을 쓰는 건 좀 아닌 것 같아요. 😫

바나나  Exactly! 그래서 수동태가 필요한 거죠. 그럼 수동태를 쓰는 경우를 살펴볼게요.

## 1. 주어가 누구인지 모를 때는 수동태!

**바나나**   다음 그림처럼 물건을 도난당했거나 살인 사건, 총기 사건 등의 범인이 누군지 모르는 경우에 수동태를 씁니다.(물론 좋은 일도 누가 행한 것인지 모를 때가 있음)

〔 주어가 누구인지 모를 때의 능동태 → someone 등을 사용 〕

Someone stole my cell phone. 누군가가 내 휴대폰을 훔쳐 갔어.

Someone killed my brother. 누군가가 내 형을 살해했어.

Someone shot Ryan at war.

누군가가 전쟁 중에 라이언을 총으로 쐈어.(전쟁 중에 총을 맞는다면 정확히 누구에게 맞았는지 모르는 경우가 많음)

## 2. 주어가 누구인지 중요하지 않을 때도 수동태!

**바나나** 위의 대화에서 누가 텍사스 연쇄살인마의 교수형을 집행했는지는 말하지 않죠? 그리고 여자 또한 "어머, 누가 교수형을 집행한 거야?"라고 묻지 않습니다. 연쇄살인마가 교수형을 당했다는 사실이 중요한 것이지, 형을 집행한 인물에 대해 알 필요도 없고 그것이 중요하지도 않기 때문이죠. 오히려 이런 경우에 주어를 밝히면 다음 대화처럼 부자연스러워질걸요?

[ 주어보다 목적어가 훨씬 중요한 능동태 ]

**My boss promoted me.** 상사가 나를 승진시켰다.

**My boss fired me.** 상사가 나를 잘랐다.

위의 경우처럼 promote(승진시키다), fire(자르다) 등의 표현도 주어가 별로 중요하지 않은 단어예요. 승진하거나 잘리는 처사는 당연히 상사나 회사로부터 당한다는 것을 알기 때문이죠. 자르거나 승진시킨 행동을 직접적으로 하는 '주어'보다 오히려 그 일을 당하는 '목적어'가 훨씬 중요한 표현들입니다.

**짬뽕** 생각해보니 승진시키거나 자르는 건 항상 상사가 하는 일일 테니, 딱히 주어를 쓸 필요가 없겠네요! 😊

**바나나** That's right! 그래서 이렇게 ① 주어가 누구인지 모를 때 혹은 ② 주어가 누구인지 중요하지 않을 때, 즉 주어보다 목적어가 중요할 때 쓰는 것이 바로 '수동태'입니다.

짬뽕    수동태가 뭔지, 어느 때 필요한지 이해하고 나니까 엄청 친근하게 느껴져요. 그럼 이런 수동태 문장은 자주 쓰이나요?

바나나    물론이죠! 한국어에서는 수동형을 잘 쓰지 않지만 영어에서는 아주아주 자주 쓰인답니다! 그럼 아까 배운 문장들을 수동태로 바꿔서 써볼게요.

Someone **stole** my cell phone. 누군가가 내 휴대폰을 훔쳐 갔어.

My cell phone **was stolen** (by someone). 내 휴대폰을 도난당했어.

Someone **killed** my brother. 누군가가 내 형을 살해했어.

My brother **was killed** (by someone). 나의 형이 살해당했어.

Someone **shot** Ryan **at war.** 누군가가 전쟁 중에 라이언을 총으로 쐈어.

Ryan **was shot** (by someone) **at war.** 라이언이 전쟁 중에 총에 맞았어.

짬뽕    someone같이 의미 없는 주어를 생략하고 핵심이 되는 목적어를 주어 자리에 넣으니까 내용이 훨씬 간결하고 명확해졌어요! 😊

## 🍌 형식별 수동태

**바나나**  짬뽕, 지금까지 배운 다섯 가지 형식 중에 어떤 형식을 수동태로 쓸 수 있을까요?

**짬뽕**  음, 위의 예문이 모두 3형식 능동태였으니까… 3형식을 수동태로 쓸 수 있어요!

**바나나**  와! 주의 깊게 잘 관찰했어요! 수동태는 '목적어'인 명사를 '주어' 자리로 옮기는 게 핵심이라고 했죠? 다시 한번 형태와 자리 변화를 잘 봐주세요.

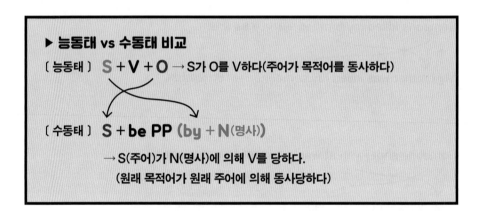

그럼 목적어가 없는 1형식과 2형식은 수동태가 가능할까요, 불가능할까요?

**짬뽕**  목적어가 없으니 불가능해요!

**바나나**  Exactly! 목적어가 있어야 수동태가 가능하니까 1·2형식은 수동태 만들기 탈락! 그럼 목적어가 있는 4형식과 5형식은 어떨까요?

**짬뽕**  음… 둘 다 목적어가 있긴 한데 4형식은 목적어가 2개고 5형식은 뒤에 목적보어도 오니까… 수동태로 쓰기 어려울 것 같은데요?

**바나나** 쓰기 어렵다고 해서 불가능한 건 아니겠죠? ☺ 목적어가 있는
3 · 4 · 5형식은 모두 수동태로 쓸 수 있습니다. 그럼 하나씩 살펴볼게요.

---
### 3형식 수동태

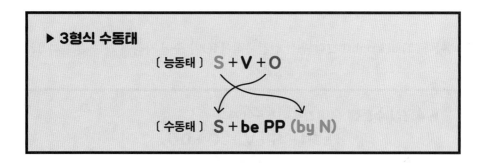

**바나나** 가장 기본적인 수동태 형태죠?

I **ate** the cake. 나는 케이크를 먹었다.

→ The cake **was eaten** (by me). 케이크는 나에 의해서 먹혔다.

We **will have** fun. 우리는 재미있는 시간을 보낼 거야.

→ Fun **will be had** (by us). 재미있는 시간이 우리에 의해서 보내질 거야.

She **collects** stamps. 그녀는 우표를 모은다.

→ Stamps **are collected** (by her). 우표는 그녀에 의해서 모아진다.

**짬뽕** 오! 3형식은 이제 감잡았으! ☺

## ─── 4형식 수동태

**바나나**  4형식은 3형식과 살짝 다른데요, 목적어가 2개라서 수동태의 모양도 두 가지예요.

**짬뽕**  그럼 간접목적어 IO가 주어가 되는 것과 직접목적어 DO가 주어가 되는 것, 이렇게 두 가지예요?

**바나나**  That's right! 그럼 우선 간접목적어 IO가 주어 자리에 가는 걸 볼까요?

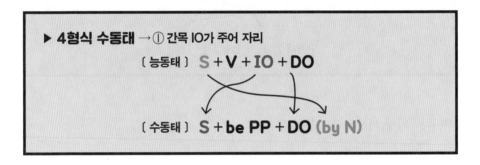

IO가 주어 자리에 가면 DO는 그 자리에 그대로 남는 게 보이죠? 직접목적어 DO는 중요도가 높아서 원래 자리에 그대로 두는 거예요. 반면 아래처럼 직접목적어가 주어 자리에 가면 조금 다릅니다.

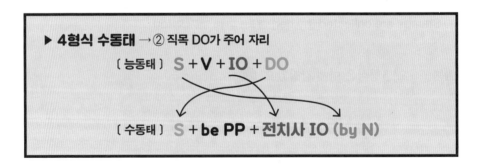

DO가 주어 자리에 가면 IO는 갑자기 전명구로 레벨 다운돼요. 간접목적어 IO의 중요도가 그리 높지 않기 때문인데요, 예시로 확인해봐요. 😊

| |
|---|
| Arty gave Banana a cake. 아티는 바나나에게 케이크를 주었다. |

① IO가 주어 자리에 가는 수동태

Arty **gave** Banana a cake. 아티는 바나나에게 케이크를 주었다

Banana **was given** a cake by Arty. 바나나는 아티에 의해서 케이크를 받았다.

② DO가 주어 자리에 가는 수동태

Arty **gave** Banana a cake. 아티는 바나나에게 케이크를 주었다

A cake **was given** to Banana by Arty. 케이크가 아티에 의해서 바나나에게 주어졌다.

| |
|---|
| He handed me the salt and pepper. 그는 나에게 소금과 후추를 건네주었다. |

① IO가 주어 자리에 가는 수동태

He **handed** me the salt and pepper. 그는 나에게 소금과 후추를 건네주었다.

I **was handed** the salt and pepper (by him). 나는 소금과 후추를 건네받았다.

② DO가 주어 자리에 가는 수동태

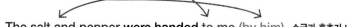

He handed me the salt and pepper. 그는 나에게 소금과 후추를 건네주었다.

The salt and pepper were handed to me (by him). 소금과 후추가 나에게 건네졌다.

바나나 자, 여기서 중요한 점은 모든 4형식을 두 가지 수동태로 바꿀 수 있는 건 아니라는 거예요.

I made her some cookies. 나는 그녀에게 쿠키를 만들어 주었다.

① IO가 주어 자리에 가는 수동태
She was made some cookies
(by me).
그녀는 나에 의해 쿠키가 만들어졌다(?) (X)

② DO가 주어 자리에 가는 수동태
Some cookies were made for
her (by me).
쿠키들이 그녀를 위해서 만들어졌다.

이렇게 둘 중 DO는 수동태 전환을 해도 문제가 없죠? 하지만 위의 예문처럼 IO 를 주어로 썼을 때 어색한 문장은 굳이 수동태로 만들지 않습니다.

짬뽕 그런데 문장이 어색한지 어색하지 않은지를 어떻게 판단해요?

바나나 한국어로 해석해서 어색한 문장은 영어 또한 어색한 경우가 많아요. 하지만 뉘앙스가 어색한지는 영작을 자주 해봐야 직감으로 알 수 있으니 많이 연습해주세요. 😆 그럼 마지막으로 5형식을 살펴볼게요.

## 5형식 수동태

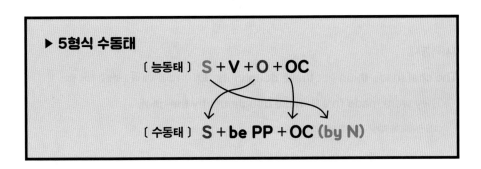

▶ 5형식 수동태

〔능동태〕 S + V + O + OC

〔수동태〕 S + be PP + OC (by N)

**바나나** 5형식 수동태는 간단해요. 3형식처럼 목적어가 하나밖에 없어서 모양도 하나뿐이고, 보어는 원래 자리에 그대로 남습니다.

I considered the course difficult. 나는 이 코스가 어렵다고 생각했어.

→ The course was considered difficult (by me). 이 코스는 어렵다고 판단되었다.

We kept the story a secret. 우리는 그 이야기를 비밀로 간직했다.

→ The story was kept a secret (by us). 이야기는 비밀로 간직되었다.

**짬뽕** 5형식 수동태는 심플하네요. 이해 완료했어요! 😃

**바나나** 여기서 유의할 점은 5형식 수동태 문장에 지각동사(감각기관으로 사물을 인식하는 동사)나 사역동사(남에게 그 동작을 하게 하는 동사)가 나올 때예요. 예를 들어볼게요. "You make me laugh." 이 문장은 원래 "You make me (to) laugh."인데, 사역동사의 특성상 보어 자리에 to를 생략하는 원형부정사를 썼어요. 그런데 이런 지각동사/사역동사를 포함한 문장이 수동태가 되면 OC 자리에 쓴 원형부정사를 다시 to부정사로 고쳐줘야 합니다.

〔사역동사〕

The chef made them eat these doughnuts. 요리사가 그들에게 이 도넛들을 먹게 했어.

→ They were made to eat these doughnuts by the chef.

그들은 셰프에 의해서 도넛을 먹게 되었어.

A teacher made us clean the classroom. 선생님은 우리가 교실을 청소하게 시켰다.

→ We were made to clean the classroom by a teacher.

우리는 선생님에 의해 교실을 청소하도록 명령받았다.

〔지각동사〕

Everyone has seen her get drunk. 모두가 그녀가 취하는 모습을 보았다.

→ She has been seen to get drunk by everyone.

그녀는 모두에게 취해진 모습을 보이게 되었다.

짬뽕    지각동사/사역동사는 to를 썼다가 안 썼다가… 참 귀찮네요. ☺

바나나   헷갈리고 복잡해서 수능, 내신, 공무원, 토익 등 모든 시험에 나오는 부분이죠. 그러니 꼭 기억해주세요! ☺ 자, 이쯤 공부하면 수동태 좀 안다고 생각해도 좋답니다!

짬뽕    배우고 나니 수동태 녀석, 참 매력 있는 문장이네요. 영작할 때 써먹을게요!

바나나   수동태는 적당히 잘 쓰면 구조가 탄탄해지지만, 남발하면 문장 흐름에 역효과를 줄 수 있으니 적재적소에 쓰길 바라요. 특히 자주 쓰는 수동태 관용구 몇 개 정도는 알아두면 도움이 되니 정리해볼까요?

# 🍌 수동태 관용구

① be known as: ~(직책/신분)으로서 알려져 있다

**Banana** is known as **a popular English teacher.** 바나나는 인기 영어 선생님으로 알려져 있다.


② be known for: ~(성격/특징/성과) 때문에 유명하다

**Arty** is known for **being witty.** 아티는 재치 있는 것으로 유명하다.


③ be known by: ~에 의해서 알려져 있다

**Banana** is known by **many people.** 많은 사람들이 (개인적으로) 바나나를 알고 있다.


④ be known to: ~에게 알려져 있다

**Banana** is known to **many people.** 많은 사람들이 바나나에 대해서 알고 있다


⑤ be made with: (음식/음료 등이 ~재료로) 만들어지다

**Kimchi** is mainly made with **cabbage and chilli powder.**

김치는 주로 배추와 고춧가루로 만들어진다.


⑥ be made of: (~재료로) 만들어지다

**This amazing ring** is made of **gold.**

이 아름다운 반지는 금으로 만들어졌다.(재료를 육안으로 짐작할 수 있는 경우)


⑦ be made from: (~재료로) 제조되다

**Plastic** is made from **oil.** 플라스틱은 석유로 만들어진다.(재료를 육안으로 알 수 없는 경우)


⑧ be related to: ~와 관련되다

**Domestic crimes against women** are usually related to **drugs and alcoholism.**

여성을 향한 가정 폭력은 보통 마약과 알코올 중독과 관련이 있다.

⑨ be born: 태어나다

**I was born in Korea.** 나는 한국에서 태어났어요.


⑩ be married: 결혼하다

**I've been married for over 20 years now.** 나는 결혼한 지 20년도 넘었어요.


⑪ be gone: 사라지다

**All I have written is gone.** 내가 지금껏 써온 것들이 모두 사라졌어.


⑫ be done: 끝내다

**I am done with this job.** 나는 이 일에서 손 뗐어.


⑬ be supposed to V: ~하도록 되어 있다

**What am I supposed to do?** 내가 뭘 해야 하는 건데?


⑭ be forced to V: ~하도록 강요받다

**Women are forced to leave work after they get pregnant.**

임신 후에 여성들은 직장을 떠나도록 강요받는다.


바나나 　자, 위의 관용구를 중심으로 다양하게 영작하며 공부하는 방법을 추천해요. 또 독해 중에 수동태가 나오면 몇 형식 수동태인지, 능동태로 쓰면 어떤 문장이 되는지 고민하면서 해석해보세요. 반복하다 보면 어느새 수동태가 내 안에 쏙 들어온답니다. 😀 그럼 우린 **다음 시간에 또 바나나요!**

## 오늘 배운 내용

▶ 능동태 & 수동태          ▶ 수동태의 종류          ▶ 수동태의 형태

▶ 수동태를 쓰는 이유       ▶ 형식별 수동태          ▶ 수동태 관용구

## 능동태 & 수동태

### ① 능동태: 능할 능(能), 움직일 동(動)

'(주어가) 스스로 움직이며, 행위의 주체가 된다'라는 뜻으로 주어가 동사를 직접 행한다.

### ② 수동태: 받을 수(受), 움직일 동(動)

'남(원래 주어)으로부터 (원래 목적어가) 움직임 / 작용을 받는다'라는 뜻으로 주어(원래 목적어)가 행동을 지시받는다.

### ③ 수동태 문장

수동태는 주어보다 목적어가 중요한 경우 목적어를 주어 자리에 쓰고 동사를 be PP 혹은 get PP 형태로 바꿔 쓰는 문장이다. '~되다 / 당하다'로 해석한다.

▶ **능동태 vs 수동태 비교**

〔능동태〕 **S + V + O** → S가 O를 V하다(주어가 목적어를 동사하다)

〔수동태〕 **S + be PP (by + N(명사))**

→ S(주어)가 N(명사)에 의해 V를 당하다.
(원래 목적어가 원래 주어에 의해 동사당하다)

## 수동태의 종류

**① 상태를 강조 → be PP**

I will be married. 나는 곧 유부녀가 될 거야!

**② 동작을 강조 → get PP**

I will get married. 나는 곧 결혼식을 할 거야!

## 수동태의 형태

**① 일반시제 수동태**

am PP / is PP / are PP / was PP / were PP

**② 진행시제 수동태**

am being PP / is being PP / are being PP / was being PP / were being PP

**진행형 be-ing**

**+ 수동태　　be PP**

─────────────────

▶ **진행시제 수동태 = be being PP**

### ③ 완료시제 수동태

has been PP / have been PP / had been PP

---

**완료형 have PP**

**+ 수동태        be PP**

---

▶ **완료시제 수동태 = have been PP**

---

## 수동태를 쓰는 이유

① 주어가 누구인지 모를 때: 도난/살인/전시 상황 등 범인이 누군지 모르는 경우

② 주어가 누구인지 중요하지 않을 때: 주어가 누구인지 너무 확실하거나, 주어보다 목적어
  가 중요한 경우

## 형식별 수동태

### ① 3형식 수동태

▶ **3형식 수동태**

〔능동태〕 **S + V + O**

〔수동태〕 **S + be PP (by N)**

② 4형식 수동태

목적어가 2개라서 수동태의 형식도 두 가지이다.

▶ **4형식 수동태** → ① 간목 IO가 주어 자리

〔 능동태 〕 S + V + IO + DO

〔 수동태 〕 S + **be PP** + DO (by N)

▶ **4형식 수동태** → ② 직목 DO가 주어 자리

〔 능동태 〕 S + V + IO + DO

〔 수동태 〕 S + **be PP** + **전치사 IO** (by N)

③ 5형식 수동태

▶ **5형식 수동태**

〔 능동태 〕 S + V + O + OC

〔 수동태 〕 S + **be PP** + OC (by N)

# 수동태 관용구

아래 자주 쓰는 관용구를 사용해 문장을 만들어보세요.

- **be born**(태어나다) _____

- **be married**(결혼하다) _____

- **be gone**(사라지다) _____

- **be done**(끝내다) _____

- **be supposed to V**(~하도록 되어 있다) _____

- **be forced to V**(~하도록 강요받다) _____

**1. 능동태가 무엇인지 아래 빈칸을 채우세요.**

> 능동태란 '(주어) 스스로 움직이며 행위의 주체가 된다'라는 의미로
> ＿＿＿＿＿＿＿＿＿＿＿＿＿＿＿＿＿ 행한다.

**2. 수동태가 무엇인지 아래 빈칸을 채우세요.**

> 수동태란 '남(주어)으로부터 (목적어가) 움직임 / 작용을 받는다'라는 의미로
> ＿＿＿＿＿＿＿＿＿＿＿＿＿＿＿＿＿ 행동을 지시받는다.

**3. 수동태 문장의 특징에 따라 빈칸을 채우세요.**

① 수동태는 ＿＿＿＿＿＿＿보다 ＿＿＿＿＿＿＿가 중요한 경우, 목적어를 주어 자리에 쓰고

  동사를 ＿＿＿＿＿＿ 혹은 ＿＿＿＿＿＿ 형태로 바꿔 쓰는 문장이다.

② 해석은 '~＿＿＿＿＿＿＿ / ＿＿＿＿＿＿＿'로 한다.

**4. 수동태의 종류에 따라 빈칸을 채우세요.**

① 상태를 강조하는 ＿＿＿＿＿＿＿ → I will be married. 나는 곧 유부녀가 될 거야!

② 동작을 강조하는 ＿＿＿＿＿＿＿ → I will get married. 나는 곧 결혼식을 할 거야!

**5. 각각의 수동태를 5개씩 쓰세요.**

① 일반시제 수동태 _____

② 진행시제 수동태 _____

③ 완료시제 수동태 _____


**6. 각 시제의 빈칸을 채우세요.**

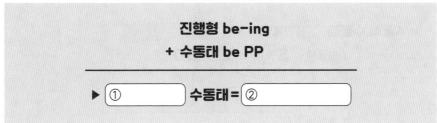

진행형 be-ing
+ 수동태 be PP

▶ ① [        ] 수동태 = ② [        ]

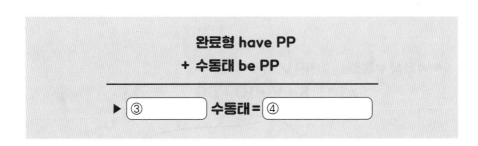

완료형 have PP
+ 수동태 be PP

▶ ③ [        ] 수동태 = ④ [        ]


**7. 수동태가 언제 쓰이는지 다음 빈칸을 채우세요.**

① _____

→ [도난 / 살인 / 전시 상황 등 범인이 누구인지 모르는 경우]

② _____

→ [주어가 누구인지 너무 확실하거나, 주어보다 목적어가 중요한 경우]

**8. 각 형식에 맞는 수동태를 쓰세요.**

▶ **3형식 수동태**

〔 능동태 〕 **S + V + O**

〔 수동태 〕 ①⬚

▶ **4형식 수동태** → ① 간목 IO가 주어 자리

〔 능동태 〕 **S + V + IO + DO**

〔 수동태 〕 ②⬚

▶ **4형식 수동태** → ② 직목 DO가 주어 자리

〔 능동태 〕 **S + V + IO + DO**

〔 수동태 〕 ③⬚

▶ **5형식 수동태**

〔 능동태 〕 **S + V + O + OC**

〔 수동태 〕 ④⬚

**9. 아래의 능동태 문장을 수동태 문장으로 바꾸세요.**

① My dog ate my chicken.

_____

② He received a letter.

_____

③ I have done my homework.

_____

④ My mom was making a cake.

_____

⑤ Respect your parents.

_____

⑥ Someone has stolen my purse.

_____


**10. 다음 문장을 수동태 문장으로 영작하세요.**

① 당신은 이 구역의 강에서 낚시를 할 수 없습니다.(river / allow / fish / this part)

_____

② 당신은 시험지를 교실 밖으로 가지고 나갈 수 없습니다.(exam paper / classroom / allow / out)

_____

③ 이 집은 우리 할아버지가 지었어요.(grandfather / house / build)

_____

④ 그 터널은 예정보다 3년 이르게 완공되었다.(schedule / ahead / tunnel / finish)

_____

**11.** 다음 빈칸에 알맞은 것을 고르세요.

(1)   The company hired new engineers last summer.

그 회사는 지난 여름에 새로운 기술자들을 고용했다.

= New engineers _____ by the company last summer.

① is hired       ② was hired       ③ has hired       ④ were hired       ⑤ have hired

(2)   Banana wrote this English grammar book. 바나나는 이 영어 문법책을 썼다.

= This English grammar book _____ by Banana.

① is wrote       ② was wrote       ③ is written       ④ was written       ⑤ were written

＊정답은 p.437~438을 참고하세요.

# DAY 22

# 후치수식,
# 복잡한 건
# 뒤로 미뤄!

오늘 배울 내용

- 한국어 vs 영어, 문장 수식법

- 후치수식의 뜻

- 후치수식의 종류

- 후치수식 연습

오늘 수업과
관련된 영상은
← 여기!

짬뽕     선생님, 안녕하세요. 있잖아요, 저… 쌤한테 고백할 게 있는데요, 쌤이 매우 강조하셨고 너무 중요하다고 10번 이상 말한 그… 그거요…. 저… 숙제를 안 했어요. 😣

바나나   아아~~! 숙제야 하면 되죠! 어휴, 답답해서 혼났네! 한국어로 대화하다 보면 본론이 바로 안 나와서 답답할 때가 있는데 지금이 바로 그런 경우예요! 😊

짬뽕     본론이 바로 안 나오다뇨? 그게 무슨 뜻이에요?

바나나   한국어 문장은 전치수식, 즉 형용사를 먼저 말하는 게 일반적이라서 형용사가 길어지면 본론이 되는 주어나 동사가 한참 뒤에 나오는 경향이 있거든요.

짬뽕     그럼 영어는 어떤데요? 본론부터 바로 말하나요?

## 🍌 한국어 vs 영어, 문장 수식법

[ 한국어 vs 영어, 수식 특징 비교 ]

|  | 한국어 | 영어 |
|---|---|---|
| 법칙 | * 오직 전치수식<br>수식어가 아무리 길어져도 항상 앞에서 명사를 수식 | * 전치수식 + 후치수식<br>짧은 형용사류는 명사의 앞에서 수식하고 길이가 긴 형용사류는 명사를 뒤에서 수식 |
| 예시 | 선생님이 매우 강조했고 너무 중요하다고 10번 이상 말한 숙제를 (나는) 하지 않았다. | I didn't do the assignment/ that you particularly stressed/ and mentioned how important it is more than 10 times.<br>[직역해석] 나는 하지 않았다 숙제를/선생님이 매우 강조했고/너무 중요하다고 10번 이상 말한 |

바나나　위의 표에서 한국어와 영어 문장의 차이를 살펴볼게요. 한국어를 보면 수식하는 관형절이 가장 앞에 오고, 핵심 문장 성분은 맨 마지막에 오죠? 반면 영어는 핵심 내용이 제일 앞에 와요. "I didn't do the assignment.(숙제를 안 했어요)"처럼 S+V+O부터 말하고, 부가적인 수식어구를 붙여주는 것이 영어의 일반적인 형식이기 때문이죠. 이렇게 문장 구성에 차이가 생기는 가장 큰 이유는 후치수식 때문이라고 볼 수 있는데요, 오늘은 이 후치수식을 자세히 배울 거랍니다! 😄

짬뽕　후치수식? 이건 전에도 배운 적이 있는 것 같은데요?

바나나　오! 짬뽕, 기억하고 있군요!

짬뽕　제가 오늘만 숙제를 못 했을 뿐이지 그동안 복습을 얼마나 열심히 했는데요. ☹️ 후치수식은 형용사에서 배운 것 같은데, 맞나요?

바나나　소~오름! 😮 이렇게까지 성실하게 복습했다니! 이제 복습하는 만큼 숙제도 잘해 올 거라 믿고, 지난번에 살짝 간만 봤던 후치수식을 오늘은 자세하게 공부해볼게요!

## 🍌 후치수식의 뜻

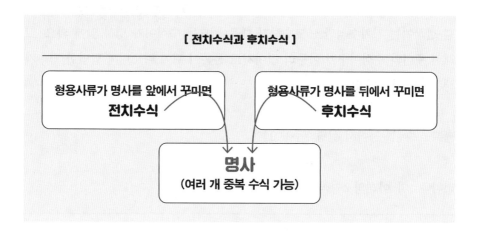

바나나  후치수식은 한자로 '뒤 후(後), 위치할 치(置)'를 써서 '뒤에 위치하며 수식한다'라는 뜻이에요. 짬뽕의 기억대로 7일 차 형용사 편에서 '전치수식'하는 형용사, '후치수식'하는 형용사를 배운 적이 있죠. 그럼 짬뽕, 기억나는 만큼만 설명해볼 수 있나요?

짬뽕  음, 전치수식은 짧고 간단한 형용사가 명사 앞에서 꾸며주는 거예요. 후치수식은 길이가 긴 형용사구 같은 게 명사 뒤에 붙어서 수식하는 거고요. 😎

바나나  Excellent! 완벽한 설명 고마워요!

짬뽕  그런데 지난 수업에서 충분히 배운 것 같은데 이렇게 챕터를 따로 나누면서까지 후치수식을 자세하게 다루는 이유가 있나요?

**바나나**　독해나 영작을 할 때 특히 한국 학생들이 이 후치수식을 너무나 어려워하거든요. 😞

**짬뽕**　유독 한국인만요? 왜 그렇게 어려워하는 거예요?

**바나나**　한국어에는 후치수식이란 개념이 없기 때문이죠! 지난번에 배운 것처럼 한국어는 전치수식만을 고수하기 때문에 모든 수식어가 명사 앞에 와요. 그래서 주어의 수식어구가 아무리 길어져도 본론이 뒤에 나오니까 답답한 경우가 생긴다는 단점이 있죠.

**짬뽕**　예를 들어서 설명해주세요!

**바나나**　자, 아래의 2형식 문장을 분석해볼게요.

---

**내가 저번에 진실이에게 꼭 봐야 한다고 말한 그 드라마는 매우 웃긴다.**

---

- 주어: 내가 저번에 진실이한테 꼭 봐야 한다고 말한 그 <u>드라마는</u>
- 동사: ~이다
- 보어: 매우 웃긴

**짬뽕**　와… 수식어가 길긴 하네요.

**바나나**　그렇죠? 순서가 생명인 영어는 핵심 문장 성분인 '주어'가 재빨리 나오지 않는 한국어식 전치수식 방식을 좋아하지 않아요. 그래서 짧고 간결한 몇몇 형용사를 제외하고 복잡한 것들은 모두 뒤로 미뤄버립니다.

- 주어: The **TV show** that I told Jinsil to watch
- 동사: **is**

- 보어: **very funny**

짬뽕　　TV 앞의 the만 전치수식이고 나머지는 모두 후치수식으로 쓰였네요!

바나나　　맞아요. ☺ 이렇게 단어를 뒤에서 꾸며주는 걸 후치수식이라고 하는데, 이 문장의 후치수식은 '관계대명사절'의 후치수식이에요. 이 외에 여러 가지 후치수식을 하나하나 살펴볼게요.

## 🍌 후치수식의 종류

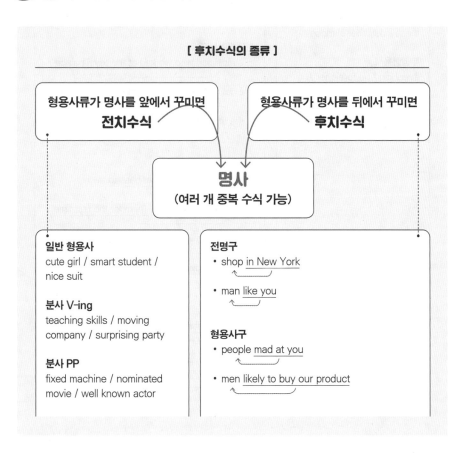

[ 후치수식의 종류 ]

형용사류가 명사를 앞에서 꾸미면 **전치수식**　　형용사류가 명사를 뒤에서 꾸미면 **후치수식**

**명사**
(여러 개 중복 수식 가능)

**일반 형용사**
cute girl / smart student / nice suit

**분사 V-ing**
teaching skills / moving company / surprising party

**분사 PP**
fixed machine / nominated movie / well known actor

**전명구**
- shop in New York
- man like you

**형용사구**
- people mad at you
- men likely to buy our product

**관사**
a car / an apple / the key

**소유격**
my friend / your shoes /
his car

**수사**
one book / two times /
three years

**서수**
first wife / second war /
third times

**지시형용사**
this mate / that color /
these kids / those shops

**부정형용사**
every girl / no foreigner /
some stuff / other things

**분사 V-ing**
- baby crying for food

- an admiral commanding ships

**분사 PP**
- the boy raised by him

- the house painted white

**to V**
- the ability to speak English

- no time to waste

**관계대명사절**
- a musician who worked at the royal palace

- a doll that weighted the same as a human-being

- the story which I have never heard of

**관계부사절**
- the day when my mum passed away

- the show where I saw them for the first time

- the reason why she broke up with him

- the way how (that) you threw the party

**동격절**
- the fact that he decided to make another movie

- doubt that the situation will get better

짬뽕     오! 전치수식하는 것들은 형용사 파트에서 다 배운 것들이네요!

바나나   맞습니다! 😄 그래서 추가적으로 더 볼 건 없을 것 같아요. 후치수식도 낯익은 것들이 많죠?

짬뽕     네! 관계대명사, 관계부사절, 동격절만 빼고는 다 아는 거예요.

바나나   그럼 후치수식을 쭉 살펴볼게요.


## 1. 전명구의 후치수식

바나나   전명구는 '전치사+명사' 2개의 단어가 구를 이루는 형태예요. 영어에서는 단어가 2개 이상이면 전치수식으로 쓰기에는 길다고 여기므로 전명구는 무조건 후치수식을 하죠. 전명구는 적절히 사용하면 문장이 깔끔해지고 전달력 또한 좋아져서 영작할 때 유용해요. 그럼 전명구는 어떤 경우에 쓰일까요?

① 소유격 대신 사용
영어 초보자는 소유격을 남발하기도 하는데, 소유격이 항상 통하는 것은 아니에요. 또 소유격 대신 전명구를 쓰면 문장이 훨씬 깔끔해집니다.

〔우리 엄마의 친구〕 my mother's friend(X) → a friend **of my mother**
〔마음 깊은 곳〕 my heart's bottom(X) → the bottom **of my heart**

② 형용사절 대신 사용
곧 배울 관계대명사/관계부사 등은 명사를 꾸미는 형용사절이에요. 형용사절은 내용을 상세하게 전달할 수 있어서 자주 쓰지만, 문장이 늘어지는 인상을 주기도 해요. 이때 전명구를 쓰면 문장이 한층 간결해지고 세련되게 느껴집니다.

〔 **단발 머리를 한 소녀** 〕 the girl <u>who has a bobbed-hair</u> → the girl <u>with bobbed-hair</u>

〔 **수트를 입은 남자** 〕 the man <u>who is wearing a suit</u> → the man <u>in black</u>

짬뽕    앗! 그럼 영화 〈맨 인 블랙〉이 '수트를 입은 남자'라는 뜻인가요?

바나나    Exactly! 😲 in black은 일반적으로 '수트를 입었다'라는 뜻으로 쓰여요.

짬뽕    와… 저 이 뜻을 이제야 안 거 있죠. 그래서 항상 포스터에서 수트를 입었었군요!

## 2. 형용사구의 후치수식

바나나    형용사구도 2개 이상의 단어가 합해진 경우라서 자연스럽게 후치수식해요. 자주 쓰이는 후치수식 형용사구를 사용한 예시를 살펴볼게요.

① full of: ~로 가득 찬

**I like people <u>full of energy.</u>** 나는 에너지가 가득한 사람들을 좋아한다.

② low in: ~가 적은

**She tries to eat foods low in trans fats.** 그녀는 트랜스지방 함량이 낮은 식품을 먹으려고 애쓴다.

③ likely to V: ~할 가능성이 높은

**The people likely to win this project have already achieved success in many prior jobs.** 이 프로젝트에서 우승할 가능성이 높은 사람들은 이미 이전의 많은 일에서 성공한 사람들이다.

④ ready to V: ~할 준비가 된

**Is there anyone ready to come with me?** 나랑 같이 갈 준비가 된 사람 있니?


## 3. 분사구의 후치수식

바나나　분사는 현재분사 V-ing, 과거분사 PP 총 두 종류가 있고, 분사구는 이 러한 분사 뒤에 추가적인 문법요소가 따라오는 경우를 말해요.

① V-ing + $\alpha$
② PP + $\alpha$

예를 들어 exciting(신나는)은 딱 한 단어니까 an exciting story(신나는 이야기) 처럼 전치수식을 해줍니다. 하지만 fascinated with my artworks(내 작품에 매 료된)은 4단어로 이루어진 과거분사 'PP + $\alpha$' 형태의 분사구예요. 이럴 때는 후 치수식을 써서 the gentleman fascinated with my artworks(내 작품에 매료 된 신사)'처럼 써줍니다.

**The gentleman fascinated with my artworks wants to buy some of them.**
내 작품에 매료된 신사가 작품 몇 점을 사고 싶어 한다.

**The guy obsessed with you.** 너한테 집착하는 그 남자.

## 4. to부정사(형용사적 용법)의 후치수식

바나나  to부정사는 to V 두 단어로 이루어진 구로 항상 후치수식을 합니다.

**She is** the right person **to make it happen.** 그녀야말로 일이 진행되게 할 적임자다.
**I am not** the person **to say such a horrible thing.** 나는 그런 끔찍한 말을 하는 사람이 아니야.

자, 여기까지는 이미 배운 것들을 복습하는 느낌으로 가볍게 왔어요. 문제는 이제부터 공부할 관계대명사절, 관계부사절, 동격절인데요, 짬뽕, 이 세 가지의 공통점이 뭘까요?

짬뽕  셋 다 절이에요!

바나나  That's right! 세 가지 절이 조금씩 다른데, 오늘은 해석법에 집중할 거예요. 왜냐하면 관계대명사절과 관계부사절은 다른 챕터에서 따로 깊게 다룰 예정이거든요. ☺

## 5. 관계대명사절의 후치수식

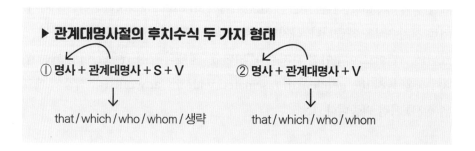

▶ **관계대명사절의 후치수식 두 가지 형태**

① 명사 + 관계대명사 + S + V        ② 명사 + 관계대명사 + V

↓                                              ↓

that / which / who / whom / 생략        that / which / who / whom

바나나  관계대명사절은 위의 두 가지 형태로 쓰여요. 우선 ① 명사＋관계대명사＋S＋V 형태부터 살펴볼게요.

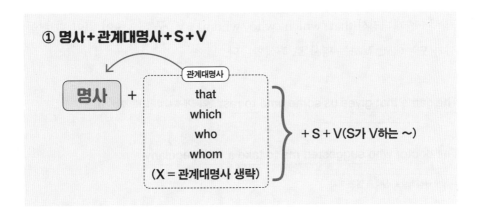

① 명사＋관계대명사＋S＋V

관계대명사

명사 ＋ that / which / who / whom (X = 관계대명사 생략) + S + V(S가 V하는 ～)

'명사＋관계대명사(that/which/who/whom/관계대명사 생략)＋S＋V' 구조는 항상 'S가 V하는 명사'로 해석합니다.

The smartphone **which I bought for your birthday** 내가 네 생일에 사 준 휴대폰

The doctors **who people look upon** 사람들이 존경하는 의사들

바나나 다음은 ② 명사＋관계대명사＋V 형태예요.

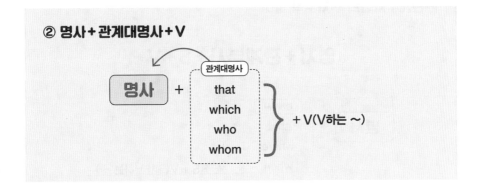

② 명사＋관계대명사＋V

관계대명사

명사 ＋ that / which / who / whom + V(V하는 ～)

'명사＋관계대명사(that /which /who /whom)＋V' 구조는 주어 없이 바로 동사가 오는데요. 'V하는 명사'로 해석합니다.

The game **that gives us some time to rest** 우리에게 휴식할 시간을 주는 게임

The doctor **who suggested me to take a walk regularly**

나에게 규칙적으로 산책을 권한 의사

짬뽕    해석은 단순한 편이네요. 😃

바나나    해석은 비교적 간단하지만, 관계대명사나 관계부사를 써서 문장을 만들거나 실제로 스피킹에 적용하려면 상당한 노력이 필요하답니다. 😵

### 6. 관계부사절의 후치수식

바나나    이번에는 관계대명사절이 아닌, 관계부사절의 후치수식이에요. 어떤 관계부사가 오는지 잘 봐주세요.

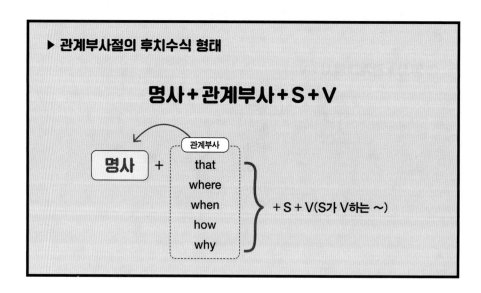

관계부사절은 '명사＋관계부사(that／where／when／how／why／관계부사 생략)＋S＋V'의 형태로 관계대명사절과 똑같이 'S가 V하는 명사'로 해석합니다.

China **where my boyfriend lives** 내 남자친구가 살고 있는 중국

August **when I go back to Korea** 내가 한국에 돌아가는 8월

## 7. 동격절의 후치수식

바나나　동격절은 후치수식에 쓰이는 것들 중 유일하게 품사가 '명사류'예요.(나머지는 모두 형용사류)

짬뽕　어라? 어떻게 명사절이 명사를 후치수식하나요? 형용사류만 명사를 수식할 수 있는 게 아닌가요? 😮

바나나　동격절을 쓰는 이유를 알면 이해가 될 거예요. 예를 들어보죠. "She knows the fact.(그녀는 그 사실을 알고 있다)" 이 문장은 완벽한 3형식인데요, 이 문장만으로 어떤 정보를 알 수 있나요?

짬뽕　음… 그녀가 '어떤' 사실을 알고 있다는 것 같은데, 그 사실이 뭔지 모르니 좀 아쉬워요.

바나나　Exactly! 문법적으로 오류가 없지만 전달하려는 핵심 의미가 무엇인지 모르니 어딘가 아쉽죠? 듣는 사람이 'the fact(그 사실)'를 미리 알고 있는 경우가 아니라면 이 문장은 내용이 없는 빈껍데기가 됩니다.

A　**그녀는 그 사실을 알고 있어!**

B　**그 사실? 그게 뭔데?**

늘 강조하지만, 영어는 효율성을 중요시하므로 이렇게 되묻는 상황을 매우 싫어하죠. 그래서 상대가 모를 경우 그 사실이 무엇인지 언급하는데요, 그때 쓰는 것이 동격절이에요.

**She knows** the fact **that you cheated on her.** 그녀는 네가 바람피운 사실을 알고 있어.
그 사실　　=　　네가 바람을 피웠다.

짬뽕　　그럼 이 문장은 몇 형식인 거예요?

바나나　여전히 3형식이에요. 동격절 that you cheated on her는 명사 the fact를 풀어서 써준 것일 뿐, 따로 문장요소의 역할을 하지는 않습니다.

짬뽕　　쌤, 그런데 원래 명사류는 이렇게 마음대로 넣거나 뺄 수 없지 않나요?

바나나　You are right! 😊 하지만 동격절은 예외에 속해요. 명사에 '추상명사(의미가 모호하고 때에 따라 달라지는 명사)'가 올 때는 추가적인 정보가 필요하기 때문에 이때에 한해서만 쓸 수 있답니다.

짬뽕　　추상명사에는 어떤 단어가 있는지도 알려주세요! 😊

바나나　the fact(사실)/the secret(비밀)/the doubt(의심)/the news(뉴스)/the idea(아이디어) 등이에요. 잘 생각해보면 '사실/비밀/의심/뉴스/아이디어'라는 단어들은 대상이나 상황에 따라 모두 다른 의미를 지녀요. 예를 들어 저한테 비밀은 'that I am pretty short(내 키가 꽤 작다는 것)'이 될 수 있지만, 아티의 비밀은 'that I am a horrible singer(노래를 정말 못한다는 것)'이 될 수 있는 것처럼요. 그래서 이런 추상명사 뒤에 동격절을 쓰는 경우가 많아요.

짬뽕　　그럼 이런 동격절은 어떻게 해석해요?

바나나  관계대명사절이나 관계부사절처럼 'S가 V하는 명사', 즉 '주어가 동사하는 명사'로 해석해요.

**She knows the fact** that you cheated on her.

그녀는/알고 있다/사실을 (네가 그녀를 두고 바람피운).

짬뽕  다양한 절을 배우고 나니 문장 만드는 실력이 쑥! 업그레이드된 것 같아요. 영어, 너무 재밌어요! 😮

## 🍌 후치수식 연습

바나나  자, 후치수식을 배웠으니 이제 긴 문장도 거침없이 해석할 수 있을 거예요. 후치수식의 중급쯤 되는 문장으로 여러분의 독해 실력을 살펴볼까요? 🙂

〔 후치수식 레벨 中 〕 **문장 수식과 구성요소를 표시하면서 해석해보세요.**

Many years ago, I was married to a man from Busan. He was a very hot, good-looking man but very sensitive and touchy. He and I promised not to yell on each other, raise a voice to each other because both of us are grown-up and mature people but it didn't work out as we wished. He said I made him angry every day. We fought basically every day, and eventually, broke up. Now I am married to a man from Masan. Even though he and my ex-husband come from similar backgrounds and share values and interests, the two of them are very different from each other. My current husband is a very calm man. He never gets mad or upset easily. I can tell him everything and he gets it all the time.

Many years ago, I was married to a man from Busan.

→ _____

He was a very hot, good-looking man but very sensitive and touchy.

→ _____

He and I promised not to yell on each other, raise a voice to each other because both of us are grown-up and mature people but it didn't work out as we wished.

→ _____

_____

He said I made him angry every day.

→ _____

We fought basically every day, and eventually, broke up.

→ _____

Now I am married to a man from Masan.

→ _____

Even though he and my ex-husband come from similar backgrounds and share values and interests, the two of them are very different from each other.

→ _____

_____

My current husband is a very calm man.

→ _____

He never gets mad or upset easily.

→ _____

I can tell him everything and he gets it all the time.

→ _____

**짬뽕 답지**

**Many years ago,/ I was married/ to a man/ from Busan.**
　　　　　　　　S　　　　V

→ 수년 전에 / 나는 / 결혼한 상태였다 / 한 남자에게 / 부산 출신의

**He was a very hot, good-looking man/ but very sensitive and touchy.**
S　V　　　　　　　　　　　　　　C

→ 그는 / 이었다 / 매우 섹시하고 / 잘생긴 남자 / 그러나 / 아주 예민하고 / 과민한

**He and I promised not to yell/ on each other, raise a voice/ to each**
　　S　　　　V　　　　　　　　O　　　　　　　　　　　　O
**other because both of us are grown-up and mature people/ but it**
　　　　　　　　　　　　S　　　V　　　　　　C　　　　　　　　S
**didn't work out/ as we wished.**
　　V　　　　　　S　V

→ 그와 나는 / 약속했다 / 소리치지 않을 것을 / 서로에게 / 목소리 높이지 않을 것을 / 서로에게 / 왜냐하면 / 우리 둘 다 / 이었다 / 다 큰 어른 / 그리고 성숙한 사람들 / 그러나 / 이것은 / 잘 풀리지 않았다 / 우리가 기대한 것처럼

**He said/ I made him angry every day.**
S　V　　　　　　O

→ 그는 / 말했다 / 내가 / 만든다고 / 그를 / 화난 상태로 / 매일

**We fought/ basically/ every day,/ and eventually, broke up.**
S   V                                         V

→ 우리는 / 싸웠다 / 기본적으로 / 매일 / 그리고 / 결국 / 헤어졌다


**Now I am married/ to a man/ from Masan.**
     S    V

→ 이제 / 나는 / 결혼한 상태다 / 한 남자에게 / 마산 출신의


**Even though he and my ex-husband come/ from similar backgrounds/**
                            S              V

**and share values and interests, the two of them are very different/**
     V          O               S      V          C

**from each other.**

→ 비록 / 그와 나의 전남편은 / 출신이다 / 비슷한 배경 / 그리고 / 공유한다 / 가치와 이익을 / 둘은 / 이다 / 매우 다른 / 서로


**My current husband is a very calm man.**
          S        V          C

→ 내 현재 남편은 / 이다 / 매우 차분한 사람


**He never gets mad or upset easily.**
S      V         C

→ 그는 / 결코 / 되지 않는다 / 화난 상태 / 혹은 / 기분이 상한 상태 / 쉽게


**I can tell him everything/ and he gets it/ all the time.**
S   V    IO     DO         S    V    O

→ 나는 / 말할 수 있다 / 그에게 / 모든 것을 / 그리고 / 그는 / 이해한다 / 그것을 / 항상


바나나   어때요? 여러분의 답도 짬뽕의 답과 비슷한가요? 짬뽕은 제가 원하는 대로 100% 완벽한 답을 적어주었어요.


짬뽕     꺄약! 정말요? 이 문장들이 쉬운 편이었나요? 저는 술술 해석되던데요? 이런 느낌 처음이에요. 너무 신나요! 😊 😃 😮

바나나　해석이 잘되었다니 저에게도 기쁜 소식이네요. 😃 지금까지 5형식, 조동사, 준동사, 시제, 수동태를 모두 배웠으니 동사의 다양한 모습을 거의 다 익힌 거예요. 동사를 익혔다는 건 영어의 70%를 배운 것이라 해도 무방하답니다~!

짬뽕　문법 공부가 독해할 때 이 정도로 크게 도움이 될 줄 몰랐어요. 그런데 선생님, 의역하지 말라고 하셔서 위의 문장들을 문장 구성요소 하나하나 끊어가며 해석했는데요, 이게 맞는 방법인가요?

바나나　수천 명의 학생을 가르친 영어쌤의 경험으로 이야기하면, 기초 단계에서는 이렇게 구성요소를 하나씩 끊어서 해석하는 방식이 독해력을 높이는 데 가장 효과적이었어요. 그런데 방금 해석한 내용 정도면 비교적 문장의 길이가 짧은 편이에요. 문장이 길어지면 독해가 더 어려워지는 게 당연하겠죠? 😬

짬뽕　문장 하나가 길어지면 어느 정도까지 길어질 수 있나요?

바나나　예를 들어볼게요. 아래 문장도 문장 수식과 구성요소를 표시하면서 해석해보세요.

**〔후치수식 레벨 上〕 문장 수식과 구성요소를 표시하면서 해석해보세요.**

Three adorable young little puppies who have short legs and beautiful fur are running after an old, chewed-up tennis ball that is bouncing down the hall and making a little bell sound.

→ _____

_____

_____

My boyfriend who works for a large Korean corporation that offers high salaries and a comfortable working environment wants me to get a job like his.

→ _____

_____

_____

짬뽕　헉! 쌤… 지금 이게 한 문장인 거예요? 하…. 😫

바나나　겁먹지 말고 천천히 해석해보자고요. 짬뽕, 파이팅! 🤗

짬뽕　네, 한번 도전해볼게요.

 **짬뽕 답지**

Three adorable young little puppies/ who have short legs and
　　　　　　　　S　　　　　　　　　　　　V
beautiful fur are running/ after an old, chewed-up tennis ball/ that is
　　　　　　　　V　　　　　　　　　　　　　　　　　O
bouncing/ down the hall/ and making a little bell sound.
　V　　　　　　　　　V　　　　　　　O

→ 세 마리의 어리고 작은 강아지들 / 가진 / 짧은 다리와 아름다운 털을 / 달리고 있는 중이다 / 오래되고, 잘근
잘근 씹혀진 테니스볼을 뒤쫓아서 / 복도 아래로 통통 튕기고 / 작은 벨소리를 만드는 중인

My boyfriend/ who works/ for a large Korean corporation/ that offers
　　　　S　　　　　V　　　　　　　　　　　　　　　　　　　　　V
high salaries and a comfortable working environment wants me to
　　　　　　　　　　　O　　　　　　　　　　　　　　　　　V　　O
get a job/ like his.
　OC

→ 나의 남자친구 / 일하는 / 한국 대기업에서 / 주는 / 높은 연봉과 편안한 근무환경을 / 원한다 / 내가 / 얻는
것을 / 직업을 / 그의 것과 같은

바나나    와, 야무지게 정말 잘했어요! 여러분도 짬뽕과 똑같은 방식으로 끊어 읽을 필요는 없지만, 비슷한 방식으로 끊어 읽으며 해석하는 걸 추천합니다!

짬뽕    오늘은 특별히 더 실용적인 공부를 한 기분이에요. 독해도 직접 해보니 자신감이 좀 붙는 것 같은데요? 감사합니다, 선생님! 😊

바나나    에이~, 짬뽕이 지금까지 복습도 숙제도 잘해준 덕분이죠! 😊 그럼 다음 시간엔 오늘 살짝 공부해본 관계대명사와 관계부사를 자세하게 배울 거예요. 오늘도 수고 많았고, 복습도 열심히 해주세요! 내일 또 바나나요! 🍌

## 오늘 배운 내용

▶ **한국어 vs 영어, 문장 수식법**  ▶ **후치수식의 뜻**

▶ **후치수식의 종류**  ▶ **후치수식 연습**

## 한국어 vs 영어, 문장 수식법

**[ 한국어 vs 영어, 수식 특징 비교 ]**

|  | 한국어 | 영어 |
|---|---|---|
| **법칙** | * **오직 전치수식**<br>수식어가 아무리 길어져도 항상 앞에서 명사를 수식 | * **전치수식 + 후치수식**<br>짧은 형용사류는 명사의 앞에서 수식하고 길이가 긴 형용사류는 명사를 뒤에서 수식 |
| **예시** | 선생님이 매우 강조했고 너무 중요하다고 10번 이상 말한 숙제를 (나는) 하지 않았다. | I didn't do the assignment / that you particularly stressed / and mentioned how important it is more than 10 times.<br>[직역해석] 나는 하지 않았다 숙제를 / 선생님이 매우 강조했고 / 너무 중요하다고 10번 이상 말한 |

## 후치수식의 뜻

한자로 '뒤 후(後), 위치할 치(置)'를 써서 '뒤에 위치해 수식한다'라는 의미이다. 한국어는 전치수식만 쓰지만, 영어는 전치수식, 후치수식을 모두 쓰는 게 특징이다.

〔 **전치수식** 〕 주로 짧고 간단한 형용사류가 명사를 앞에서 꾸미는 것

〔 **후치수식** 〕 길이가 긴 '형용사구', '형용사절' 등이 뒤에서 명사를 수식하는 것

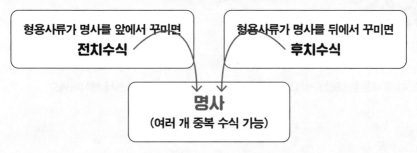

## 후치수식의 종류

**전명구**
• shop in New York　• man like you

**형용사구**
• people mad at you

• men likely to buy our product

**분사 V-ing**
• baby crying for food

• an admiral commanding ships

**분사 PP**
• the boy raised by him

• the house painted white

**to V**
• the ability to speak English

• no time to waste

**관계대명사절**
• a musician who worked at the royal palace

• a doll that weighted the same as a human-being

• the story which I have never heard of

**관계부사절**
• the day when my mum passed away

• the show where I saw them for the first time

• the reason why she broke up with him

• the way how (that) you threw the party

**동격절**
• the fact that he decided to make another movie

• doubt that the situation will get better

오늘의 바나나 퀴즈

**Q.** 다음 내용을 문장 구성요소와 수식 관계를 하나하나 표시하면서 해석하세요.

〔전문〕

Jack and John by Banana

Two friends, Jack and John, planned to steal money from a bank. They selected the bank in front of their school, actually the only bank in the village. However, it wasn't easy to take money from the bank, because it was guarded by a security who was angry-looking.

Jack said, "Hey, don't freak out! Even though he looks scary, he is pretty nice!"

John threw a stone at the security guard to distract him from the front gate of the bank. Unfortunately, that act caused a dog to start barking. They didn't see the dog there.

"You idiot! Why would you throw that stupid stone at him?" said Jack.

"How come the existence of the dog is my fault?" John replied.

"That's not the point! You make me so mad! Why would you do such a thing? That's the last thing I would do!" yelled Jack. John got upset being yelled at. He got up quickly and walked toward the guard who he had thrown a stone at.

"Sir, I am sorry I was the one who threw the stone at you. I didn't mean to hurt you. As a matter of fact, I just wanted to turn your attention to the stone so that I could steal money from the bank. Can you forgive me? My friend Jack was yelling at me because of that for about 5 mins. Jesus."

"It's alright, son. Next time just try not to rob our bank. You can go now, and tell Jack 'Don't be too late for dinner,'" the guard said smiling.

Walking tall, John came back and said, "See, he wasn't that upset."

"I told you that he is nice," Jack said proudly.

"Yeah, you were right. He said, 'Don't be late for dinner.'"

"Yeah, my father hates me being late for dinner. I could be grounded if I'm late this time."

① Two friends, Jack and John, planned to steal money from a bank.

_____

② They selected the bank in front of their school,

_____

③ actually the only bank in the village.

_____

④ However, it wasn't easy to take money from the bank,

_____

⑤ because it was guarded by a security who was angry-looking.

_____

⑥ Jack said, "Hey, don't freak out!

_____

⑦ Even though he looks scary, he is pretty nice!"

_____

⑧ John threw a stone at the security guard

_____

⑨ to distract him from the front gate of the bank.

_____

⑩ Unfortunately, that act caused a dog to start barking.

_____

⑪ They didn't see the dog there.

_____

⑫ "You idiot!

_____

⑬ Why would you throw that stupid stone at him?" said Jack.

_____

⑭ "How come the existence of the dog is my fault?" John replied.

_____

⑮ "That's not the point!

_____

⑯ You make me so mad! Why would you do such a thing?

_____

⑰ That's the last thing I would do!" yelled Jack.

_____

⑱ John got upset being yelled at.

_____

⑲ He got up quickly and walked toward the guard

_____

⑳ who he had thrown a stone at.

___

㉑ "Sir, I am sorry I was the one who threw the stone at you.

___

㉒ I didn't mean to hurt you.

___

㉓ As a matter of fact, I just wanted to turn your attention to the stone

___

㉔ so that I could steal money from the bank.

___

㉕ Can you forgive me?

___

㉖ My friend Jack was yelling at me

___

㉗ because of that for about 5 mins. Jesus."

___

㉘ "It's alright, son. Next time just try not to rob our bank.

___

㉙ You can go now, and tell Jack 'Don't be too late for dinner,'"

___

㉚ the guard said smiling.

___

㉛ Walking tall, John came back and said,

___

㉜ "See, he wasn't that upset."

_____

㉝ "I told you that he is nice," Jack said proudly.

_____

㉞ "Yeah, you were right.

_____

㉟ He said, 'Don't be late for dinner.'"

_____

㊱ "Yeah, my father hates me being late for dinner.

_____

㊲ I could be grounded if I'm late this time."

_____

# DAY 23

## 관계대명사,
## 같은 말
## 두 번 하지 말재!

**DAY 23~24 수업과
관련된 영상은
← 여기!**

바나나  어제부로 중상급 독해 실력을 갖추게 된 우리 짬뽕이 왔군요! 어서 와요, 짬뽕! 오늘과 내일에 걸쳐 관계대명사를 배우고 나면 중상급이던 독해와 영작 실력이 상급으로 업그레이드될 거예요. 그만큼 오늘 배울 내용이 중요한데, 잘 따라올 수 있죠? ☺

짬뽕  Yes, ma'am!

## 🍌 관계대명사의 뜻

바나나  짬뽕, 관계대명사라는 단어만 딱 들으면 어떤 품사일 것 같아요?

짬뽕  이름이 '관계대명사'니까 대명사일 것 같아요.

바나나　짬뽕처럼 다른 학생들도 이 이름 때문에 '대명사'일 거라고 추측하더라고요. 하지만! 관계대명사는 부사이고, 관계대명사절은 앞에 있는 명사를 꾸며주는 형용사절이랍니다. 어제 후치수식 수업 때 잠깐 배우기도 했죠.

짬뽕　그러고 보니 어제 슬쩍 배웠던 내용이네요. 😖 그런데 이해가 안 가요. 형용사절을 왜 관계'대명사'절이라고 이름 지은 거예요?

바나나　지금부터 관계대명사의 탄생 비화를 듣고 나면 이해가 갈 거예요! 😃

##  관계대명사의 탄생

바나나　제가 문장 2개를 보여줄 텐데요, 우리의 목표는 두 문장을 한 문장으로 줄이는 거예요. 어떻게 줄여야 효율적인 문장이 될지 고민해봐요.

**아티는 바나나의 남자친구다. Arty is Banana's boyfriend.**
**나는 어제 아티를 만났다. I met Arty yesterday.**

짬뽕　두 문장을 잇는 접속사를 넣어볼래요. Arty is Banana's boyfriend and I met Arty yesterday.

바나나　음, 물론 하나의 문장이 됐지만 '효율적'이라고 보긴 어렵겠죠? 문장이 오히려 더 길어졌으니까요. 반복을 줄이거나 필요 없는 내용을 생략해서 간결한 문장을 완성하는 것이 효율적인 방법이죠. 영어로 고치는 게 어렵다면 한국어를 먼저 한 문장으로 바꿔보는 것도 좋아요.

**아티는 바나나의 남자친구다. + 나는 어제 아티를 만났다.**

**짬뽕**　　한국어야 쉽죠. '나는 어제 바나나의 남자친구인 아티를 만났다'라고 쓸 것 같아요.

**바나나**　　두 번 쓰인 '아티'라는 단어를 한 번으로 줄여 썼네요. 영어도 한국어와 똑같은 방식으로 고칠 수 있는데, 바로 이때 사용하는 것이 관계대명사예요.

**Arty is Banana's boyfriend. + I met Arty yesterday.**

이 두 문장에는 두 가지 특징이 있어요.

- **Arty라는 대상이 두 번 반복된다.**
- **Arty 한 사람에 관해 이야기한다.**

그래서 중복되는 Arty를 중심으로 문장을 엮을 수 있는 거예요!

---

**▶ 관계대명사 문장을 만드는 법**
＊전제: 두 문장에 공통되는 명사가 있어야 한다.

① 2개의 절에서 공통되는 명사를 찾는다.
② 공통되는 명사 중 하나를 관계대명사(that / which / who / whom / what / whose)
　　로 바꾼다.
　　(바꾼 명사는 수식하는 관계대명사절에 쓰이고, 남은 명사는 수식받는 명사(선행
　　사)가 된다)
③ 바꾼 관계대명사를 문장의 맨 앞에 둔다.
④ 수식받는 명사(선행사) 뒤로 ③의 문장을 집어넣는다.

---

**짬뽕**　　힝, 읽기만 해서는 어떻게 해야 하는지 잘 모르겠어요. ☹

**바나나**　　예시를 보면서 직접 연습해보면 이해가 될 거예요. ☺

Arty is Banana's boyfriend.
I met Arty yesterday.

① 공통 명사 찾기: Arty

② 공통 명사 중 하나를 관계대명사(that / which / who / whom / what / whose)로 바꾸기
   (바꾼 명사는 수식하는 관계대명사절에 쓰이고, 남은 명사는 수식받는 명사(선행사)가 된다)
   Arty is Banana's boyfriend. → Who is banana's boyfriend.

③ 바꾼 관계대명사를 문장의 맨 앞에 두기
   Who is banana's boyfriend. → 이미 문장의 맨 앞에 위치해서 그대로 두면 됨

④ 수식받는 명사(선행사) 뒤로 ③의 문장을 집어넣기
   I met Arty yesterday에 who is banana's boyfriend로 바꾼 관계대명사절 삽입

→ I met Arty who is Banana's boyfriend yesterday.
   나는 만났다 아티를 / 바나나의 남자친구인 / 어제
   → 나는 어제 바나나의 남자친구인 아티를 만났다.

→ **명사 + 관계대명사 + V(V하는 ~)**
   that / which / who / whom / what / whose N

짬뽕　　오! 살짝 알 것 같아요. 두 번째 문장을 고친 것도 보여주세요.

Arty is Banana's boyfriend.
I met Arty yesterday.

① 공통 명사 찾기: Arty

② 공통 명사 중 하나를 관계대명사(that / which / who / whom / what / whose)로
바꾸기
(바꾼 명사는 수식하는 관계대명사절에 쓰이고, 남은 명사는 수식받는 명사(선행
사)가 된다)
I met Arty yesterday. → I met who yesterday.

③ 바꾼 관계대명사를 문장의 맨 앞에 두기
I met who yesterday. → Who I met yesterday.

④ 수식받는 명사(선행사) 뒤로 ③의 문장을 집어넣기
Arty is Banana's boyfriend 이 문장에 who I met yesterday 관계대명사절
삽입

→ Arty, who I met yesterday, is Banana's boyfriend.
아티는 / 내가 어제 만난 / 바나나의 남자친구다
→ 내가 어제 만난 아티는 바나나의 남자친구다.

**→ 명사 + 관계대명사 + S + V(S가 V하는 ~)**

that / which / who / whom / what / whose N / 관계대명사 생략 가능

짬뽕    오! 관계대명사 문장이 만들어지는 과정을 차례차례 보니 알겠어요. 반
복되는 공통 명사 중 하나를 that / which / who 같은 대명사로 대체하기 때문에
관계대명사란 이름이 된 거군요!

바나나 That's right! 하지만 관계대명사절이라는 이름과 달리, 문장에서 하는 역할은 앞에 있는 선행사를 수식하는 거예요. 그래서 결국엔 형용사절이라는 것이 반전이죠.

짬뽕 아하! 이해했어요! 😎 그런데 관계대명사는 that / which / who / whom / what / whose 이렇게 종류가 여러 가지인데 언제 뭘 써야 하나요?

바나나 자, 이번에는 이름이랑 연관이 좀 있는데요, 관계대명사는 말 그대로 수식받는 명사와 수식하는 절의 '관계'에 따라 종류가 달라진다고 생각하면 돼요.

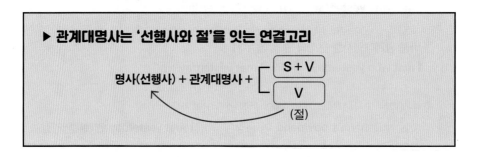

위의 그림처럼 관계대명사 뒤에 오는 절이 선행사를 후치수식하게 됩니다. 즉 '관계대명사'란 '선행사와 절'을 이어주는 연결고리라고 볼 수 있어요. 선행사가 생명체(사람/동물)라면 who / whom / that 등을 쓰고, 그 밖의 사물이나 무생물이면 that / which 등을 쓰면 돼요.

짬뽕 그럼 관계대명사절에서 '관계대명사'는 접속사 같은 역할을 하는 거예요?

바나나 Exactly! 앞에 있는 명사(선행사)와 뒤에 오는 절을 연결해주니 접속사와 같은 역할을 하는 거죠!

## 관계대명사절의 형태 & 특징

> ▶ **관계대명사절의 후치수식 두 가지 형태**
>
> ① 주격관계대명사
>
> → **명사 + 관계대명사 + V(V하는 ~)**
>
>      that / which / who / whom / what / whose N
>
> ② 목적격 / 보어격관계대명사
>
> → **명사 + 관계대명사 + S + V(S가 V하는 ~)**
>
>      that / which / who / whom / what / whose N / 생략 가능

바나나　관계대명사는 크게 두 가지 형태로 주격관계대명사와 목적격관계대명사 / 보어격관계대명사로 분류해요.

짬뽕　두 가지 형태로 나누는 이유가 있나요?

바나나　관계대명사가 만들어지는 과정에서 차이가 생기기 때문이죠. 아까 본 예시를 통해서 설명해볼게요.

〔 관계대명사절을 만드는 과정〕
① **공통 명사 찾기** → Arty
② **공통 명사 중 하나를 관계대명사(that/which/who/whom/what/whose)로 바꾸기**
③ **바꾼 관계대명사를 문장의 맨 앞에 두기**
④ **수식받는 명사(선행사) 뒤로 ③의 문장을 집어넣기**

여기서 ②를 보면 공통되는 명사 하나를 관계대명사로 고치죠? 이 과정에서,

ⓐ Arty is Banana's boyfriend.

　→ 주어 역할을 하던 Arty라는 단어를 who로 고치기도 하고,

　→ **Who is Banana's boyfriend.**

ⓑ I met Arty yesterday.

　→ 목적어 역할을 하던 Arty를 who로 고치기도 합니다.

　→ **Who I met yesterday.**

**짬뽕**　어, 그리고 보니 ⓐ는 who V로 시작하고, ⓑ는 who S +V가 오네요!

**바나나**　그렇죠! 아주 잘 봤어요. ⓐ는 주어였던 Arty를 who로 대체했어요. 그
럼 뒤에 뭐가 올까요? 주어가 삭제되었으니 당연히 V(동사)가 오겠죠? 이렇게
원래 주어였던 명사를 관계대명사로 만든 것을 '주격관계대명사'라 하고 아래와
같은 형태로 표현합니다.

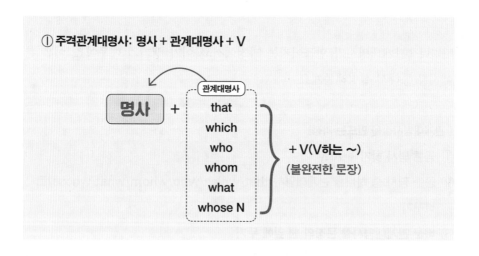

반면 ⓑ는 목적어인 Arty를 대체해서 who가 왔어요. 그러니 S +V는 그대로 남

아 있고 목적어가 없는 문장이 되죠. 이처럼 보어였던 명사, 목적어였던 명사, 전명구였던 명사를 관계대명사로 만든 것을 각각 '보어격관계대명사', '목적격관계대명사'라 부르고 아래와 같은 형태로 표현합니다.

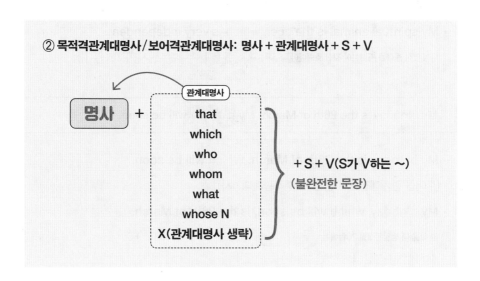

바나나 자, 지금까지 설명한 관계대명사에는 공통점이 하나 있는데요, 짬뽕, 뭔지 눈치챘나요?

짬뽕 흠… 뒤에 오는 절이 완벽하지 않다는 건가요?

바나나 That's right! 바로 관계대명사절은 불완전한 문장이라는 것! 이것이 관계대명사의 가장 중요한 특징이에요. 문장에서 S / C / O / 전명구에 오던 명사를 대체해서 관계대명사로 바꿔버렸으니 문장요소가 하나씩 부족해지는 거죠.

짬뽕 와~, 영어는 정말 수학 공식처럼 딱!딱! 떨어지네요! 😮

바나나 Right? 그럼 우리 예문으로 연습 한번 해볼까요?

My spiritual animal is the tiger. A tiger is very independent.

→ **My spiritual animal is the tiger. Which is very independent.**

(주어를 관계대명사로 변경 → 주격관계대명사)

→ **My spiritual animal is the tiger, which is very independent.**

나의 영적 동물은 자립심이 강한 호랑이야.

My birthday is the 26th of March. My birthday will be soon.

→ My birthday **is the 26th of March. Which will be soon.**

(주어를 관계대명사로 변경 → 주격관계대명사)

→ My birthday, which **will be soon, is the 26th of March.**

곧 있을 내 생일은 3월 26일이야.

Love is very powerful. He taught me love.

→ Love **is very powerful. He taught me** which.

(목적어를 관계대명사로 변경 → 목적격관계대명사)

→ Love **is very powerful. Which he taught me.**

→ Love, which **he taught me, is very powerful.**

그가 나에게 가르쳐준 사랑은 매우 강력한 것이다.

I want to stay with Arty. I have faith in Arty.

→ **I want to stay with Arty. I have faith in** whom.

(전명구를 관계대명사로 변경 → 목적격관계대명사)

→ **I want to stay with** Arty. **Whom I have faith in.**

→ **I want to stay with** Arty, whom **I have faith in.** 나는 내가 믿는 아티와 함께하고 싶다.

= I want to stay with Arty in whom I have faith.

\* 전명구를 관계대명사로 바꾼 목적격관계대명사는 혼자 덩그러니 남은 전치사를 관계대명사 앞으로 데려갈 수 있어요.

**짬뽕**　선생님, 전명구를 관계대명사로 바꾼 걸 왜 목적격관계대명사라고 하는 거예요?

**바나나**　'전치사＋명사' 형태에 쓰이는 명사를 '전치사의 목적어'라고 불러요. 그래서 정확하게는 '전치사의 목적격관계대명사'라 부르고, 편하게 '목적격관계대명사'라고 하는 거예요. ☺
자, 이제 마지막으로 배울 관계대명사는 '소유격관계대명사'예요. 지금까지는 두 문장에서 같은 명사를 찾았다면 이제는 찾은 명사와 그 명사의 소유격을 연결하는 걸 배울 거랍니다. 예를 들면 이런 관계예요.

- Banana(바나나) → Banana's boyfriend(바나나의 남자친구)
- the guy(그 남자) → the guy's friend(그 남자의 친구)
- the city(그 도시) → the city's population(그 도시의 인구)

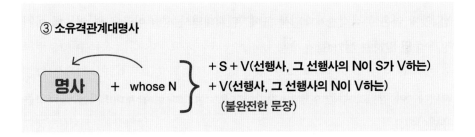

③ 소유격관계대명사

명사　＋ whose N ⎱ ＋ S ＋ V(선행사, 그 선행사의 N이 S가 V하는)
　　　　　　　　⎰ ＋ V(선행사, 그 선행사의 N이 V하는)
　　　　　　　　　 (불완전한 문장)

**바나나**　그럼 위의 형태를 보면서 소유격관계대명사절을 만들어볼까요?

> I had a great time with the YouTuber. The YouTuber's channel has more than 300k subscribers.

→ I had a great time with the YouTuber. Whose channel has more than 300k subscribers.

(소유격을 관계대명사로 변경 → 소유격관계대명사)

→ I had a great time with the YouTuber whose channel has more than 300k subscribers. 나는 30만 명이 넘는 채널 구독자를 가진 유튜버와 즐거운 시간을 보냈다.

> I've been in love with a girl. I admire her brown eyes.

→ I've been in love with a girl. I admire whose brown eyes.

(소유격을 관계대명사로 변경 → 소유격관계대명사)

→ I've been in love with a girl. Whose brown eyes I admire.

→ I've been in love with a girl whose brown eyes I admire.

나는 동경하던 갈색 눈동자를 가진 그녀에게 푹 빠져 있다.

짬뽕   예시를 여러 개 보다 보니 개념이 확실하게 잡히는 것 같아요. 그런데 쌤, 앞에 나온 목적격관계대명사 표에 '관계대명사 생략'이라고 써 있는데 이건 정확히 뭘 말하는 건가요?

바나나   아 참! 그 부분 설명을 깜빡했네요! 말 그대로 관계대명사를 생략하는 용법이에요.

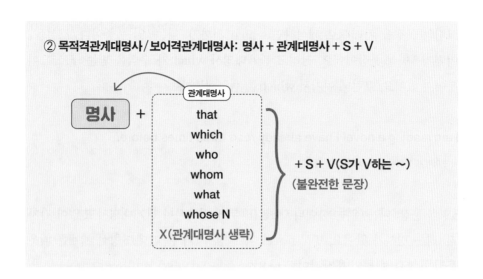

② 목적격관계대명사/보어격관계대명사: 명사 + 관계대명사 + S + V

관계대명사

명사 + ┌─ 관계대명사 ─┐
that
which
who      + S + V(S가 V하는 ~)
whom     (불완전한 문장)
what
whose N
X(관계대명사 생략)

〔 관계대명사의 생략 〕

바나나  관계대명사절을 해석할 때 'S가 V하는 명사'라고 하고, 이때 that / which / who 등의 관계대명사는 어떻게 하죠?

짬뽕  특별히 해석하지 않고 넘어갔어요.

바나나  맞아요! 관계대명사는 일종의 사인이라고 볼 수 있어요. "관계대명사가 나왔으니 이제 뒤에 절이 올 것이고, 그 절은 앞에 있는 명사를 수식할 거야!" 하고 암시하는 거죠.

I am reading a novel which I have already read three times before.
나는 이미 세 번이나 읽은 소설을 읽는 중이다.

그림의 문장을 차례대로 해석하면 which 전까지 '나는／읽는 중이다／소설을', 이렇게 3형식 문장이에요. 그리고 관계대명사 which가 수식을 받는 구조로 이루어져 있어요. 그런데 여기서 which를 생략해볼까요?

**I am reading a novel I have already read three times before.**
나는 이미 세 번이나 읽은 소설을 읽는 중이다.

3형식 문장 '나는／읽는 중이다／소설을' 뒤에 접속사나 관계대명사도 없이 갑자기 I라는 명사가 왔어요. 명사 novel 뒤에 명사 I가 온 건데, 5형식 체계를 배운 우리는 이걸 보면 어떤 생각이 드나요?

짬뽕 　잉? 3형식으로 문장이 끝났는데 명사 뒤에 바로 명사가 또 나온다고요?

바나나 　Right? 뭔가 이상하다는 걸 본능적으로 느낄 수 있을 거예요. 그래서 '아, a novel과 I 사이에 원래 뭐가 있어야 하는데 생략한 거구나! 그것은 바로 관계대명사!'라고 깨닫고, 자연스럽게 관계대명사절로 해석하는 거죠.

짬뽕 　그러면 그냥 써주면 될 걸 대체 왜 생략하는 거예요?

바나나 　아까 말했듯이 관계대명사의 특징 때문이에요.

① 관계대명사 자체는 해석하지 않는다.
② 문법상 관계대명사가 생략된 걸 눈치채기 쉬우므로 그냥 생략한다.

그럼 예문으로 연습해볼까요?

**Arty is the man/ I made a YouTube channel with.**

아티는 내가 유튜브 채널을 함께 만든 사람이다. (목적격관계대명사 생략)

**She wants to hide the job/ she is ashamed of.**

그녀는 그녀가 창피하게 생각하는 직업을 숨기려고 한다. (목적격관계대명사 생략)

**The diamond/ I found in your pocket is my mother's.**

내가 네 주머니에서 찾은 다이아몬드는 우리 엄마 거야. (목적격관계대명사 생략)

**He is not the man/ he was.** 그는 예전의 그가 아니야. (보어격관계대명사 생략)

짬뽕 　오, 진짜 관계대명사가 없어도 해석하는 게 자연스럽네요! 차례로 해석하다가 '어? 왜 명사 뒤에 또 명사가 오지?' 하고 뒤에 붙는 동사를 보니 '관계대명사가 생략된 거구나!' 하고 눈치챌 수 있을 만큼요! 😊 그런데 쌤, 위에서 생략한 목적격/보어격관계대명사처럼 주격관계대명사도 생략할 수 있는 거예요?

바나나 　아니요! 주격관계대명사는 생략할 수 없어요! 짬뽕이 위의 예문들을 어려움 없이 해석한 건 목적격/보어격관계대명사는 생략해도 문장을 알아보는 데 어려움이 없기 때문이에요.

'명사＋S＋V'가 되어 'S가 V하는 명사'로 해석되니까요.

하지만 주격관계대명사를 생략하면 '명사＋V'가 되는데, 이 경우에는 S＋V의 관계인지, 관계대명사가 생략된 관계대명사절인지 알아보기가 어렵습니다.

**A place that is full of books is a library.** 책으로 가득 찬 장소는 도서관이다.

위의 문장은 관계대명사 that 바로 뒤에 V가 오는 '주격관계대명사절'이에요. 여기서 that을 생략하면 어떤지 볼까요?

**The place is full of books is a library.**

앞의 문장에서는 관계대명사가 생략된 건지 알아보기 쉽지 않을 뿐만 아니라, 문장에서 동사가 뭔지 찾기가 어려워요. 그래서 주격관계대명사일 때는 관계대명사를 생략하지 않는 거죠! 😊

짬뽕    오, 그렇게 깊은 뜻이! 😮

##  관계대명사의 종류

### 1. who/whom

바나나    who와 whom은 사람이 선행사일 때 쓴다고 알려져 있는데, 사실 동물이 선행사일 때도 종종 써요. who와 whom의 차이는 딱 하나! who는 주격/목적격/보어격 등 격을 따지지 않고 아무 데나 쓸 수 있는 반면, whom은 목적격 관계대명사일 때만 쓴다는 점이에요.

하지만 who는 언제나 whom을 대신해서 쓸 수 있기 때문에 일상에서는 whom이 거의 쓰이지 않는다고 보면 됩니다. 문어체에서는 종종 쓰이지만 구어체에서는 grammar freak(문법에 집착하는 사람들)를 제외하고는 대부분 who를 쓰죠.

Those who **have done the best will get a prize.**

지금까지 제일 잘한 사람들이 상을 받을 것이다.

I wasn't the one who **wanted to come in the first place!**

나는 처음부터 여기 오고 싶었던 사람이 아니야!(처음부터 여기 오기 싫었어)

My dog, who **was everything to me, just passed away.**

나에게 전부였던 나의 개가 막 세상을 떠났어.

**Arty is** the one whom **you should talk to.** 아티는 네가 대화해야 할 사람이야.

짬뽕    그럼 까놓고 말해서 whom은 스피킹에서 잘 쓰지 않나요?

바나나  까놓고 말하면 그렇죠. 그래도 한국식 문법 시험에는 여전히 나온답니다. "목적격관계대명사에 들어가야 하는 게 who냐, whom이냐!" 이렇게 물어보면 사실 둘 다 정답이지만, 더 옳은 걸 고르라고 하면 whom이 되겠죠. ☺

## 2. whose

바나나  whose는 선행사와 함께 쓰여 '~의 것'이라는 뜻을 가지는 소유격관계대명사예요.

| 명사 | + whose N } | + S + V (선행사, 그 선행사의 N이 S가 V하는) |
|---|---|---|
| | | + V (선행사, 그 선행사의 N이 V하는) |

whose는 다른 관계대명사와 달리 뒤에 명사를 데리고 온다는 점에서 모양이나 해석이 조금 특이해요. 아래 예문으로 연습해볼게요.

**I know a musician whose songs are famous all over the world.**

나는 안다 음악가를/그 음악가의 음악이 유명한/전 세계적으로

→ 나는 음악이 세계적으로 유명한 음악가를 알고 있어.

**I buy my eggs from a farmer whose chickens live in his backyard without a fence.** 나는 산다 달걀을/농부로부터/그 농부의 닭이/살고 있는/그의 뒷마당에서/울타리 없이

→ 나는 울타리 없이 뒷마당에서 닭을 키우는 농부에게 달걀을 사.

**I loved my brother, whose death I've never been able to accept.**

나는 사랑한다 우리 오빠를/오빠의 죽음을/내가 지금껏 받아들이는 게 불가능했던

→ 나는 그의 죽음을 지금껏 받아들이지 못하지만 오빠를 사랑했어.

〔 whose N = the N of which 〕

I know a musician whose songs are famous all
over the world.

 = I know a musician, the songs of which are

famous all over the world.

(소곤소곤)
솔직히 이거 몰라도
안 죽어요!

## 3. that

바나나　that은 격을 가리지 않아서 who / whom을 대신해서 쓸 수 있고 사람 /
동물 / 사물 / 개념 등을 막론하고 가장 자주 쓰여 관계대명사의 핵심이라 불립니
다. 특히 스피킹에서는 간편한 that이 가장 애용되죠. 그럼 that을 꼭 써야 하는
경우와 쓰면 안 되는 경우를 알아볼게요.

〔 **that을 꼭 써야 하는 경우** 〕

① 선행사가 최상급(the most / the worst), 서수(first / second / third…)와 함
께 쓰일 때

**He threw the best party that I've ever been to!** 그는 내가 가본 파티 중 최고의 파티를 열었어.

**Going out with him was the worst experience that I've ever had.**

개랑 데이트한 게 내가 한 최악의 경험이었어.

**She was the first black woman that became a lawyer in the states.**

그녀는 미국에서 변호사가 된 최초의 흑인 여성이었다.

② 선행사가 the only / the very / the last / the same / every / any / all / no /
little / few 등과 함께 쓰일 때

**This is the only chance that I have.** 이게 내가 가진 유일한 기회야.

**He booked the very restaurant that we had our first kiss.**

그는 우리가 처음으로 키스했던 바로 그 레스토랑을 예약했다.

**The last two years that I spent with you were the most memorable in my life.**

너와 함께 보낸 지난 2년이 내 인생에서 가장 기억할 만한 것이었어.


③ 선행사가 –thing으로 끝날 때(everything / anything…)

**Don't trust anything that she told you.** 그녀가 말한 어떤 것도 믿지 마.

**He ate everything that was set out for him.** 그는 그를 위해 준비된 모든 것을 다 먹어치웠다.


④ 선행사가 사람＋사물 or 사람＋동물 등으로 구성되어 있을 때

**My dog and my boyfriend that I love the most make me laugh every day.**

내가 가장 사랑하는 나의 개와 내 남자친구는 매일 나를 웃게 해.

**I took care of the child and his little cat that messed up my room.**

나는 내 방을 엉망으로 만든 그 아이와 그의 작은 고양이를 돌보았어.


짬뽕　으… 선생님… 이걸 다 외워야 하나요? 😖


바나나　that은 관계대명사 중에서 가장 자주 쓰이는 친구라서 굳이 외우지 않아도 자꾸 쓰다 보면 얼추 맞게 쓰게 돼요. 문법 시험에서는 꼼꼼하게 살펴야겠지만 일상에선 편하게 써도 무방합니다. 🙂


[ that을 쓰면 안 되는 경우 ]


바나나　that은 성격이 좋은 친구라서 관계대명사뿐만 아니라, 다른 문법적인 요소로도 많이 쓰이며 모든 문법요소와 두루두루 잘 어울리죠. 하지만 딱 두 가지 조심할 것이 있는데요, ① 전치사와 ② 콤마(,)입니다.


① that은 전치사의 목적격으로는 잘 쓰지 않고 주로 which를 쓴다.

which는 in which / of which / for which / from which처럼 전치사와 콤비를 잘 이루지만, that은 for that / from that처럼 쓰지 않아요.

\* 유일하게 in that은 '~라는 점에서'라는 뜻으로 쓰여요.

② that은 콤마(,) 뒤에는 쓰지 않는다

, that(X) ← 이렇게는 쓰지 않는다는 거죠.

## 4. what

바나나   what은 영어의 효율성을 적극적으로 발휘해서 쓰는 관계대명사예요. 짬뽕, 아래 문장을 해석해볼까요?

**Tell me the thing that you know!**

짬뽕   말해줘 나에게 것을 / 네가 아는.

바나나   선행사인 the thing은 어떤 뜻일까요?

짬뽕   '것'요.

바나나   관계대명사 that은요?

짬뽕   어? that은 해석을 안 하지 않나요?

바나나   그럼 the thing that은 문장에서 중요도가 어느 정도일 것 같아요?

짬뽕   음… 별로 중요하지 않은 것처럼 느껴져요.

바나나   Exactly! 사실 이 단어는 어떤 정보도 담지 않은 비닐봉지 같은 단어들이에요. 그래서 선행사 the thing과 관계대명사 that은 하나로 합쳐서 쓸 수 있어요. 바로 what으로요! 그러니까 바로 이렇게~

**the thing that = what**
선행사   관계대명사

**Tell me** the thing that **you know!** → **Tell me** what **you know!** 말해줘 네가 알고 있는 것을!

짬뽕   와! what이 선행사랑 관계대명사를 그냥 잡아먹어버리네요!

바나나   Right! 즉 what은 선행사와 관계대명사 역할을 동시에 하게 되죠. 그래서 원래 선행사가 문장에서 하던 S/C/O/전명구의 역할을 넘겨받아 형용사절이 아닌 명사절 역할을 합니다.

짬뽕   흠… 그러면 '관계대명사절=형용사절'이라는 공식을 깨는 것 아닌가요?

바나나   좋은 지적이에요! 앞서 'the thing that(선행사＋관계대명사)＝what'에서 봤듯이 what은 선행사를 잡아먹어서 명사 역할을 하지만, 동시에 관계대명사 that도 흡수해버렸죠? 그래서 관계대명사의 역할도 해요. 따라서 관계대명사절임에도 불구하고 '명사절'이 되는 특이한 상황이 된 거죠. 😄

짬뽕   아이고, 머리야… 쌤, 예시랑 같이 설명 좀 더 해주세요! 😲

**Tell me** the thing that **you know!**

바나나   위 문장은 tell이 동사, me가 IO 그리고 the thing이 DO 역할을 하는 4형식 문장이에요. 그리고 that you know가 형용사절로 앞의 선행사 the thing을 꾸미는 것이고요.

**Tell me** what **you know!**

하지만 이렇게 what을 쓴 관계대명사절로 바꾸면 tell이 동사, me가 IO 그리고

what절이 DO 역할을 하면서 명사절이 됩니다.

짬뽕　헐… 이럴 거면 그냥 명사절이라고 할 것이지….

바나나　what의 출신 배경이 관계대명사이기 때문이기도 하지만 한 가지 이유가 더 있어요. 보통 명사절은 '완전한 문장'으로 쓰이는 경우가 많은데, what은 이례적으로 '불완전한 문장'과 함께 쓰여서 그냥 명사절이라고 부르긴 또 애매한 구석이 있답니다. 아래 예시들을 보면 감이 올 거예요. 😊

**I am what I am.** 나는 나다. → what절＝보어 역할

**That's what I am saying!** 그게 내가 말하는 거야! → what절＝보어 역할

**You did what you could.** 넌 네가 할 수 있는 일을 했어. → what절＝목적어 역할

**I am afraid of what you could do to me.** 나는 네가 나한테 할 수 있는 것이 두려워.
→ what절＝전명구 역할

자, 그럼 관계대명사 what절의 특징은 뭐다?

짬뽕　선행사가 없다! 문장은 불완전하다!

바나나　Perfect!

## 5. which

바나나　which는 일반적으로 선행사가 사물/동물/개념/사실 등 일 때 쓰고, 이때 쓰이는 which는 that으로 바꿔 써도 상관없어요.

**I bought the book which you recommended for me to read.**
나는 네가 읽으라고 추천한 그 책을 샀어.

**The café** which **is right in front of our school is hiring part-timers.**

우리 학교 바로 앞에 있는 카페에서 알바 구하던데.


그럼 which를 써야 하는 경우를 살펴볼까요?


〔 **which를 꼭 써야 하는 경우** 〕


① 전치사와 함께 쓸 때
전치사의 목적격관계대명사 문장에서 뒤에 남은 전치사를 관계대명사 앞으로
데리고 갈 수 있다고 한 것을 기억하나요?


**I don't want to have a baby** which **I am not ready** for.

나는 준비되지 않은 채 아이를 갖고 싶지 않아.


여기서 맨 마지막에 전치사 for가 혼자 남아 있어요. 전치사는 항상 '전치사＋명
사' 형태로 쓰는데 혼자만 있으니 어떤가요?


짬뽕　　뭔가 마무리가 안 된 느낌도 들지만 전치사가 너무 외롭고 쓸쓸해 보여요.


바나나　😐　그렇게 낭만적으로 봤어요? 맞아요! 전치사가 너무 쓸쓸해 보이
죠? 그래서 이럴 땐 전치사 for를 관계대명사 which 앞으로 보내주기도 합니다.


**I don't want to have a baby** for which **I am not ready.**


그런데 이렇게 전치사와 함께 쓸 수 있는 관계대명사는 which라는 점을 꼭 기
억해주세요! that은 전치사가 뒤에 남아 있어도 대부분의 경우 앞으로 데리고 와
서 쓸 수 없거든요. * whom은 가능

② 앞에 나온 형용사, 구, 절, 문장 전체를 수식할 때(계속적 용법)

짬뽕     엇, 선행사는 명사만 쓸 수 있는 줄 알았는데 이건 뭐죠…?

바나나    갑자기 배신감이 들었어요? 😊 원래 명사만 쓰는 게 맞지만, which의 예외적인 역할이니까 살펴보기로 해요.

**He is very handsome, which I am not.** 그는 매우 잘생겼다, 나는 그렇지 않지만.

이 문장은 "He is very handsome. I am not handsome."이라는 문장을 관계대명사절로 바꾸면서 , which를 쓴 거예요. 두 문장에서 반복되는 handsome이라는 단어를 관계대명사로 바꿔준 거죠. 이렇게 , which는 형용사뿐만 아니라 to부정사, 동명사, 절, 문장 전체를 수식할 수 있어요. 하지만 이때는 그냥 which가 아니라 항상 , which 즉 '콤마+which'를 써야 한다는 점을 주의해주세요.

짬뽕     콤마를 안 쓰면 틀린 문장이 되나요?

바나나    네! 글로 쓸 땐 항상 콤마(,) 표시를 해줘야 해요. 그럼 예시를 좀 더 살펴볼게요.

〔형용사〕 **She is smart, which I wish I was, and beautiful.**
그녀는 똑똑하고, 나도 그러면 좋겠지만(나는 그렇지 않고), 아름답다.

〔to부정사〕 **I wanted to study abroad, which was impossible.**
나는 유학을 가고 싶었는데, 그건 불가능한 일이었지.

〔동명사〕 **You keep saying that you are ugly, which is not true!**
너 자꾸 네가 못생겼다고 말하는데, 그건 사실이 아니야.

〔절〕 **She said** that she graduated from Harvard, which **I don't trust.**

그녀는 하버드를 졸업했다고 말했어, 근데 나는 믿지 않아.

〔앞문장 전체〕 Arty came back to Korea, which **made everyone happy!**

아티는 한국에 돌아왔고, 그건 모두를 행복하게 했어!

자, 그리고 이 밖에도 관계대명사와 콤마가 아주 긴밀하게 연관되어 쓰일 때가 있답니다.

## 🍌 관계대명사의 용법

바나나 우리가 말을 하다 보면, 갑자기 정보를 추가하거나 덧붙이고 싶을 때가 있어요. 다음 대화를 살펴볼까요?

A  야, 있지 있지, 나 방금 내가 저번에 말한 잘생긴 남자를 만났어!

    **Hey!! Guess what! I just met the cute guy (that) I talked about last time!**

B  나 그 남자 알아, 인사팀에서 일하는 남자지?

    **I know that guy, who works in HR, right?**

여기서 A의 대사를 보면 앞에 있는 선행사 cute guy를 후치수식하며 '의미를 한정시키는 역할'을 하고 있습니다.

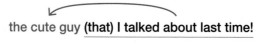

the cute guy **(that) I talked about last time!**

**귀여운 남자, 내가 저번에 이야기한**

짬뽕  의미를 한정시킨다는 게 무슨 뜻이에요?

바나나  저기 있는 귀여운 남자, TV에 나오는 귀여운 남자, 우리 집에 있는 귀여운 남자 등 세상에는 귀여운 남자가 수없이 많죠? 😬 그 수많은 귀여운 남자 중에서 A는 '저번에 얘기한' 그 귀여운 남자라고 콕 집어 후치수식을 해주면서 귀여운 남자의 의미를 한정시켰어요. 이런 경우를 관계대명사의 한정적 용법이라고 하고, 우리가 지금까지 배운 관계대명사는 대부분 '한정적 용법'이에요.


## 1. 관계대명사의 한정적용법

바나나  일반적인 관계대명사이기 때문에 콤마(,) 없이 선행사를 후치수식해줍니다.

Earwax which can stop germs and dust **takes a vital role.**

세균과 먼지를 막아주는 귀지는 중요한 역할을 한다.

The author who wrote this book **feels very proud.** 이 책을 쓴 작가는 매우 자부심이 있다.

**He painted** a beautiful picture which seemed expensive.

그는 비싸 보이는 아름다운 그림을 그렸다.

## 2. 관계대명사의 계속적용법

바나나   계속적용법이라는 이름에서 나타나듯이 이 용법은 말을 계속 이어가면서 정보를 덧붙인다는 점 때문에 생겨났어요. 아래 B의 대사를 살펴보죠.

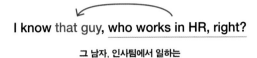

**I know** that guy, **who works in HR, right?**

그 남자, 인사팀에서 일하는

해석하면 '나 그 남자 알아, 인사팀에서 일하는 사람 맞지?' 정도가 됩니다. 즉 A가 말한 남자를 안다고 말한 뒤에 추가로 '인사팀에서 일하는 사람'이라는 정보를 더하고 있는 거죠.

① 계속적용법은 선행사와 관계대명사 사이에 콤마(,)를 꼭 써줘야 한다.
② which, who, whom, whose는 쓸 수 있지만 that은 쓸 수 없다.
③ 마치 접속사 and / or / but이 있는 것처럼 해석하면 더 자연스럽다.

**I know that guy and he works in HR, right?**

나 그 남자 알아 그리고 그 남자 인사팀에서 일하지, 맞지?

④ 계속적용법의 관계대명사는 생략할 수 없다.
⑤ 계속적용법은 선행사가 명사 / 형용사 / 구 / 절 / 문장 전체로 다양하게 올 수 있다.

Jason appeared healthy, which surprised Lauren.

제이슨은 건강해 보였다, 그리고 그것은 로렌을 놀라게 했다. → 제이슨이 건강해 보인다는 사실이 로렌을 놀라게 한 것

The meat was well cooked and tender, which was perfect.

고기가 부드럽게 잘 요리되었다, 그리고 그것은 완벽했다. → 고기가 부드럽게 잘 요리되었다는 사실이 완벽하다는 것

**He is very** generous, which I am not.

그는 매우 관대하다, 그런데 나는 그렇지 않다. → 나는 관대하지 않다는 것

**I had promised** to quit smoking, which took me 3 years.

나는 담배를 끊기로 약속했다, 그리고 그것은 3년이 걸렸다. → 담배를 끊는 일이 3년 걸린 것

My favorite YouTuber, who is also my role model, **is coming to Busan.**

나의 최애 유튜버, 그리고 나의 롤모델인 그가 부산으로 온다. → 나의 최애 유튜버가 나의 롤모델인 것

짬뽕     음… 계속적용법이나 한정적용법이나 둘 다 비슷하게 느껴지는데, 군이 용법을 구분해서 배울 필요가 있나요?

바나나   좋은 지적이에요! 😀 짬뽕의 말대로 평소에는 두 용법에 큰 차이가 없으니 편하게 해석하면 됩니다. 하지만 용법에 따라 해석이 완전히 달라지는 경우도 있으니 조심해야 해요.

## 3. 계속적용법 vs 한정적용법

바나나   선행사에 서수사/기수사/최상급 등의 내용이 들어가면 용법에 따라 정보가 달라질 수 있어요.

짬뽕     서수사/기수사/최상급은 형용사 파트에서 배우긴 했지만, 쌤, 다시 한 번 설명해주세요!

바나나   서수사란 '순서'를 말할 때 쓰는 말들, 즉 first(첫째)/second(둘째)/third(셋째) 같은 단어예요. 기수사란 개수를 말하는 one/two/three와 같은 단어들이에요. 마지막으로 최상급은 말 그대로 성질/상태의 정도가 최상임을 나타내는 biggest(가장 크다)/smallest(가장 작다) 등의 단어들이에요.
자, 이제 예시를 보면서 이런 서수사/기수사/최상급이 계속적용법과 한정적용법에 어떤 영향을 주는지 알아볼게요. 😀

〔 한정적용법 〕 I have a daughter who is a lawyer. 나는 변호사인 딸이 한 명 있어.

〔 계속적용법 〕 I have a daughter, who is a lawyer. 나는 딸이 한 명 있는데, 그리고 걔는 변호사야.

혹시 이 두 문장에서 의미적 차이가 느껴지나요?

짬뽕    그냥 똑같은 문장인 것 같은데요, 쌤….☹

바나나    하하! 그렇게 느낄 수도 있지만! 알고 보면 섬세하면서도 큰 차이가 있답니다. 한정적용법 문장에서는 변호사인 딸이 한 명 있다고 했죠? 그런데 변호사인 딸 말고, 선생님이거나 의사인 다른 딸이 더 있는지는 알 수가 없죠?

짬뽕    그렇죠?

바나나    반면에 계속적용법 문장에서는 '딸이 한 명이다'라고 말한 뒤에 '걔는 변호사야'라고 했으니 딸이 한 명이라는 것만큼은 확실히 알 수 있죠!

짬뽕    오오! 뭔가 콤마(,) 하나로 정보가 완전히 달라지는군요!😲

바나나    그럼 예시 몇 개만 더 볼게요!

〔 한정적용법〕

I was the first Korean student in my school who formed the studying group for Asian students. 나는 아시아 학생들을 위해 스터디 그룹을 결성한 우리 학교 최초의 한국 학생이었어.

〔 계속적용법 〕

I was the first Korean student in my school, who formed the studying group for Asian students. 나는 우리 학교 최초의 한국 학생이었어, 그리고 나는 아시아 학생들을 위해 스터디 그룹을 결성했지.

한정적용법에서는 '스터디 그룹을 결성한 최초의 한국 학생'이지만, 다른 한국 학생들이 있었는지에 대해서는 알 수 없죠? 하지만 계속적 용법에서는 '최초의 한국 학생이었다'라고 했기 때문에 학교 내에 다른 한국 학생은 없었다는 것을 짐작할 수 있지요.

**짬뽕**   정보가 완전히 달라질 수 있으니 조심해서 해석해야겠어요!

**바나나**   그래서 독해 시험에서 한정적용법과 계속적용법을 비교하며 '사실 정보'를 묻는 문제가 종종 나오기도 한답니다. ☺

## 4. 복합관계대명사

**바나나**   '관계대명사+ever(항상 / 언제든)' 형태의 복합관계대명사는 what절과 크게 세 가지의 공통점이 있어요.

① what과 마찬가지로 탄생 배경이 관계대명사와 관련 있어 '복합관계대명사'라고 부르지만 형용사절이 아닌 명사절 혹은 부사절로 쓰인다.
② what과 마찬가지로 [선행사+관계대명사]의 역할을 한다.
③ what과 마찬가지로 이미 선행사를 품고 있어서 앞에 수식해야 할 명사가 없다.

〔 whoever (S) + V = anyone who (S) + V = no matter who (S) + V

→ (S)가 V하는 **누구라도** 〕

Whoever said that should be responsible for it!

그렇게 말한 사람이 누구든 그것에 대한 책임을 져야 할 것이다. → 명사절로 주어 역할

= Anyone who said that should be responsible for it!

= No matter who said that, they should be responsible for it!

(The sinners will be punished, whoever they are.

죄인은 벌을 받을 것이다, 그게 누구든지. → 부사절로 의미 추가 역할)


〔 whichever (S) + V = anything that (S) + V = no matter which (S) + V

→ (S)가 V하는 **뭐든지** 〕

The chef will cook for you whichever you order.

네가 뭘 시키든지 셰프는 너를 위해 요리할 것이다. → 명사절로 목적어 역할

= The chef will cook for you anything that you order.

= No matter which food you order, the chef will cook for you.


〔 whatever (S) + V = anything that (S) + V = no matter what (S) + V

→ (S)가 V하는 **뭐든지** 〕

I will do whatever it takes to save your life. 너를 구하기 위해서라면 어떤 일이든지 할 거야.

= I will do anything that it takes to save your life.

= I will do no matter what it takes to save your life.


바나나  자, 이렇게 관계대명사를 모두 정리해보았어요. 오늘 배운 분량이 상당하지만, 어렵게 느껴지지는 않았으리라 믿어요. 열심히 복습할 거죠? 😊 오늘 열심히 공부했다면 내일 배울 '관계부사'는 아주 쉽게 넘어갈 수 있답니다. 그럼 우린 **다음 시간에 또 바나나요!** 🍌


짬뽕  바나나요!

## 오늘 배운 내용

▶ 관계대명사의 뜻     ▶ 관계대명사의 탄생     ▶ 관계대명사절의 형태 & 특징

▶ 관계대명사의 종류     ▶ 관계대명사의 용법

## 관계대명사의 뜻

관계대명사절은 앞에 있는 명사(선행사)를 꾸며주는 형용사절이다.

## 관계대명사의 탄생

두 문장에 공통되는 명사가 있을 때 공통 명사를 중심으로 두 문장을 한 문장으로 줄여 효율적으로 쓰기 위해 탄생했다.

I met a guy. The guy likes Kimbab.

→ I met a guy who likes Kimbab. 나는 김밥을 좋아하는 남자를 만났다.

→ The guy whom I met likes Kimbab. 내가 만난 남자는 김밥을 좋아한다.

My friend got married last week. You met my friend.

→ My friend whom you met got married last week. 네가 만났던 내 친구는 지난 주에 결혼했다.

→ You met my friend who got married last week. 너는 지난 주에 결혼한 내 친구를 만났다.

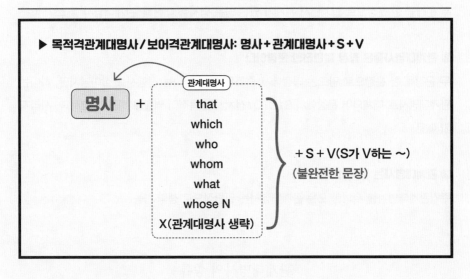

▶ **목적격관계대명사 / 보어격관계대명사: 명사 + 관계대명사 + S + V**

명사 +

관계대명사
that
which
who
whom
what
whose N
X(관계대명사 생략)

+ S + V(S가 V하는 ~)
(불완전한 문장)

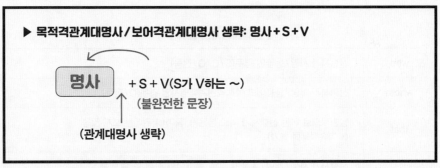

▶ **목적격관계대명사 / 보어격관계대명사 생략: 명사 + S + V**

명사 + S + V(S가 V하는 ~)
(불완전한 문장)

(관계대명사 생략)

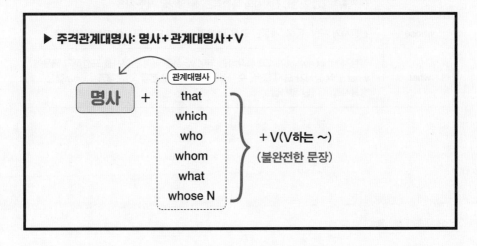

▶ **주격관계대명사: 명사 + 관계대명사 + V**

명사 +

관계대명사
that
which
who
whom
what
whose N

+ V(V하는 ~)
(불완전한 문장)

### ① 형용사절인데 왜 관계대명사절이라고 부를까?

두 문장을 한 문장으로 합치면서 관계가 있는 공통 명사를 대신해 '관계대명사'를 쓰기 때문

### ② 관계대명사절은 항상 불완전한 문장이다

두 문장을 한 문장으로 만드는 과정에서 중복된 명사 하나는 선행사로 살아남지만, 하나는 관계대명사로 대체되어 문장에서 S / C / O / 전치사의 목적어 역할을 하던 N(명사)이 사라지기 때문

### ③ 관계대명사는 생략이 가능하다

주격관계대명사를 제외한 모든 관계대명사는 일반적으로 생략 가능

## 관계대명사의 종류

| [ 관계대명사의 종류 ] | |
| --- | --- |
| who | 선행사가 사람 / 동물인 경우(S / C / O / 전목) |
| whom | 선행사가 사람 / 동물이고 목적격관계대명사인 경우(O / 전목) |
| that | 일반적으로 어떤 선행사가 와도 통용됨, 콤마(,) 뒤에는 쓰지 않음<br>(* 계속적용법 불가) |
| which | 선행사가 사물 / 개념 / 동물인 경우, 콤마(,)와 함께 쓸 수 있음<br>(* 계속적용법 가능), 전치사의 목적격관계대명사로 자주 사용 |
| whose | 선행사가 사람 / 동물 / 사물인 경우, 소유격 관계에 있는 명사를 대체해서 사용 |
| what | 선행사 + that = what이라고 생각하면 되며 what은 이미 선행사를 포함하기 때문에 what 앞에 명사가 오지 않음, 수식절은 여전히 불완전함, 관계대명사 what절은 형용사절이 아닌 명사절 |

# 관계대명사의 용법

## [ 관계대명사의 한정적용법 ]

the cute guy (that) I talked about last time!

귀여운 남자, 내가 저번에 이야기한

일반적인 관계대명사이기 때문에 콤마(,) 없이 선행사를 후치수식한다.


## [ 관계대명사의 계속적용법 ]

I know that guy, who works in HR, right?

그 남자, 인사팀에서 일하는

① 계속적용법은 선행사와 관계대명사 사이에 콤마(,)를 쓴다.

② which / who / whom / whose는 쓸 수 있지만 that은 쓸 수 없다.

③ 해석할 때 마치 접속사 and / or / but이 있는 것처럼 해주면 더 자연스럽다.

④ 계속적용법의 관계대명사는 생략할 수 없다.

⑤ 계속적용법은 선행사가 명사 / 형용사 / 구 / 절 / 문장 전체로 다양하게 올 수 있다.


## [ 복합관계대명사 ]

① whoever (S) + V = anyone who (S) + V = no matter who (S) + V

　→ (S)가 V하는 누구라도

② whichever (S) + V = anything that (S) + V = no matter which (S) + V

　→ (S)가 V하는 뭐든지

③ whatever + (S) + V = anything that (S) + V = no matter what (S) + V

　→ (S)가 V하는 뭐든지

**1. 관계대명사가 무엇인지 아래 빈칸을 채우세요.**

관계대명사는 앞에 있는 _____를 꾸며주는 _____절이다.

**2. 관계대명사의 특징에 따라 빈칸을 채우세요.**

① 이름은 관계'대명사'절이지만, 품사는 _____절이다.

② 관계대명사절은 항상 _____ 문장이다.

③ _____관계대명사를 제외한 모든 관계대명사는 생략이 가능하다.

**3. 관계대명사의 종류에 따라 빈칸을 채우세요.**

### [ 관계대명사의 종류 ]

| | |
|---|---|
| ① | 선행사가 사람/동물인 경우(S/C/O/전목) |
| ② | 선행사가 사람/동물이고 목적격관계대명사인 경우(O/전목) |
| ③ | 일반적으로 어떤 선행사가 와도 통용됨, 콤마(,) 뒤에는 쓰지 않음<br>(*계속적용법 불가) |
| ④ | 선행사가 사물/개념/동물인 경우, 콤마(,)와 함께 쓸 수 있음<br>(*계속적용법 가능), 전치사의 목적격관계대명사로 자주 사용 |
| ⑤ | 선행사가 사람/동물/사물인 경우, 소유격 관계에 있는 명사를 대체해서 사용 |
| ⑥ | 선행사+that=what이라고 생각하면 되며 what은 이미 선행사를 포함하기 때문에 what 앞에 명사가 오지 않음, 수식절은 여전히 불완전함, 관계대명사 what절은 형용사절이 아닌 명사절 |

**4. 다음 빈칸에 알맞은 관계대명사를 차례대로 쓴 것을 고르세요.**

> (1)  He is the man _____ stole my heart.
>
> Kim Kardashian, _____ sister is Kendall Jenner, is a millionaire.
>
> I had a big fight with my boyfriend, _____ I love the most.

① that-who-which　　　② which-whom-who　　　③ who-whose-whom

④ whose-whom-who　　　⑤ who-who-who


> (2)  Most of my friends _____ I met were Korean.
>
> I have this weird feeling _____ something bad is going to
>
> happen.
>
> The movie _____ was directed by Bong Joon-ho won four
>
> Academy Awards.

① who-that-who　　　② which-whom-who　　　③ who-whose-whom

④ who-that-which　　　⑤ whom-which-who


**5. 다음 중 문법상 틀린 문장을 고르세요.**

① I told you about the guy whose girlfriend lives next door.

② He couldn't even remember me, which was so awkward!

③ We were invited by the Kims, whom I have known for years.

④ The tiger, that had a big mouth and sharp teeth, jumped into the air!

⑤ The computer that I wanted to buy was ridiculously expensive.

**6.** 다음 문장을 한국어로 해석하세요.

① We need volunteers who can help the people whose restaurants burned down in the fire.

_____

② We visited the church which I was baptized in.

_____

③ My son is the one who you met on the train.

_____


**7.** 다음 문장을 영작하세요.

① 네가 방금 말한 것을 나는 까먹지 않을 거야.

_____

② 어제 당신이 자른 그 남자가 저의 아버지예요.

_____

③ 내가 걱정하는 건 너의 미래야.

_____

④ 우리가 지난번에 산 가방이 할인 중이야.

_____

⑤ 네가 소금을 많이 뿌린 계란을 내가 다 먹었어.

_____

⑥ 우리는 아빠가 태어난 집을 방문했어.

_____

⑦ 나는 제인이 사 준 가방을 잃어버렸다.

_____

*정답은 p.438~439를 참고하세요.

## 오늘의 명언 about '삶의 태도'!

● There are only two ways to live your life. One is as though nothing is a miracle. The other is as though everything is a miracle.

삶을 대하는 태도에는 두 가지 방식이 존재한다. 세상에 기적이라는 것은 없는 것처럼 행동하거나, 혹은 모든 것이 기적인 것처럼 행동하는 것. — Albert Einstein

*as though (마치 ~인 것처럼)

살다 보면 기가 막히게 좋은 일도 있고 소름 끼치게 나쁜 일도 있기 마련이에요. 좋은 일이 있을 때는 덩실덩실 춤추고 싶을 만큼 기쁘고, 반대로 나쁜 일이 생기면 좌절하며 고통스러울 때도 있어요. 하지만 살다 보니 좌절 또한 인생에서 빼놓을 수 없는 단면이라는 걸 느껴요. 저는 인생에 있어서 가장 끔찍한 일이야말로 좋은 일이든 나쁜 일이든 모든 일에 무감각해지는 거라고 생각하거든요. 감사함이나 실망감이 없는 인생이란 생각만 해도 쓸쓸하잖아요?

"Whatever?" 그래서 뭐? / 그럼 그렇지!

요즘 이 말을 버릇처럼 쓰는 친구들이 많죠? "Whatever!"를 내뱉으며 무신경함을 'cool'하다고 생각하는 사람이 많은 것 같아요. 좋은 감정이든, 나쁜 감정이든 오늘 여러분이 느낀 그 기분은 '살아 있음'의 증명이에요. 하루에 한 번쯤 웃었다면 그날은 꽤 괜찮은 하루였음을 잊지 마세요.

다음 페이지에 제가 좋아하는 유명한 시 한 편을 소개할게요. 삶을 대하는 태도, 오늘을 살아가는 자세를 눈여겨봐주세요.

- You've gotta dance like there's nobody watching,

  Love like you'll never be hurt,

  Sing like there's nobody listening,

  And live like it's heaven on earth.

  — William Purkey


  아무도 쳐다보지 않는 것처럼 춤추라,

  한 번도 상처받지 않은 것처럼 사랑하라,

  누구도 듣지 않는 것처럼 노래하라,

  천국에 있는 것처럼 살라.

# DAY 24

## 관계부사,
## 별것 아닌 말,
## 뭐 하려 두 번 해?

DAY 23~24 수업과
관련된 영상은
← 여기!

짬뽕 　Hello, Banana teacher! It's a wonderful day! It's already been 24 days since we started studying together! We have come so far!

바나나 　Haha, now you are speaking in English to me! That's awesome; I am so proud of you! You've done a great job. Today is the day we should learn '관계부사'.

짬뽕 　Bring it on! 한번 해보자고요! 🤓

바나나 　어제는 '관계대명사'를 배웠는데 이게 뭔지 간단히 정의할 수 있겠어요?

짬뽕 　관계대명사는 두 문장에 공통 명사가 있을 때, 그 공통 명사를 중심으로 두 문장을 한 문장으로 줄여 효율적으로 쓰려고 만들어진 거예요. 이름은 '관계대명사절'이지만 문법적으로는 앞의 선행사(명사)를 후치수식해주는 형용사절이죠. 특징은 문장이 불완전하다는 점! 관계대명사의 종류에는 that /which / who /whom /whose /what 등이 있어요. 헉헉! 😲

바나나   와… 짬뽕… 저 지금 감동했어요. 이보다 완벽한 설명은 없을 거예요! 관계대명사절이 이름과 달리 '형용사절' 역할을 하는 것과 마찬가지로, 오늘 배울 관계부사도 이름엔 부사가 들어가지만 '형용사' 역할을 합니다.

짬뽕   쌤, 잠시만요. 이거 제가 추측해볼게요! 두 문장에서 공통되는 부사를 찾은 다음에, 그 부사를 중심으로 두 문장을 한 문장으로 줄여 쓴 건가요?

바나나   아니, 무슨 일이야, 짬뽕! 저는 더 이상 가르칠 게 없네요. 😲 ☺

짬뽕   영어 문법은 다 연결돼서 하나를 깨치면 술술 이해되는 것 같아요! 😄

바나나   Exatly! 그럼 우리 관계부사의 탄생도 살펴볼까요?

## 🍌 관계부사의 뜻 & 탄생

바나나   짬뽕 말처럼 관계부사는 공통되는 부사를 찾아서 관계부사로 만들면 되는데요, 정확히 말하면 부사 중에서도 '전명구(부사구)'를 관계부사로 고치는 거예요.

짬뽕   전명구요? 그럼 명사 아닌가요? 관계대명사에서도 '전치사의 목적격관계대명사'가 있었잖아요.

바나나   '전치사의 목적격관계대명사'는 전명구에 있는 명사만 바꿔주지만, '관계부사'는 전명구를 통째로 바꿔주는 것이랍니다.

〔 관계대명사 〕  in the place  =  in which

〔 관계부사 〕  in the place  =  where


바나나   예시로 설명할게요. 아래 두 문장에서 공통되는 이야기가 무엇이죠?


**I grew up in Busan.** 나는 부산에서 자랐다.

**Busan is the second biggest city in Korea.** 부산은 한국에서 두 번째로 큰 도시다.


짬뽕    Busan이 두 번 반복되고 두 문장 모두 Busan이라는 도시에 대해 이야기하고 있어요.


바나나   그럼 관계대명사에서 배운 대로 Busan이라는 단어를 중심으로 문장을 엮는 게 가능해졌네요. 그런데 첫 문장의 Busan은 S / C / O 역할이 아니라 in Busan이라는 '전명구'로 쓰였죠? 우리는 이걸 통째로 관계부사로 바꿔볼 거예요. '전치사의 목적격관계대명사'와 어떤 차이가 있는지 비교하면서 볼게요.


> **▶ 관계부사 문장을 만드는 법**
> \* 전제: 두 문장에 공통되는 명사가 있어야 한다.
>
> ① 2개의 절에서 공통되는 명사를 찾는다.
> ② 공통되는 명사 중 전치사와 함께 쓰인 명사를 관계대명사 which로 바꾼다.
>    (which로 바꾼 명사는 관계부사절에 쓰이고, 남은 명사는 수식받는 명사(선행
>    사)가 된다)
> ③ '전치사+which'를 시간 / 장소 / 방법 / 원인을 뜻하는 관계부사(when / where /
>    how / why / that)로 바꾼다.
> ④ 바꾼 관계부사를 문장의 맨 앞에 둔다.
> ⑤ 수식받는 명사(선행사) 뒤로 ④의 문장을 집어넣는다.


그럼 아까 나온 예문으로 직접 연습해볼까요?

I grew up in Busan. 나는 부산에서 자랐다.
Busan is the second biggest city in Korea. 부산은 한국에서 두 번째로 큰 도시다.

① 공통 명사 찾기: Busan

② 공통되는 명사 중 전치사와 함께 쓰인 명사를 관계대명사 which로 바꾸기
   (which로 바꾼 명사는 관계부사절에 쓰이고, 남은 명사는 수식받는 명사(선행
   사)가 된다)
   I grew up in Busan. → I grew up in which.

③ '전치사 + which'를 시간 / 장소 / 방법 / 원인을 뜻하는 관계부사(when / where /
   how / why / that)로 바꾸기
   I grew up in which. → I grew up where. (부산은 장소이므로 where로 변경)

④ 바꾼 관계부사를 문장의 맨 앞에 두기
   I grew up where. → where I grew up.

⑤ 수식받는 명사(선행사) 뒤로 ④의 문장을 집어넣기
   Busan is the second biggest city in Korea에 ④ where I grew up으로

바꾼 관계부사절 삽입!

→ Busan, where I grew up, is the second biggest city in Korea.
   부산은 / 내가 자란 / 이다 / 두 번째로 큰 도시 / 한국에서
   → 내가 자란 부산은 한국에서 두 번째로 큰 도시다.

→ **명사 + 관계부사 S + V(S가 V하는 ~)**
   when / where / how / why / that

**짬뽕**    쌤, 그런데 '전치사+which'로 바꾸는 과정 ②를 생략하고 바로 알맞은 관계부사를 찾는 과정 ③으로 넘어가면 안 되나요? 왜 바꾸는 과정을 두 번이나 해야 하나요?

**바나나**    아주 좋은 질문이에요! 짬뽕 말처럼 일반적으로는 과정 ②를 생략하고 바로 ③으로 넘어가 관계부사를 넣어줘도 괜찮아요. 하지만 그렇게 하지 않는 게 더 좋은 경우도 있는데요, 아래의 예시로 설명할게요.

I found my wallet under the table.
나는 탁자 아래에서 지갑을 찾았다.

The table was covered with a tablecloth.
탁자는 테이블보로 덮여 있었다.

이 두 문장을 관계부사로 연결할 텐데요, under the table이 전명구니까 이걸 고치면 되겠네요. 그렇죠?

I found my wallet under the table. 나는 탁자 아래에서 지갑을 찾았다.
The table was covered with a tablecloth. 탁자는 테이블보로 덮여 있었다.

① 공통 명사 찾기: the table

② 공통되는 명사 중 전치사와 함께 쓰인 명사를 관계대명사 which로 바꾸기(which
로 바꾼 명사는 관계부사절에 쓰이고, 남은 명사는 수식받는 명사(선행사)가 된다)
I found my wallet under the table. → I found my wallet under which.

③ '전치사＋which'를 시간 / 장소 / 방법 / 원인을 뜻하는 관계부사(when / where /
how / why / that)로 바꾸기
I found my wallet under which. → I found my wallet where. (테이블은 장
소니까 where로 변경)

④ 바꾼 관계부사를 문장의 맨 앞에 두기
I found my wallet where. → where I found my wallet.

⑤ 수식받는 명사(선행사) 뒤로 ④의 문장을 집어넣기
The table was covered with a tablecloth에 ④ where I found my wallet

으로 바꾼 관계부사절 삽입

→ The table where I found my wallet was covered with a tablecloth. 탁자
는 / 내가 나의 지갑을 찾은 / 덮여 있었다 / 테이블보로 → 내가 지갑을 찾은 탁자
는 테이블보로 덮여 있었다.

바나나  자, 관계부사절로 문장을 고쳐봤는데 어딘가 아쉬운 점이 하나 있어요.
뭔지 찾아볼래요?

짬뽕  글쎄요. 탁자에서 지갑을 찾았다고 했으니 문제가 없는 것 같은데요. 😮

바나나  "The table where I found my wallet was covered with a tablecloth." 이 문장을 읽으면 탁자의 어디에서 지갑을 찾은 것 같아요?

짬뽕  아… 탁자 위에서 찾았다고 하는 것 같아요.

바나나  원래 문장에는 'under the table(탁자 아래)'이라고 쓰여 있었죠? 그런데 전명구를 통째로 where로 바꿔버리니 정보가 왜곡되어버렸어요.

짬뽕  오호, 정말 그러네요!

바나나  우리가 쓰는 전치사는 수십 가지 종류가 넘는데, 그중에 아주 특별할 것 없는 of/in/to 등의 전치사는 가볍게 관계부사로 바꿔도 큰 문제가 없어요. 하지만 from/over/under 등 세세한 의미를 가지는 전치사는 정확한 정보 전달을 위해 관계부사가 아닌 관계대명사로 남겨두는 경우가 있습니다.

짬뽕  그럼 이 문장도 "The table under which I found my wallet was covered with a tablecloth."로 쓰는 게 더 좋겠네요?

바나나  그렇죠. 이렇게 쓰면 더 정확한 정보를 줄 수 있어요. ☺

짬뽕  바로 이런 경우 때문에 '전치사+which'로 바꾸는 과정을 생략하지 않는 게 나을 때도 있다는 거군요. 이해했어요! ☺ 관계부사는 관계대명사와 비슷하면서도 참 다른 것 같아요.

바나나  관계대명사는 '명사'만 바꾸는데 관계부사는 '전치사+명사'를 통째로 바꾼다는 점이 가장 큰 차이죠.

짬뽕  그런데 이게 그렇게 중요한 차이인가요? 전명구를 바꾸나 명사를 바꾸나 문장에서 단어를 바꾼다는 건 똑같잖아요!

바나나  큰 차이가 있죠! 명사와 전명구가 문장에서 비슷한 역할을 하나요?

짬뽕  에이~, 그건 아니죠. 명사는 주어 / 목적어 / 보어 같은 역할을 하는 핵심
요소인데 전명구는 부사 같은 부가적인 요소니까요.

바나나  정확히 알고 있네요! 😊

## 🍌 관계부사절의 형태 & 특징

바나나  문장에서 S / C / O / 전치사의 목적어 등 핵심 역할을 하는 명사를 대체
하는 게 '관계대명사'예요. 그래서 관계대명사절은 S / C / O / 전치사의 목적어 등
이 하나씩 없는 '불완전한 문장'이고요.

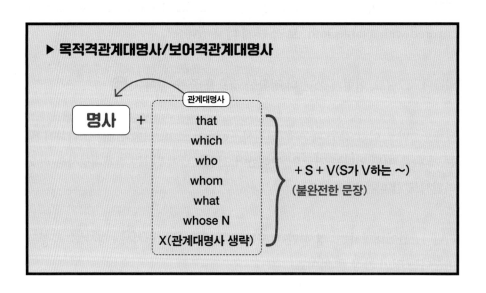

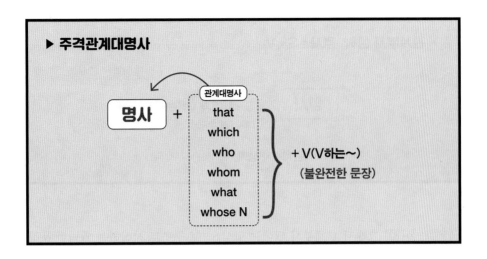

▶ 주격관계대명사

명사 + 관계대명사 that / which / who / whom / what / whose N + V(V하는~) (불완전한 문장)

그런데 관계부사절은 부가적인 요소인 부사구(전명구)를 대체하기 때문에 문장 핵심 요소인 S/C/O는 그대로 남아 있는 '완전한 문장'입니다. 전명구는 어차피 문장에 있어도 되고 없어도 되는 부가적인 요소라고 배웠죠? 그래서 전명구가 없어도 해석하는 데 문제가 없는 완전한 문장이 되는 것이죠.

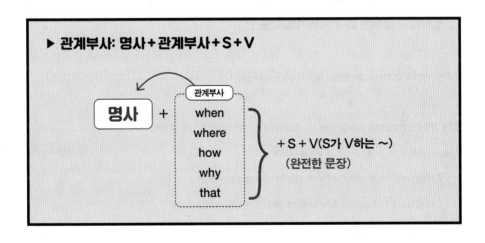

▶ 관계부사: 명사 + 관계부사 + S + V

명사 + 관계부사 when / where / how / why / that + S + V(S가 V하는 ~) (완전한 문장)

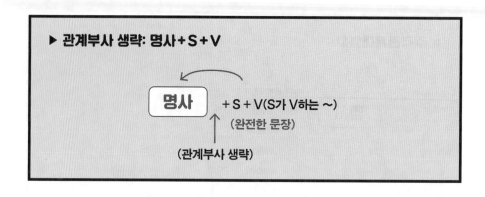

**▶ 관계부사 생략: 명사 + S + V**

명사 + S + V(S가 V하는 ~)
(완전한 문장)

(관계부사 생략)

**짬뽕**　아하! 그래서 관계부사 뒤에는 항상 S + V 구조로 시작하는 완벽한 문장이 오는군요!

**바나나**　맞아요. 그리고 또 아래의 두 가지 특징 때문에 관계부사는 대부분 생략이 가능해요.

**① 관계부사 자체는 해석하지 않는다는 점**
**② 생략해도 생략된 걸 눈치채기 쉽다는 점**

그럼 우리 문장으로 연습을 조금 더 해볼까요?

**My mom makes cookies** in the way. 우리 엄마는 쿠키를 그 방식으로 만들어.
**I learned** the way. 나는 그 방식을 배웠어.

→ **I learned** the way. **My mom makes cookies** in which.
→ **I learned** the way. **My mom makes cookies** how.
→ **I learned** the way. **How my mom makes cookies.**
→ **I learned** the way how **my mom makes cookies.**

　　　나는 우리 엄마가 쿠키를 만드는 방식을 배웠다.

→ **I learned the way my mom makes cookies.**(관계부사는 대부분 생략 가능)

\* 선행사가 the way인 경우에는 관계부사 how 대신 that 사용을 선호해요.

I want to know the reason. 나는 그 이유를 알고 싶다.

She broke up with me for the reason. 그녀는 그 이유 때문에 나와 헤어졌다.

→ I want to know the reason. She broke up with me for which.

→ I want to know the reason. She broke up with me why.

→ I want to know the reason. Why she broke up with me.

→ I want to know the reason why she broke up with me.

　　　나는 그녀가 나와 헤어진 이유를 알고 싶다.

→ I want to know the reason she broke up with me. (관계부사는 대부분 생략 가능)


I love Fridays. 나는 금요일이 좋아.

I don't go to school on Friday. 나는 금요일에 학교에 안 간다.

→ I love Fridays. I don't go to school on which.

→ I love Fridays. I don't go to school when.

→ I love Fridays. When I don't go to school.

→ I love Fridays when I don't go to school. 나는 학교에 가지 않는 금요일이 좋아.

→ I love Fridays I don't go to school. (관계부사는 대부분 생략 가능)


바나나　관계부사는 이렇게 관계부사 자체를 생략할 수도 있지만, 관계부사를 살려두고 선행사를 생략하기도 해요.


짬뽕　헉, 어떻게 그럴 수가 있어요? 😮


바나나　관계부사절은 완벽한 문장이라고 했죠? 위의 문장들만 봐도 그래요.


→ how my mom makes cookies. 우리 엄마가 쿠키를 만드는 방식 → 3형식

→ why she broke up with me. 그녀가 나와 헤어진 이유 → 1형식

→ when I don't go to school. 내가 학교에 가지 않는 금요일 → 1형식

이 문장들은 위의 예시에서 선행사를 꾸미는 역할인 '형용사절'로 쓰였는데요, wh-절은 문장에서 단독으로 쓰일 땐 '명사절'이 될 수 있어서 S/C/O 역할을 할 수 있습니다. 그래서 '관계부사절' 앞의 선행사를 지우면 '형용사절'에서 자연스럽게 '명사절'로 역할 전환이 되는 것이죠.

**I learned** how my mom makes cookies. 나는 엄마가 쿠키를 어떻게 만드는지 배웠다.

**I want to know** why she broke up with me. 나는 그녀가 왜 나와 헤어졌는지 알고 싶다.

**I love** when I don't go to school. 나는 학교에 가지 않을 때가 좋다.

짬뽕 우와! 관계부사절은 명사절도 되고 형용사절도 되고 재능이 많네요. 😛

# 🍌 관계부사의 종류

바나나 관계부사는 이미 앞에서 배운 대로 when/where/how/why/that 등이 있어요. 쓰임도 간단하니 어렵지 않을 거예요.

## 1. when = 시간 = on which/at which/in which

바나나 선행사가 시간과 관련된 경우에는 주로 when을 씁니다.

**Put salt in** at the time when the water starts boiling. 물이 끓을 때 소금을 넣으세요.

**He called me** at the exact moment when his mother passed away.

그는 그의 엄마가 돌아가시던 순간에 나에게 전화했다.

## 2. where = 장소 = on which/at which/in which

바나나 선행사가 장소와 관련된 경우에는 주로 where를 씁니다.

I'll show you the place where you can sleep. 당신이 잘 수 있는 곳을 보여줄게요.

Seoul is the city where people can visit many historical sites.

서울은 사람들이 많은 사적지를 방문할 수 있는 도시다.


## 3. why = 이유 = for which

바나나  선행사가 원인과 관련된 경우에는 주로 why를 씁니다.


She explained the reason why she left him. 그녀는 그녀가 그를 떠난 이유를 설명했다.

The researcher found out the reason why customers prefer other products.

연구원들은 고객들이 다른 물건을 선호하는 이유를 찾아냈다.


## 4. how = 방법 = in which

바나나  원래 the way는 how의 선행사로 쓰였지만, the way와 how 둘 다 '방법'이라는 의미로 내용이 겹쳐 함께 쓰지 않는 것이 원칙이 되었어요. 선행사가 the way일 때는 관계부사 that을 써주거나 아예 생략하고 쓰지 않는 것이 일반적입니다. 그러나 여전히 속담, 고어 등에서는 the way와 how가 함께 쓰이는 것을 찾아볼 수 있어요.


This is the way (how) the cookie crumbles. 이것이 쿠키가 바스러지는 방식이야.

(쿠키는 본래 바스러지는 법, 즉 안 좋은 일은 일어나기 마련이니 그냥 받아들이라는 뜻)

I don't like the way (that) you talk to me. 나는 네가 나한테 말하는 방식이 마음에 안 들어.

You should learn (the way) how the system works.

너는 시스템이 어떻게 돌아가는지를 배워야 해.

## 5. that = 모든 관계부사를 대체

바나나 that은 지금까지 배운 when / where / why / how 모든 것을 대신해서 쓸 수 있는 관계부사로 가장 많이 쓰이는 동시에 생략도 많이 됩니다.

**I still remember** the night that **you proposed to me.**

나는 네가 프로포즈한 저녁을 기억해.(when 대신)

**It's** a place that **there are many parks.** 그곳은 공원이 많은 곳이야.(where 대신)

**I live in** a house that **my family has lived forever.** 나는 우리 가족들이 평생 살아온 곳에 살고

있어.(where 대신)


## 🍌 관계부사의 용법

바나나 관계부사 또한 관계대명사와 마찬가지로 한정적용법과 계속적용법으로 나뉩니다.


### 1. 관계부사의 한정적용법

① 지금까지 본 일반적인 관계부사는 한정적용법으로 쓰인 것으로 콤마(,) 없이 선행사를 후치수식한다.

② where / when / why / how / that 모두 한정적용법으로 쓰인다.

**Korea is** the country where **I was born and raised.** 한국은 내가 태어나고 자란 국가이다.

그 나라            내가 나고 자란


### 2. 관계부사의 계속적용법

관계부사의 계속적용법에는 아래와 같은 특징이 있어요.

① 관계대명사의 계속적용법과 마찬가지로 콤마(,)와 함께 쓰이며 정보를 추가하는 역할을 한다.
② 오직 when과 where만 계속적용법으로 쓰이며 why/how/that은 한정적용법으로만 쓴다.
③ 계속적용법에 쓰인 관계부사는 생략할 수 없다.

I moved back to Lyon, where Arty's family lives.
리옹              그리고 그곳에 아티 가족들이 산다.
나는 리옹으로 이사했어, 그리고 그곳은 아티의 가족들이 사는 곳이야.

I started YouTube channel in 2018, when everyone else wanted to be a
2018년                    모두가 유튜브 스타가 되길 원한다.
YouTube star.
나는 2018년에 유튜브 채널을 시작했어, 그리고 그때는 모두가 유튜브 스타가 되고 싶어 했지.

# 🍌 복합관계부사

바나나 '관계부사＋ever(항상/언제든)' 형태의 복합관계부사는 '선행사＋관계부사'라고 생각하면 되는데요, 지난 시간에 배운 복합관계대명사와 똑같은 특징을 가지고 있어요.

① 탄생 배경이 관계부사와 관련 있어 '복합관계부사'라고 부르지만 형용사절이 아닌 부사절로 쓰인다.
② [선행사＋관계부사]의 역할을 한다.
③ 이미 선행사를 품고 있어서 앞에 수식해야 할 명사가 없다.

〔whenever(~할 때마다)＝at any time when＝no matter when〕
Come and visit us whenever you come to Korea. 한국에 오면 언제든지 우리를 방문해!

= Come and visit us no matter when you come to Korea.


〔 wherever(~에 있든)=at any place where=no matter where 〕

Wherever I go, there are Chinese people. 내가 어디에 가든, 중국 사람들이 있어.

= No matter where I go, there are Chinese people.


〔 however + 형용사/부사 + S + V(아무리 ~해도)=in any way how + 형용사/부사 + S + V=no matter how + 형용사/부사 + S + V 〕

Always remember: However carefully you choose your words, they'll always end up being twisted by others.

항상 기억해. 네가 아무리 신중하게 단어를 골라 말해도, 다른 사람들이 비꼬아 듣게 되어 있어.

= Always remember: No matter how carefully you choose your words, they'll always end up being twisted by others.


바나나 자, 여기까지 관계부사를 배웠는데 어땠어요? 지난 시간에 관계대명사를 배우고 나니 생각보다 어렵지 않았죠?

짬뽕 네! ☺ 그렇게 어렵진 않았는데, 둘이 워낙 비슷하다 보니 헷갈릴 것 같기도 해요. 특히 that은 관계대명사와 관계부사에 둘 다 쓰여서 구분하기가 어려울 것 같아요. ☹

바나나 그럴 때는 뒤에 오는 문장의 구조를 보면 되겠죠? 관계대명사 that 뒤의 문장은 불완전할 테고, 관계부사 that 뒤의 문장은 완벽할 테니까요! 이렇게 관계부사는 관계대명사와 비슷한 것 같으면서도 차이가 분명해서 문법 시험의 단골 문제랍니다. 그러니 꼭 잘 익혀두세요! 😃

짬뽕 아니, 그렇게 간단한 방법이! 😮 감사합니다, 쌤! **내일 또 바나나요!**

## 오늘 배운 내용

---

▶ 관계부사의 뜻 & 탄생  ▶ 관계부사절의 형태 & 특징  ▶ 관계부사의 종류

▶ 관계부사의 용법  ▶ 복합관계부사

---

## 관계부사의 뜻 & 탄생

---

관계부사절은 앞에 있는 명사(선행사)를 꾸며주는 형용사절이다. 두 문장에 공통되는 명사가 있는 경우, 공통 명사를 중심으로 두 문장을 한 문장으로 줄여 효율적으로 쓰려는 목적으로 탄생했다. 관계대명사와 달리 전명구를 통째로 관계부사로 바꾸는 것이 특징이다.

I am in my twenties. People party a lot at their twenties.

→ I am in my twenties, when people party a lot.

지금 나는 사람들이 파티를 많이 하는 20대이다.

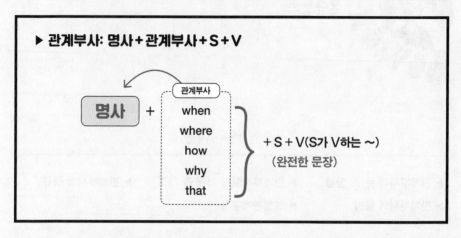

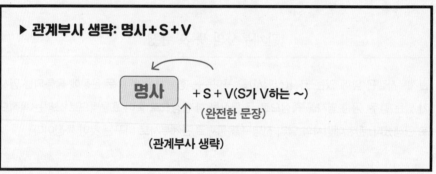

### ① 형용사절인데 왜 관계부사절이라고 부를까?

두 문장을 한 문장으로 합쳐 쓰면서 관계된 전명구(부사구)를 대신해 '관계부사'를 쓰기 때문이다.

### ② 관계부사 뒤에는 항상 완전한 문장이 온다

두 문장을 한 문장으로 만드는 과정에서 중복되어 지워지는 명사(전명구)는 결국 부사 역할을 하던 것이라 문장 구성요소에 전혀 영향을 주지 않는다. 그 결과 관계부사절은 항상 완전한 문장이 된다.

### ③ 관계부사는 대부분 생략이 가능하다

한정적용법의 관계부사는 100% 생략할 수 있다. 관계부사절은 언제나 완벽한 수식절이 따라오기 때문에 관계부사를 지운다고 해도 헷갈릴 염려가 없기 때문이다. 그러나 계속적용법에 쓰이는 where나 when은 생략하지 않는다.

### ④ 선행사도 지울 수 있다?

'wh- S+V(완전한 문장)'은 명사를 수식하는 형용사로 쓰지만, 단독으로 명사절로 쓸 수 있다. 관계부사절에서 선행사를 지우면 관계부사가 수식할 명사가 사라지므로 자연스럽게 형용사절에서 명사절로 품사가 바뀌어 S/C/O/전명구 역할을 한다.

**The day when I met you for the first time was Christmas.**

내가 너를 처음 만난 날은 크리스마스였어.

→ 〔 선행사 삭제 〕 **When I met you for the first time was Christmas.**

→ when절이 명사절로서 S(주어) 역할을 한다.


## 관계부사의 종류

### [ 관계부사의 종류 ]

| | |
|------|-----------------------------------------------------------------------------|
| **when** | 선행사가 시간/날짜/요일 등일 때 사용 |
| **where** | 선행사가 장소/위치 등일 때 사용 |
| **why** | 선행사가 이유/원인(the reason) 등일 때 사용 |
| **how** | 원래 선행사가 방법(the way)일 때 썼지만, <br> 최근에는 the way how로 쓰기보다 the way that으로 사용 |
| **that** | 모든 관계부사를 대신해서 사용 |

# 관계부사의 용법

## [ 관계부사의 한정적용법 ]

Korea is the country where I was born and raised. 한국은 내가 태어나고 자란 국가이다.
　　　　　그 나라　　　　　　　　　　　　내가 나고 자란

① 일반적인 관계부사로 콤마(,) 없이 선행사를 후치수식한다.

② where / when / why / how / that 모두 한정적용법으로 쓰인다.

## [ 관계부사의 계속적용법 ]

I moved back to Lyon, where Arty's family lives.
　　　　　　　　리옹　　　　그리고 그곳에 아티 가족들이 산다.

나는 리옹으로 이사했어, 그리고 그곳은 아티의 가족들이 사는 곳이야.

① 관계대명사의 계속적용법과 마찬가지로 콤마(,)와 함께 쓰이며 정보를 추가하는 역할을
　 한다.

② 오직 when과 where만 계속적용법으로 쓰이며 why / how / that은 한정적용법으로만
　 쓴다.

③ 계속적용법에 쓰인 관계부사는 생략할 수 없다.

## [ 복합관계부사 ]

① whenever(~할 때마다) = at any time when = no matter when

② wherever(~에 있든) = at any place where = no matter where

③ however + 형용사 / 부사 + S + V(아무리 ~해도)

　　= in any way how + 형용사 / 부사 + S + V = no matter how + 형용사 / 부사 + S + V

오늘의
바나나 퀴즈

**1. 관계부사가 무엇인지 아래 빈칸을 채우세요.**

관계부사절은 앞에 있는 _____를 꾸며주는 _____절이다.

**2. 관계부사절의 특징에 따라 빈칸을 채우세요.**

① 이름은 관계'부사'절이지만, 품사는 _____절이다.

② 관계부사절의 뒤 구조는 항상 _____절이다.

③ 관계부사는 항상 _____이 가능하다.

**3. 관계부사의 종류에 따라 빈칸을 채우세요.**

[ 관계부사의 종류 ]

| | |
|---|---|
| ① | 선행사가 시간 / 날짜 / 요일 등일 때 사용 |
| ② | 선행사가 장소 / 위치 등일 때 사용 |
| ③ | 선행사가 이유 / 원인(the reason) 등일 때 사용 |
| ④ | 원래 선행사가 방법(the way)일 때 썼지만, 최근에는 the way how로 쓰기보다 the way that으로 사용 |
| ⑤ | 모든 관계부사를 대신해서 사용 |

**4.** 다음 빈칸에 알맞은 관계부사를 차례대로 쓴 것을 고르세요.

> (1) Christmas, _____ my family will all gather together, is still
>
>   months away.
>
>   I will take you to a great restaurant _____ we can have lunch.
>
>   He told me the reason _____ he wanted to break up with me.

① where-that-why      ② that- when- how      ③ why-when-where

④ why-that- when      ⑤ when-where-why

> (2) This beautiful house _____ Kim Kardashian grew up is
>
>   guarded by a fierce dog.
>
>   This is the way _____ my mom makes Kimchi.
>
>   I look forward to 2021, _____ a vaccination becomes available.

① where- why-how      ② when- where-how      ③ that-when-where

④ where-that-when      ⑤ where-how-why

**5.** 다음 중 문법상 틀린 문장을 고르세요.

① I hate winter when it's cold and my joints get stiff.

② This is the place where I put my key.

③ I don't like the way how you talk to me.

④ Here's the reason why can come with us.

⑤ It snowed a lot in my hometown, where you barely see snow.

**6. 다음 문장을 한국어로 해석하세요.**

① I will show you the place where my cats drink water.

_____

② There is no reason why we shouldn't be friends.

_____

③ I don't understand (the way) how you can treat me like this.

_____

④ You know the way I am.

_____


**7. 다음 문장을 영작하세요.**

① 추수감사절은 모두가 구운 칠면조 요리를 먹는 날이다.

(enjoy / roast turkey / Thanksgiving)

_____

② 서로 선물을 주고받는 명절 때가 되면, 우체국은 매우 바빠진다.

(holiday / busy / the post office / extremely)

_____

③ 우리는 아티와 바나나가 1년간 살았던 산청으로 캠핑을 갈 것이다.

(Sancheong / camping / live / used to)

_____

④ 네가 나와 점심을 먹을 수 있는 시간에 너를 찾아갈게.

(at the time / visit / lunch)

_____

*정답은 P.439를 참고하세요.

# 오늘의 명언 about '나다운 것'!

- It is better to be hated for what you are than to be loved for what you are not.

  당신의 모습 그대로 미움받는 것이 진실하지 못한 모습으로 사랑받는 것보다 낫다. — Andre Gide

  * hate(싫어하다)

SNS가 우리의 하루하루를 지배하면서 '~한 척'하고 사는 것이 일상이 되어버렸어요. 별생각 없이 인스타그램을 신나게 들여다보다가도, 휴대폰 화면을 끄고 현실로 돌아오면 왠지 씁쓸해지는 경험을 모두 한 번쯤 해봤죠? 이런 심리는 나보다 더 잘나고, 예쁘고, 돈도 많아 보이는 사람들에게서 느끼는 상대적 박탈감에서 온다고 해요.

뒤처지지 않기 위해 유행하는 물건을 사고, 인기 있는 맛집에서 인증샷을 찍으며 아등바등하는 모습…. 남들에게 인정받기 위해 살아가는 매일은 여러분이 진정으로 원하는 일상이 아닐 거예요. 위의 격언은 요즘 시대를 살아가는 사람들의 FOMO(fear of missing out / 뒤처진다는 두려움)가 얼마나 무의미한지를 잘 보여준다고 생각합니다.

- Today you are you, that is truer than true. There is no one alive who is youer than you. 오늘, 너는 너다. 그것은 진실보다 더욱 진실한 것이다. 살아 있는 이들 중, 너보다 너다운 사람은 없을 테니까. — Dr. Seuss

- Life isn't about finding yourself. Life is about creating yourself.

  삶은 내가 누구인지 찾는 여정이 아니다. 내가 누구인지를 만들어내는 과정이다. — George Bernard Shaw

# DAY 25

## 분사구문,
## 문장도
## 다이어트가 필요해!

오늘 수업과
관련된 영상은
← 여기!

짬뽕    Hello, 쌤! Guess what? I met an American friend yesterday!

바나나    Oh, wow! How was it?

짬뽕    I had fun because I made sentences in English in my head and spoke in English. Even though we had a short conversation, we enjoyed the time together! We watched a movie and drank wine together. When I spoke English, I felt very nervous. I will be more confident in the future when I meet new friends who are coming from other countries.
쌤, 어때요? 저 방금 영어 진짜 잘하는 것처럼 보이지 않았나요? 😋

바나나    오! 짬뽕, 이제 영어 중상급이 맞네요! 그런데 '중' 빼고 그냥 '상급'이 되려면 다이어트가 좀 필요하겠는데요? 😊

짬뽕   악! 저 살쪘어요? 😵

바나나   아뇨 아뇨! 영어 다이어트 말이에요. 😊 방금 문법적 실수 없이 너무 잘 말했지만, 구구절절한 느낌이었거든요. '영어는 논리적, 경제적 언어'라고 했던 거 기억나죠? 그래서 오해가 생기지 않는 범위 안에서 단어를 최대한 효율적으로 생략해서 쓰는 걸 좋아해요.

짬뽕   힝… 이제야 겨우 영어 실력에 살 좀 찌웠는데 다이어트가 필요하다니… 😔 그런데 영어 다이어트는 어떻게 해요?

바나나   다이어트에도 원푸드·고구마·닭가슴살 다이어트 등 종류가 다양하듯이 영어 다이어트에도 다양한 방식이 있어요. 오늘은 그중 문장을 간결하고 실속 있게 바꿔주는 분사구문을 배우며 영어 다이어트를 시작해볼게요.

## 🍌 분사구문의 뜻

바나나   지금까지 접속사/후치수식/관계대명사/관계부사를 차례대로 배우면서 문장을 길게 쓰는 방법을 배웠어요. 영어를 잘하지 못할 때는 영어 문장을 길게 쓰는 게 멋있어 보이죠? 하지만 영어 실력이 중급 이상 되면 문장을 길게 쓰는 게 중요한 것이 아니라, 하고 싶은 말만 정확하고 실속 있게! 짧고 명확하게 쓰는 게 가장 중요해집니다. 그럼 긴 문장이 어떻게 짧고 명확하게 바뀌는지 살펴볼 텐데요, 짬뽕, 아래 문장들을 보고 느낌을 말해줄래요?

① 나는 밥을 먹을 때마다 항상 김치를 함께 먹어. 왜냐하면 한국인은 김치 없이 살 수 없거든. 그래서 한국인은 항상 김치를 반찬으로 먹지.

짬뽕   음… 단어가 반복되고 쓸데없는 말이 많이 들어갔네요.

② 나는 밥을 먹을 때 항상 김치를 먹어. 한국인은 김치 없이 살 수 없
　어서 반찬으로 먹지.

짬뽕　　두 문장이 전달하는 정보는 같은데 ②는 정리가 돼서 좀 더 깔끔해요.

바나나　　바로 그거예요! ①도 틀린 문장은 아닌데, 말에 잘라내야 할 가지들이
많아서 가지치기가 필요해 보이죠?

짬뽕　　그럼 문장 가지치기는 어떻게 해요?

바나나　　오늘 배울 분사구문을 쓰면 돼요. 누누이 강조하지만, 영어는 반복과 쓸
데없는 말을 매우 싫어하잖아요? 그래서 일명 '삼생이', 즉 3회에 걸쳐 단어가 생
략된다는 뜻을 가진 분사구문으로 문장을 깔끔하게 가지치기하는 거죠. 😁

---

**▶ 분사구문의 형태**

접속사 + S + V, S + V
　　종속절　　　주절
　　　↳ 분사구문으로 바꿈(접/주/시)

---

이렇게 접속사로 연결된 두 문장에서 접속사가 붙어 있는 문장을 종속절, 접속사 없이 쓰는 문장을 주절이라고 해요. 이때 접속사+S+V절은 부사절로, 문장에 부가적인 의미를 더하는 역할을 하며 주절에 '종속된 절'이라고 부릅니다. 분사구는 이 종속절에서 접속사/주어/시제 등의 문법요소를 '생략'하고 축약해 '분사를 이용한 구'로 만드는 것을 말합니다.

## 🍌 분사구문의 탄생

**When I eat lunch, I always watch Netflix.** 내가 점심을 먹을 때, 나는 항상 넷플릭스를 봐.

바나나  "내가 점심을 먹을 때, 나는 항상 넷플릭스를 봐." 일상에서 대화를 나눌 때 이렇게 말하는 사람이 있나요? 😲

짬뽕  그냥 "점심 먹을 때 넷플릭스를 봐." 정도로 말하지 않나요?

바나나  That's right! 실제 대화에서는 '내가 ~할 때, 나는 ~해'처럼 딱딱하게 말하지 않고 생략을 많이 하죠. 영어도 마찬가지예요. 이렇게 생략할 때 지켜야 하는 규칙을 살펴볼 텐데요. 그 전에! 아까 분사구문의 별명이 뭐라고 했죠?

짬뽕  삼생이요! 세 번 생략한다! 그런데 뭘 생략하는 거예요?

바나나  접속사/주어/시제를 생략해요. 줄여서 '접/주/시'! 이렇게 3개만 기억하세요.

## [ 분사생성과정 ]

= 접/주/시 = 접속사 + 주어 + 시제 생략!

When I eat lunch, I always watch Netflix. 나는 점심을 먹을 때, 나는 항상 넷플릭스를 본다.

### ① 접속사 생략
'접속사 S+V. S+V' 문장에서 접속사를 생략한다.
→ I eat lunch, I always watch Netflix.

     종속절            주절

### ② 주어 생략
종속절의 S와 주절의 S가 같은 경우 종속절의 S를 생략한다.
→ Eat lunch, I always watch Netflix.

### ③ 시제 체크
종속절의 V와 주절의 V의 시제가 같을 때는 종속절 V를 동사원형으로 고친 다음,
-ing를 붙인다.
→ 동사가 부정형이면 not/never를 V-ing 앞에 붙이고, being이 올 땐 대부분 생략 가능
→ Eating lunch, I always watch Netflix. 점심을 먹으면서, 나는 항상 넷플릭스를 봐.

자, 이렇게 문장에서 '접속사/주어/시제' 세 가지만 파악하고 생략해주세요. 머릿속에 항상 '접/주/시'를 기억하고 있으면 편리해요.

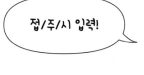

접/주/시 입력!

이렇게 V-ing가 문장의 맨 앞이나 맨 뒤에 오면 분사구문이라는 것을 눈치챌 수 있어야 해요.

짬뽕　분사구문은 다양한 곳에 위치하네요. 그럼 문장 뒤에는 언제 써요?

바나나　접속사절이 문장 뒤에 있었다면 분사구문도 뒤에 올 수 있죠. 예를 들어,

〔 일반문장 〕 I can relax now because I know that she got home safely.

〔 분사구문 〕 I can relax now, knowing that she got home safely.

그녀가 집에 무사히 돌아온 것을 알기 때문에 나는 이제 쉴 수 있다.

이렇게 문장 뒤에 -ing 분사구문이 올 수 있어요. 그리고 짧은 분사구문은 문장 중간에 들어가는 경우도 있답니다.

**My computer,** making static sound, **broke down.** 내 컴퓨터는 지지직 소리를 내며 고장났다.

## 🍌 분사구문의 위치

### ▶ 분사구문이 문두: V-ing, S + V

Crying hard, James hugged his mother for the last time.

흐느끼며 제임스는 그의 엄마를 마지막으로 안아보았다.


### ▶ 분사구문이 문중: S, V-ing, V

James, crying hard, hugged his mother for the last time.

제임스는 흐느끼며 그의 엄마를 마지막으로 안아보았다.


### ▶ 분사구문이 문미: S + V, V-ing

James hugged his mother for the last time, crying hard.

제임스는 그의 엄마를 마지막으로 안아보았다, 흐느끼면서.


짬뽕　　오, 분사구문은 모양이 이렇게 다양할 수 있군요! 😎

바나나　문장 위치에 따라 모양이 다르죠? 여기서 분사구문의 핵심은 접속사가 없어도 마치 있는 것처럼 해석하는 거예요.

짬뽕　　그런데 접속사는 종류가 20개도 넘잖아요. 그걸 어떻게 추측해서 해석하나요?

바나나  분사구문에서 생략되는 접속사의 80%는 시간접속사 혹은 부대상황접속사(동시에 일어나는 상황)예요. when /as /while /and 등이죠. 그래서 분사구문은 보통 '~하면서 /~인 채로'라고 해석하는 경우가 많습니다. 하지만 나머지 20%는 좀 달라요. because /even though /if 등 의미가 특이한 접속사도 종종 분사구문으로 바꿔 쓰는데, 이때는 문장을 해석하면서 문맥을 살피고 눈치껏 해석하는 센스가 필요해요. 그러기 위해선 연습이 생명이겠죠? ☺ 그럼 접속사를 종류별로 살펴볼게요.

## 🍌 접속사별 분사구문

### ── 시간접속사: when/while/as/after/before 등

> When I was studying, I almost fell asleep. 내가 공부 중이었을 때, 나는 거의 잠들었다.

① 접속사 생략: 접속사 S+V(종속절), S+V(주절) 문장에서 접속사 생략

→ I was studying, I almost fell asleep.

② 주어 생략: 종속절의 S와 주절의 S가 I로 같으니 종속절 S 생략

→ was studying, I almost fell asleep.

③ 시제 체크: 종속절의 V(was)와 주절의 V(fell) 둘 다 과거형이니 종속절 V를 동사원형으로 고친 다음 -ing 붙이기

→ Being studying, I almost fell asleep.

→ being이 오면 대부분 생략 가능

→ Studying, I almost fell asleep. 공부를 하면서, 나는 거의 잠들었어.

As I closed the door, I realized that our relationship wouldn't be the same anymore. 내가 문을 닫았을 때, 나는 우리의 관계가 더 이상 예전과 같지 않으리란 걸 깨달았다.

① 접속사 생략: 접속사 S+V(종속절), S+V(주절) 문장에서 접속사 생략

→I closed the door, I realized that our relationship wouldn't be the same anymore.

② 주어 생략: 종속절의 S와 주절의 S가 I로 같으니 종속절 S 생략

→Closed the door, I realized that our relationship wouldn't be the same anymore.

③ 시제 체크: 종속절의 V(closed)와 주절의 V(realized) 둘 다 과거형이니 종속절 V를 동사원형으로 고친 다음 -ing 붙이기

→Closing the door, I realized that our relationship wouldn't be the same anymore. 문을 닫았을 때, 나는 우리의 관계가 더 이상 예전과 같지 않으리란 걸 깨달았다.


## 부대상황접속사: and/as/while

바나나  부대상황이란 두 상황이 동시에 일어나거나 바로 전후에 일어난다는 뜻이에요.

You never clean up the kitchen table while you are cooking the food.
너는 주방 테이블을 전혀 치우지 않아, 요리하는 동안.

① 접속사 생략: S+V(주절), 접속사 S+V(종속절) 문장에서 접속사 생략

→ You never clean up the kitchen table you are cooking the food.

② 주어 생략: 주절의 S와 종속절의 S가 you로 같으니 종속절 S 생략

→ You never clean up the kitchen table are cooking the food.

③ 시제 체크: 주절의 V(clean up)와 종속절의 V(are cooking) 둘 다 현재형이니 종속절 V를 동사원형으로 고친 다음 -ing 붙이기

→ You never clean up the kitchen table (being) cooking the food.

→ You never clean up the kitchen table, cooking the food.

너는 요리하면서 주방 테이블을 전혀 치우지 않아.


## 이유접속사: because/since/as

> He couldn't join us, since he was ill. 그는 참석하지 못했어, 왜냐면 그가 아팠거든.

① 접속사 생략: S+V(주절), 접속사 S+V(종속절) 문장에서 접속사 생략

→ He couldn't join us, he was ill.

② 주어 생략: 주절의 S와 종속절의 S가 he로 같으니 종속절 S 생략

→ He couldn't join us, was ill.

③ 시제 체크: 주절의 V(couldn't)와 종속절의 V(was) 둘 다 과거형이니 종속절 V를 동사원형으로 고친 다음 -ing 붙이기

→ He couldn't join us, being ill. 그는 아파서 참석하지 못했어.

* being은 보통 생략하지만, 이때는 생략하면 형용사만 혼자 남아 어색하므로 그대로 남겨두는 것이 좋다.


> Because I live in a suburb, I commute to the city by subway.
> 나는 교외에 살고 있기 때문에, 나는 지하철을 타고 시내로 통근한다.

① 접속사 생략: 접속사 S+V(종속절), S+V(주절) 문장에서 접속사 생략

→ I live in a suburb, I commute to the city by subway.

② 주어 생략: 종속절의 S와 주절의 S가 I로 같으니 종속절 S 생략

→ Live in a suburb, I commute to the city by subway.

③ 시제 체크: 종속절의 V(live)와 주절의 V(commute) 둘 다 현재형이니 종속절 V를 동사

원형으로 고친 다음 -ing 붙이기

→ Living in a suburb, I commute to the city by subway.

나는 교외에 살아서 지하철을 타고 시내로 통근한다.


## 양보접속사: though/even though/although/even if

바나나 주절과 종속절이 서로 반대되는 내용을 나타냅니다.

---

Even though he is a doctor, he doesn't sound smart at all.

비록 그는 의사지만, 그는 전혀 똑똑해 보이지 않는다.(말하는 걸 들어보니)

---

① 접속사 생략: 접속사 S+V(종속절), S+V(주절) 문장에서 접속사 생략

→ He is a doctor, he doesn't sound smart at all.

② 주어 생략: 종속절의 S와 주절의 S가 he로 같으니 종속절 S 생략

→ Is a doctor, he doesn't sound smart at all.

③ 시제 체크: 종속절의 V(is)와 주절의 V(doesn't sound) 둘 다 현재형이니 종속절 V를

동사원형으로 고친 다음 -ing 붙이기

→ Being a doctor, he doesn't sound smart at all. 그는 의사지만 전혀 똑똑해 보이지 않는다.

* being은 보통 생략하지만, 이때는 생략하면 보어 혼자 남아 어색하므로 그대로 남겨두는 게 일반적이다.


## 조건접속사: if

---

If you put yourself in their shoes, you will understand them.

만약 당신이 그들의 입장에서 생각해보면, 당신도 그들을 이해할 것이다.

---

① 접속사 생략: 접속사 S+V(종속절), S+V(주절) 문장에서 접속사 생략

→ **You put yourself in their shoes, you will understand them.**

② 주어 생략: 종속절의 S와 주절의 S가 you로 같으니 종속절 S 생략

→ **Put yourself in their shoes, you will understand them.**

③ 시제 체크: 종속절의 V(put)와 주절의 V(will understand) 둘 다 현재형이니 종속절 V를 동사원형으로 고친 다음 -ing 붙이기(＊ 현재형과 미래형은 같은 시제로 봄)

→ Putting yourself in their shoes, **you will understand them.**

**그들의 입장에서 생각해보면, 너는 그들을 이해할 거야.**

짬뽕  쌤, 그런데 이상한 게 있어요. 우리가 현재분사 V-ing, 과거분사 PP를 같이 배웠잖아요. 그런데 왜 분사구문에서 동사에 ing만 붙이고 PP는 안 붙이는 거죠? 😮

바나나  오, 아주 예리한 지적이에요! 과거분사 PP는 어딘가에 붙이거나 일부러 넣어서 만드는 게 아니라, 분사구문을 만들다 보면 문장에서 자연스럽게 만들어져요. 지금까지 예시에서 한 번도 안 나와서 오해했군요. 그럼 PP 분사구문은 어떻게 탄생하는지 알아볼게요! 😊

## 🍌 PP 분사구문

바나나  보통 PP 분사구문은 수동태 문장이 분사구문으로 바뀌면서 탄생해요. 우리가 분사구문을 만들 때 be동사가 오면 대개 being으로 고쳤다가 생략하죠? 그래서 be PP 형태의 수동태 구문에서 be가 being으로, 다시 여기서 being이 생략되면서 PP형만 남게 되는 거예요.

## ▶ PP 분사구문이 바뀌는 과정

be PP → being PP → (being) PP

---

When I was born a low birth-weight baby, I was expected to live only a few days. 내가 저체중아로 태어났을 때, 나는 단 며칠만 살 것으로 예상되었어.

① 접속사 생략: 접속사 S+V(종속절), S+V(주절) 문장에서 접속사 생략

→ I was born a low birth-weight baby, I was expected to live only a few days.

② 주어 생략: 종속절의 S와 주절의 S가 I로 같으니 종속절 S 생략

→ Was born a low birth-weight baby, I was expected to live only a few days.

③ 시제 체크: 종속절의 V(was)와 주절의 V(was) 둘 다 과거형이니 종속절 V를 동사원형으로 고친 다음 -ing 붙이기

→ Being born a low birth-weight baby, I was expected to live only a few days.

→ being이 오면 대부분 생략 가능

→ Born a low birth-weight baby, I was expected to live only a few days.

나는 저체중으로 태어났을 때, 단 며칠만 살 것으로 예상됐어.

---

Because he was always scolded by his teacher, he didn't like going to school. 그는 항상 선생님에게 혼났기 때문에, 그는 학교에 가는 것을 좋아하지 않았다.

① 접속사 생략: 접속사 S+V(종속절), S+V(주절) 문장에서 접속사 생략

→ He was always scolded by his teacher, he didn't like going to school.

② 주어 생략: 종속절의 S와 주절의 S가 he로 같으니 종속절 S 생략

→ Was always scolded by his teacher, he didn't like going to school.

③ 시제 체크: 종속절의 V(was)와 주절의 V(didn't like) 둘 다 과거형이니 종속절 V를 동사원형으로 고친 다음 -ing 붙이기

→ Being always scolded by his teacher, he didn't like going to school.

→ being이 오면 대부분 생략 가능

→ Always scolded by his teacher, he didn't like going to school.

그는 항상 선생님에게 혼나서, 학교에 가는 것을 좋아하지 않았다.

짬뽕　아! PP는 굳이 일부러 넣는 게 아니고 수동태 문장에서 being이 생략되면 자연스럽게 나오는 거군요! 😮

바나나　바로 그거예요! 😃 그래서 분사구문은 총 6개의 형태가 나올 수 있어요.

---

▶ **분사구문의 6개 형태**

〔 현재분사 분사구문 〕 ~하면서／~해서
① 문두: V-ing, S + V
② 문중: S, V-ing, + V
③ 문미: S + V, V-ing

〔 과거분사 분사구문 〕 ~된 채로／~되어서
④ 문두: PP, S + V
⑤ 문중: S, PP, + V
⑥ 문미: S + V, PP

---

바나나　이렇게 접속사별 예시를 쭉 살펴봤는데요, 앞의 예문들은 접속사／주어／시제를 마음 놓고 생략할 수 있는 문장들이었어요. 이번에는 접속사／주어／시제를 마음대로 생략할 수 없는 예외적인 분사구문을 알아볼게요.

# 🍌 예외적인 분사구문

## —— 접속사를 생략하지 않는 경우

**바나나** 생략된 접속사를 추측해서 해석할 수 있도록 만드는 게 보통의 분사구문이지만, 화자가 '접속사'의 의미를 오해 없이 정확하게 전달하고 싶다면 접속사를 그대로 남겨둡니다.

**He had to serve in prison for two years, participating in a movement for democracy for the sake of his country.**

위의 문장은 이미 접/주/시 생략이 이뤄진 분사구문인데요, 짬뽕이 해석해볼래요?

**짬뽕** "그는 2년간 감옥살이를 해야 했다, 국가를 위한 민주화운동에 참여했기 때문에." 쌤, 이게 맞나요?

**바나나** 짬뽕이 '~했기 때문에'라고 해석한 걸 보니 문장에 because가 생략되었다고 생각한 것 같은데, because를 떠올린 이유가 있나요?

**짬뽕** 음… 그렇다기 보다 문맥상 because가 자연스럽게 느껴지기도 했고요, 예전에 민주화운동에 참여했기 때문에 감옥에 간 사람들이 많은 걸로 알고 있어서요.

**바나나** 짬뽕과 같이 해석하는 게 일반적이죠. 그런데 만약 문맥상 화자가 '민주화운동을 한 것=좋은 행위, 하지만 좋은 행위를 하고 감옥에 간 것은 잘못된 것'이라는 의미를 전달하고 싶어 했다면? 짬뽕의 해석은 화자의 의도와 다른 오역이 될 수 있겠죠?

그래서 "국가를 위한 민주화운동을 했음에도 불구하고, 2년이나 복역해야 했다" 라는 의미를 오해 없이 정확하게 전달하고 싶다면 접속사를 생략하지 않고 써줘야 합니다.

짬뽕   아, 맞아요! 접속사가 지워진 채 분사구문으로만 되어 있으니 정확한 의도를 알 수가 없어서 헷갈렸어요. 😕

바나나   바로 그거, 접속사 때문이에요! 접속사 '~ 때문에(because)'로 해석하는 것과 '~에도 불구하고(even though)'로 해석하는 것의 차이가 크죠? 그래서 오해의 여지를 남기고 싶지 않다면? 이때는 접속사를 생략하지 않고 분사구문을 만들어야 합니다. 아래 문장처럼요!

→ **He had to serve in prison for two years,** even though participating **in a movement for democracy for the sake of his country.**

그럼 접속사를 생략하지 않는 예문을 몇 가지 더 볼게요.

**While working out, students can stay fit.** 운동을 하면서 학생들은 건강을 유지할 수 있다.
**I will study hard** if born again. 나 공부 진짜 열심히 할 거야, 다시 태어난다면.
**When cooking, you should be careful not to burn yourself.**
요리할 때, 데지 않게 조심해야 해.

짬뽕   오! 주어를 생략하는 것과 V-ing는 그대로 지키면서 접속사만 남기는 거군요!

바나나   That's right! 그래서 여전히 분사구문인 거예요. 😊

바나나  짬뽕, 이번엔 주절과 종속절의 주어가 다른 경우를 살펴볼 텐데요, 두 주어가 서로 다를 때는 어떤 주어를 생략할 것 같아요?

짬뽕  주어가 다르니까 주어를 아예 생략하지 못할 것 같아요.

바나나  그렇겠죠? 짬뽕 말대로 보통은 생략하지 않아요! 하지만 가~끔 예외적으로 생략하는 때도 있어요. 그럼 두 가지 경우를 다 살펴볼게요.

## 1. 생략하지 않는 경우: 독립분사구문
→ 분사구문의 주어가 주절의 주어와 일치하지 않을 땐 분사구문에 주어를 따로 표시

---

**As there is food left in the refrigerator, we can survive.**
냉장고에 음식이 남아 있기 때문에, 우리는 살아남을 수 있을 거야.

---

① (접) There is food left in the refrigerator, we can survive.

② (주) There is food left in the refrigerator, we can survive.

③ (시) There being food left in the refrigerator, we can survive.

　　→ 이렇게 There V+S 구문은 주어가 동사 뒤에 오기 때문에 being은 생략하지 않는 것이 일반적이에요. 그리고 there being의 어감이 좋지 않으니 대신 with를 써서 전명구 처리를 해줍니다.

　　→ With food left in the refrigerator, we can survive.

> He was washing the dishes as the television blared in the background.
> 그는 설거지하는 중이었어, TV가 뒤에서 쩌렁쩌렁 울리는 동안.

① (접) He was washing the dishes the television blared in the background.

② (주) He was washing the dishes the television blared in the background.

③ (시) He was washing the dishes, the television blaring in the background.

　　→ 이렇게 고쳐진 분사구문은 자칫 문법적으로 동사를 잘못 쓴 문장으로 볼 수 있기 때문에 이런 경우에는 with를 붙여서 전명구처럼 표현하는 게 일반적이에요.

　　→ He was washing the dishes with the television blaring in the background.


## 2. 주어가 다르지만 생략하는 경우

→ 주어가 달라도 특정주어가 아닌 일반인 주어일 땐 생략

> If we speak frankly, he is a great manager.
> 만약 우리가(누구나) 솔직하게 말하자면, 그는 훌륭한 매니저다.

① (접) We speak frankly, he is a great manager.

② (주) Frankly speak, he is a great manager.

③ (시) Frankly speaking, he is a great manager. 솔직히 말해서, 그는 훌륭한 매니저다.


바나나　이렇게 일반인이 주어일 때 자주 쓰이는 관용구문들을 살펴볼까요?

## 3. 동사의 시제가 다른 경우

→ 종속절과 주절의 시제가 다를 땐 V-ing를 쓰는 대신 having PP 사용

I am free tonight since I finished my homework yesterday.
나는 오늘 밤 한가해, 왜냐하면 내가 어제 숙제를 다 끝냈거든.

① (접) I am free tonight I finished my homework yesterday.

② (주) I am free tonight finished my homework yesterday.

③ (시) I am free tonight, having finished my homework yesterday.

나는 숙제를 어제 끝내서 오늘 밤 한가해.

Even though I was born into riches, I now find myself in poverty.
비록 나는 부유한 가정에서 태어났지만, 지금 나는 가난 속에 있다.

① (접) I was born into riches, I now find myself in poverty.

② (주) Was born into riches, I now find myself in poverty.

③ (시) Having been born into riches, I now find myself in poverty.

→ having been 또한 being처럼 생략 가능

→ Born into riches, I now find myself in poverty. 부유한 가정에서 태어났지만, 나는 지금 가난해.

바나나  자, 이렇게 분사구문을 모두 공부했어요! 우리, 짬뽕이 첫인사에 쓴 문장을 분사구문으로 고치면서 오늘 수업을 마무리해봐요. 아, 제가 문장을 보여줄 테니 짬뽕이 직접 고쳐볼까요? 여러분도 한번 써보세요!

짬뽕  네, 한번 해볼게요!

• I had fun because I made sentences in English in my head and spoke in English.

→ _____

• Even though we had a short conversation, we enjoyed the time together!

→ _____

• We watched a movie and drank wine together.

→ _____

• When I spoke English, I felt very nervous.

→ _____

• I will be more confident in the future when I meet new friends who are coming from other countries.

→ _____

I had fun because I made sentences in English in my head and spoke in English.
→ I had fun making sentences in English in my head and speaking in English.

Even though we had a short conversation, we enjoyed the time together!
→ Even though having a short conversation, we enjoyed the time together!
 * 의미를 명확히 하려고 접속사를 남겨둠

We watched a movie and drank wine together.
→ We watched a movie while drinking wine together.

When I spoke English, I felt very nervous.
→ I felt very nervous speaking English.

I will be more confident in the future when I meet new friends who are coming from other countries.
→ I will be more confident in the future meeting new friends who are coming from other countries!

짬뽕　　우와, 쌤! 저 진짜 원어민이 된 기분이에요! 😎

바나나　짬뽕, 지금 되게 멋있었어요! 😲 이제 딱 5일 남았네요, 우리 남은 5일도 잘해봅시다! 그럼 **내일 또 바나나요!**

짬뽕의 복습노트

## 오늘 배운 내용

▶ 분사구문의 뜻        ▶ 분사구문의 탄생        ▶ 분사구문의 위치

▶ 접속사별 분사구문    ▶ PP 분사구문          ▶ 예외적인 분사구문

## 분사구문의 뜻

> **▶ 분사구문이 되기 전의 형태**
>
> 접속사 + S + V, S + V
>       종속절    주절

위 형태의 문장에서 종속절의 접속사/주어/시제 등의 문법요소를 '생략'하고 축약해 '분사를 이용한 구'로 만드는 것이다.

## 분사구문의 탄생

> **▶ 분사구문의 형태**
>
> 접속사 + S + V, S + V
>       종속절    주절
>           ↳ 분사구문으로 바꿈(접/주/시)

접속사로 연결된 두 문장 중 접속사가 있는 종속절을 분사구문으로 바꿔준다. 이때 접/주/시 세 가지만 생각하면 된다.

① (접): 접속사 생략

② (주): 주어가 같으면 생략

③ (시): 두 동사의 시제가 같으면 종속절 V를 원형 V-ing/ 다르면 having PP로 교체

## 분사구문의 위치

> **▶ 분사구문의 위치 파악**
>
> 문두(문장 앞)
> - V-ing, S+V
> - PP, S+V
>
> 문중(문장 중간)
> - S, V-ing, +V
> - S, PP, +V
>
> 문미(문장 끝)
> - S+V, V-ing
> - S+V, PP

## 접속사별 분사구문

생략되어 분사구문이 되는 접속사의 80%는 시간 & 부대상황 접속사이고, 그 외의 20%는 이유/조건/양보접속사이다.

## PP 분사구문

수동태 문장이 분사구문이 되면서 나오는 형태로 '~된 채로/~되어서'로 해석한다.

① 문두: PP, S+V

② 문중: S, PP, +V

③ 문미: S+V, PP

# 예외적인 분사구문

## 1. 접속사를 생략하지 않는 경우
종속절(부사절)의 접속사가 가진 의미를 강조하고 싶을 때 그대로 쓴다.

## 2. 주절과 종속절의 주어가 다른 경우
① 주어가 서로 다르지만 생략하지 않는 경우(=독립분사구문이라고 부름)

분사구문에 주어를 따로 표시해야 한다.

**Other conditions being the same, I will choose you.**

**모든 조건이 같다면, 나는 너를 선택할 거야.**

\* 이 경우 being이 생략되면 주어와 보어가 연달아서 오기 때문에 생략하지 않는 것이 일반적

② 주어가 서로 다르지만 생략하는 경우

주어가 달라도 특정주어가 아닌 일반인 주어일 땐 생략이 가능하다.

**Honestly speaking, he is a loser!** 솔직히 말해서 그는 루저야!

---

**[ 일반인이 주어일 때 자주 쓰이는 관용구들 ]**

---

**generally speaking,** (일반적으로 말해서,)

**honestly speaking,** (솔직히 말해서,)


**given that S +V,** (S가 V라는 점을 생각할 때,)

**considering that S +V,** (S가 V라는 점을 고려할 때,)

**taking everything into consideration,** (모든 점을 고려할 때,)

---

## 3. 동사의 시제가 다른 경우
종속절은 현재, 주절은 과거일 때 등 종속절과 주절의 시제가 다른 땐 종속절에 V-ing를 쓰는 대신 having PP를 쓴다.

**Having decided to quit this job, Arty came back to Korea.**

일을 그만두기로 결정한 뒤로 아티는 한국에 돌아왔다.

**1. 분사구문이 무엇인지 아래 빈칸을 채우세요.**

접속사 + S + V, S + V
종속절　　　주절

위 형태의 문장에서 종속절의 _____ / _____ / _____ 세 가지 문법요소를 생략하고 축약해 '분사를 이용한 구'로 만드는 것을 분사구문이라 한다.

**2. 분사구문 만드는 과정의 빈칸을 채우세요.**

① 접: 접속사 생략

② 주: 주어가 _____ 생략

③ 시: 두 동사의 _____ 같으면 V-ing /

　　　두 동사의 _____ 다르면 having PP 분사구로 바꿔준다.

**3. 다음 빈칸에 알맞은 것을 고르세요.**

(1) _____ coffee with friends, I forgot to call my mom to say I'll be a little late for dinner.

친구들과 커피를 마시느라 저녁에 늦을 것 같다고 엄마에게 전화할 것을 깜빡했다.

① To enjoy　　　　② Enjoying　　　　③ Enjoyed

④ Having enjoyed　　⑤ Having been enjoyed

(2) The room_____ by candles gives a warm and cozy feeling.

촛불로 밝혀진 방은 따뜻하고 편안한 느낌을 준다.

① to illuminate      ② illuminating      ③ illuminated

④ having illuminated      ⑤ having been illuminated

(3) The guy _____ an expensive watch is Kevin Systrom.

비싼 시계를 차고 있는 저 남자가 케빈 시스트롬이야.

① to wear      ② wearing      ③ wore

④ having worn      ⑤ having been worn

## 4. 다음 문장을 해석하세요.

① It being Sunday, large markets have long lines.

_____

② My sister being a famous movie star, I am somewhat jealous about that.

_____

③ Having washed the dishes, Kim could go out and hang out with her friends.

_____

④ With mom being sick, we will have to cook our own meals.

_____

## 5. 다음 문장을 영작하세요.

① 패스트푸드를 덜 먹으면, 살이 빠질 거야. (junk food / lose weight)

_____

② 배고픔에 징징대면서 아기는 엄마를 힘들게 하고 있었다. (whine / give a hard time)

_____

*정답은 P.439를 참고하세요.

# DAY 26

가정법,
'만~약에' 이 한마디를
제대로 하기가
그렇게 어렵다!

오늘 배울 내용

- 가정법의 뜻

- 모르는 상황에 대한 가정

- 아는 사실에 반대되는 상황의 가정

- if를 생략한 가정법

- if의 기타 가정법

- if가 없는 가정법

① If you should change your mind, let me know.
② If I were you I would be studying right now.
③ Lee Tae-oh behaves as if he were innocent.
④ Ji Sun-woo smiles as if she had done nothing.
⑤ You can't understand why she acts like that, but a married woman would.
⑥ Were another virus to appear in the world, there would likely be severe consequences.
⑦ Should you have anything to ask, you can call me anytime.

짬뽕  쌤, 칠판에 쓰여 있는 게 다 뭐예요? 😮 if가 쓰인 걸 보니 가정법에 관련된 건가요? 그런데 if가 있다가 없다가 해서 좀 헷갈려요. 제가 잘 알지는 못하지만 문법적으로 틀린 문장도 있는 것 같은데요? 😎

바나나  예를 들면?

짬뽕  음… 주어가 he인데 동사를 were로 쓴 거랑, 현재동사와 과거동사가 막 섞여 있고… were나 should로 시작하면 의문문인데 물음표가 없어요. 😮

바나나  짬뽕 말대로 위의 문장들은 가정법 문장이에요. 가정법은 일반 문장과

문법 구조가 조금 달라서 틀린 것처럼 보일 수 있지만, 다 맞는 문장이랍니다. 그래서 문법 시험의 단골 문제이기도 하죠. 그러면 칠판의 문장들은 마지막에 정리하기로 하고, 가정법의 정의부터 차근차근 알아볼까요? ☺

## 🍌 가정법의 뜻

바나나  가정법의 가정은 한자로 '임시 가(假), 정할 정(定)'을 써 '상황을 임의로 정해서 말하다'라는 뜻이에요. 즉 한국어로 '만약에~'라는 단어를 써서 어떤 일을 가정하는 문장을 만들었다면 그게 가정법인 거죠. 영어로는 접속사 if와 함께 써서 '만약에 ~라면 ~할 텐데 / 만약에 ~였다면 ~였을 텐데'로 해석합니다. 가정법은 크게 두 가지 개념으로 나눌 수 있어요.

### 1. 모르는 상황에 대한 가정
① 만약에 엄마, 아빠가 집에 있으면, 너는 아마 집에 돌아가야 할 거야.
  (엄마, 아빠가 집에 있는지 없는지 모르는 상황)
② 만약 〈프렌즈〉 시즌 11이 나온다면, 나는 아마 옷을 벗고 춤출 거야.
  (〈프렌즈〉 시즌 11이 나올지 안 나올지 모르는 상황)

### 2. 이미 아는 사실에 반대되는 상황의 가정
① 만약 엄마, 아빠가 집에 있었으면, 너는 집에 돌아가야 했을 거야.
  (엄마, 아빠가 집에 없지만 그 반대되는 상황을 가정)
② 만약 프렌즈 시즌 11이 나올 수 있다면, 나는 옷을 벗고 춤출 거야.
  (프렌즈 시즌 11이 안 나오는 걸 알지만 그 반대되는 상황을 가정)

짬뽕   쌤, 그런데요… 솔직히 위의 비교 예시를 읽었는데도 큰 차이가 있는지 모르겠어요. 만약 쌤이 괄호 안에 추가 설명을 안 해주셨다면 저는 이게 상황을 알고 하는 말인지, 상황을 모르는 채 추측하는 건지 몰랐을 거예요. 😞

바나나   역시 날카로운 짬뽕! 😀 앞서 배운 대로 한국어는 '정황어'죠? 그래서 앞뒤 문맥을 살펴봐야 아는 사실인지, 모르는 상황에 대한 가정인지 정확하게 알아챌 수 있어요. 반면 영어는 이런 모호한 해석법을 싫어한다고 계속 강조했었죠? 그래서 모르는 사실에 대한 가정인지, 아니면 아는 사실과 반대되는 상황의 가정인지, 두 상황을 문법적으로 정확하게 구분해서 씁니다. 그럼 지금부터 그 차이를 자세히 공부해보죠! 😎

## 🍌 모르는 상황에 대한 가정

바나나   먼저 모르는 사실을 가정해서 말하는 경우를 살펴볼까요?

### 1. 현재 or 미래 사실

| [ 모르는 현재 or 미래 사실 가정 ] | |
| --- | --- |
| if 종속절 | 주절 |
| If S+V(현재시제)<br>: 만약 S가 V라면 | 시제 관련 없이 다 가능<br>: S는 V할 것이다 |
| If S+have PP(현재완료)<br>: 만약 S가 V해왔다면 | 시제 관련 없이 다 가능<br>: S는 V할 것이다 |
| If S+be V-ing(현재진행시제)<br>: 만약 S가 V하는 중이라면 | 시제 관련 없이 다 가능<br>: S는 V할 것이다 |

＊이때 주절에 조동사를 쓰는 경우가 많아요.

If he doesn't come, I will be very upset.

만약 그 사람이 안 온다면, 나는 정말 속상할 거야.(그가 올지 안 올지 모르는 상황)

If we succeed, I will treat you all. 만약 우리가 성공한다면, 내가 한턱 쏠게!(성공할지 안 할지 모르지만)

If you have ever seen *Parasite*, you will get into Korean movies.

만약 네가 영화 〈기생충〉을 본 적이 있다면, 한국 영화에 푹 빠질 텐데!

If you are making Dalgona Coffee, don't forget to put cold milk in at the end.

만약 네가 달고나 커피를 만드는 중이라면, 마지막에 차가운 우유를 넣는 걸 잊지 마.

If he is cheating on you, it must have started a long time ago.

만약 그가 너를 두고 바람피우고 있다면, 그 관계는 시작된 지 오래된 게 분명해.


## 2. 과거

| [ 모르는 과거 상황 가정 ] | |
|---|---|
| **if 종속절** | **주절** |
| If S+V(과거시제)<br>: 만약 S가 V했다면 | 시제 관련 없이 다 가능<br>: S는 V할 텐데 |

\* 이때 주절에 조동사를 쓰는 경우가 많아요.

If he truly loved me, we might have married.

만약 그 사람이 나를 사랑했었다면, 우리는 아마도 결혼했었겠지.(그가 나를 사랑했는지 사랑하지 않았는지 모르는 상황)

If he passed the exam, he must be partying.

만약 그가 시험에 합격했으면, 지금쯤 파티를 하고 있겠지.(그가 시험에 합격했는지 합격하지 않았는지 모르는 상황)


## 3. 가능성이 희박한 일

바나나  가능성이 희박한 일에 관해서는 아래 두 가지 가정법으로 분류해요.

| [ 모르는 가능성에 대한 가정 → ① 가능성이 적거나 일어나지 않았으면 하는 일 ] | |
| --- | --- |
| if 종속절 | 주절 |
| If S+should+V<br>: 만에 하나 S가 V하게 된다면 | 시제 관련 없이 다 가능<br>: S는 V할 텐데 |

If I should fail **this exam, my mom will scold me badly.**

만에 하나 시험을 망치게 되면, 나는 엄마한테 엄청 혼날 거야.

If the weird man should contact **you again, call the police straight away!**

혹시라도 그 이상한 남자가 또 연락하면, 바로 경찰서에 전화해!

| [ 모르는 가능성에 대한 가정 → ② 일어날 확률이 거의 없는 일 ] | |
| --- | --- |
| if 종속절 | 주절 |
| If S+were to V<br>: 그럴 리 없지만 S가 V한다면 | 시제 관련 없이 다 가능<br>: S는 V할 텐데 |

If I were to die **tomorrow, who would take care of my children?**

그럴 리 없지만 내가 내일 죽는다면, 누가 우리 아이들을 돌보겠어?

If he were to know **you got married, there would be nothing he could do.**

그럴 리 없지만 그가 네가 결혼한 것을 알게 되더라도, 그가 할 수 있는 일은 없어.

짬뽕 　아하! 그럼 주어가 he인데 동사 were가 오는 건 가정법이라서 특별히 그렇게 쓴 거였군요. should도 '~해야 한다'는 의무의 뜻이 아니고요. 가정법은 해석할 때 조심해야겠어요. 😛

## 🍌 아는 사실에 반대되는 상황의 가정

**바나나**  이번엔 이미 결과를 아는 내용이나 사실에 반대되는 상황을 추측해서 가정하는 표현을 살펴보죠.

### 1. 현재 사실에 반대되는 가정
→ 그에 따르는 현재 사실에 대한 반대 결과를 가정

| [ (아는) 현재 사실에 반대되는 가정 → 그에 따르는 현재 사실에 대한 반대 결과 가정 ] ||
| --- | --- |
| **if 종속절** | **주절** |
| If S+V(과거시제)<br>: S가 V한다면(현재 사실 반대) | S+would / should / could / might+V<br>: S는 V할 텐데(현재 사실 반대 결과) |
| If S+were<br>: S가 were라면(현재 사실 반대) | S+would / should / could / might V<br>: S는 V할 텐데(현재 사실 반대 결과) |

* if 종속절의 동사를 과거형으로 써서 과거에 반대되는 일이라고 생각하기 쉽지만 현재에 반대되는 일이라는 것을 기억하세요.

If I had **money, I** wouldn't live **like this.**

내가 돈만 있었어도, 이렇게 안 살아.(현실은 돈이 없어서 이러고 산다)

If I could speak **English, I** could date **foreigners.**

내가 영어를 할 수 있었으면, 외국인과 데이트해볼 텐데.(현실은 영어를 못 해서 외국인과 데이트를 못 한다)

If it were not raining, **we** could go for a walk.

만약 지금 비가 안 오면, 공원에 산책 갈 수 있을 텐데.(현실은 비가 와서 못 간다)

If I were a millionaire, **I** would buy **you expensive gifts.**

내가 만약 백만장자라면, 너한테 비싼 선물을 사 줄 텐데.(현실은 가난해서 선물을 줄 수 없다)

## 2. 과거 사실에 반대되는 가정

→ 그에 따르는 과거 사실에 대한 반대 결과를 가정

### [ (아는) 과거 사실에 반대되는 가정 → 그에 따르는 과거 사실에 대한 반대 결과 가정 ]

| if 종속절 | 주절 |
| --- | --- |
| If S+had PP<br>: S가 V했다면(과거 사실 반대) | S+would/should/could/might+have PP<br>: S는 V했을 텐데(과거 사실 반대 결과) |

\* if 종속절의 동사 모양이 과거완료처럼 보여서 대과거처럼 해석하고 싶겠지만, 가정법에서는 과거 사실에 반대되는 가정을 할 때 과거완료를 쓰는 것을 기억하세요.

If you had not lied to me, we could have stayed happy together.

그때 네가 거짓말하지 않았더라면, 우리는 행복할 수 있었을 텐데.(과거에 너는 거짓말했고, 우린 불행했다)

If the Korean War hadn't happened, I could have met my grandfather.

만약 한국 전쟁이 일어나지 않았더라면, 나도 할아버지를 만나 뵐 수 있었을 텐데. (한국 전쟁은 일어났고, 나는 할아버지를 만나보지 못했다)

If I had spoken French, I would have gone to a university in France.

내가 프랑스어를 할수 있었더라면, 나는 프랑스에 있는 대학에 갔을 텐데.(프랑스어를 못 했고, 프랑스 대학에 못 갔다)

## 3. 과거 사실에 반대되는 가정

→ 그에 따르는 현재 사실에 대한 반대 결과를 가정

바나나 바로 위에서 설명한 가정법과 비슷해 보이죠? 하지만 잘 보면 if 종속절의 과거완료시제는 같지만, 주절의 시제가 달라 결과를 가정하는 시점이 다릅니다.

| [ (아는) 과거 사실에 반대되는 가정 → 그에 따르는 현재 사실에 대한 반대 결과 가정 ] | |
| --- | --- |
| if 종속절 | 주절 |
| If S+had PP<br>: S가 V했다면(과거 사실 반대) | S+would / should / could / might+V<br>: S는 V할 텐데(현재 사실 반대 결과) |

* 과거에 일어난 일을 반대로 가정한 다음, 현재에 일어날 수 있을 법한 반대되는 결과를 상상해서 가정하는 거예요.


If I had not married you, I could be much happier.

내가 너와 결혼하지 않았더라면, 지금 훨씬 행복하게 살 텐데.(과거에 결혼했고 지금은 불행하다)

If I had listened to my mom when I was a kid and studied hard, I would live like the rich and famous. 어릴 때 엄마 말 잘 듣고 열심히 공부했으면, 지금 돈과 명성이 있는 사람으로 살 텐데.(어릴 때 엄마 말을 안 들었고 지금 볼품없이 산다)


짬뽕    그동안 가정법은 엄청 어렵고 복잡하다고만 생각했는데, 쌤이 쭉 정리해주시니까 머릿속에서 어느 정도 이해가 되는 중이에요! 😊 😃


# 🍌 if를 생략한 가정법


짬뽕    선생님, 가정법 하면 if, if 하면 가정법인데 어찌하여 if를 생략한 가정법이 있다고 말하십니까?!

바나나    하하! 😃 짬뽕, 우리 어제 뭘 배웠죠?

짬뽕    분사구문요!

바나나    그럼 분사구문을 만들 때 뭘 지우죠?

짬뽕 　 당연히 접속사죠. 😲

바나나 　 영어는 이렇게 기회만 되면 어떻게든 접속사를 지우려고 해요. 짧고 간결하게 말해서 최대한 경제적이고 효율적으로 표현하려는 거죠. 그렇다고 아무거나 막 지울 순 없고, 지울 때도 법칙이 있답니다.

**[ if 생략 가정 ]**

| if 생략 전 | if 생략 후 | |
|---|---|---|
| If S+had PP | Had+S+PP | : S가 V했다면(과거 사실 반대) |
| If S+should+V | Should+S+V | : 만에 하나 S가 V한다면 |
| If S+were | Were+S | : S가 were라면(현재 사실 반대) |

\* if를 생략한 뒤 S와 V를 도치해서 if가 없어도 가정법이라는 것을 눈치챌 수 있도록 합니다.

If I had not married you, I could be much happier.

→ Had I not married you, I could be much happier.

　내가 너랑 결혼하지 않았더라면, 지금 훨씬 행복하게 살 텐데.(과거에 결혼했고 지금은 불행하다)

If I had listened to my mom when I was a kid and studied hard, I would live like the rich and famous.

→ Had I listened to my mom when I was a kid and studied hard, I would live like the rich and famous.

　어릴 때 엄마 말 잘 듣고 열심히 공부했으면, 지금 돈과 명성이 있는 사람으로 살 텐데.(어릴 때 엄마 말 안 들었고 지금 불품없이 산다)

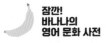

**짬뽕**    쌤, 그런데 if 하나 쓴다고 해서 문장이 엄청 길어지는 것도 아닌데 굳이 주어, 동사를 도치하면서까지 생략할 필요가 있나요?

**바나나**    사실 if를 생략한 가정법은 상당히 '형식적'인 표현이에요. 그래서 '스피킹'에서는 잘 쓰지 않고 '리딩'에서 자주 볼 수 있죠. 여기서 if를 생략하는 이유는 문장의 다양성을 위해서라고 볼 수 있어요. 우리가 글을 쓰다 보면 if를 사용한 문장을 많이 쓰게 되는데, 영어는 같은 단어의 반복을 아주 싫어하잖아요? 그러다 보니 매번 반복되는 if에 질려버린 거죠! 그래서 if를 빼고 생략과 도치를 쓰는 등 문장을 다양하게 쓰려고 노력하여 탄생한 결과물이랍니다. 😊

**짬뽕**    힐⋯ 😊 쌤이 매번 강조하시지만 영어는 정말 반복을 싫어하네요.

**바나나**    원어민들은 '영어를 잘하거나 잘하지 못하다'를 'paraphrasing을 얼마나 잘하느냐, 못하느냐'로 판단해요. paraphrasing이란 간단히 설명하면 '다르게 말하기/다른 말로 바꾸어 표현하기'란 뜻인데요, 즉 똑같은 말을 얼마나 다양하게 표현할 수 있는지를 중요하게 여겨 이것을 영어 실력의 기준으로 삼는다는 거죠. paraphrasing을 잘하려면 아래 세 가지를 연습하면 돼요.

### ① 동의어 공부하기

'행복하다'라고 말할 때 happy라는 단어 말고도 blessed, delighted, excited, in heaven 등을 쓸 수 있어야겠죠?

### ② 문장 형식을 적극적으로 사용하기

똑같은 말도 1 · 2 · 3 · 4 · 5형식으로 다양하게 표현할 수 있어야 해요.'기분이 좋다'를 "I am excited."라고 2형식으로 표현할 수도 있고, "I am in a good mood."라고 1형식으로 표현할 수 있는 것처럼요.

### ③ 생략과 도치를 자유자재로 쓰기

어제 배운 '분사구문'을 비롯해 고급 영어 문법은 '생략'과 '도치'를 포함하는 경우가 많습니다. 이 법칙을 잘 이해하고 자유롭게 쓸 수 있어야 고급 독해와 영작이 가능하답니다. 😊

If I should fail **this exam, my mom would scold me badly.**

→ Should I fail **this exam, my mom would scold me badly.**

만에 하나 시험을 망치게 되면, 나는 엄마한테 엄청 혼날 거야.


If the weird man should contact **you again, call the police straight away!**

→ Should the weird man contact **you again, call the police straight away!**

혹시라도 그 이상한 남자가 또 연락하면, 바로 경찰서에 전화해!


If it were not raining, **we could go for a walk.**

→ Were it not raining, **we could go for a walk.**

만약 지금 비가 안 오면, 공원에 산책 갈 수 있을 텐데.


If I were a millionaire, **I would buy you expensive gifts.**

→ Were I a millionaire, **I would buy you expensive gifts.**

내가 만약 백만장자라면, 너한테 비싼 선물을 사 줄 텐데.


# 🍌 if의 기타 가정법

바나나 지금까지 기본적인 가정법을 배웠으니 이제 if를 사용한 또 다른 가정법을 알아볼게요.


## 1. what if: 만약에 ~했으면 어쩔 뻔했어!/~하면 어떡해!

what if절은 뒤에 따라오는 주절 없이 쓰이는 게 특징이에요. 주로 잔소리할 때나 연인끼리 "자기야~, 만약에 내가~" 하고 쓰잘머리 없는 질문을 할 때도 많이 쓰입니다. 또 아직 일어나지 않은 상황을 가정해서 질문할 때 쓰는 표현이기도 해요. 현실 영어에서 무척 자주 쓰이는 표현이니 꼭 기억해두세요!

짬뽕     오! 잔소리할 때 쓴다고요? what if 예시 좀 보여주세요. 나중에 써먹어야겠어요! 😛

What if **I didn't take you home?** 너 내가 데리러 안 왔으면 어쩔 뻔했어?

What if **the supermarket is closed already?** 만약 슈퍼마켓이 벌써 닫았으면 어떡해!?

## 2. as if: 마치 ~인 듯이( = as though)

| [ as if: 마치 ~인 듯이(= as though) ] | |
|---|---|
| 주절 | as if 종속절 |
| S+V<br>: S가 V한다 | as if+S+V<br>: 마치 S가 V인 것처럼 |
| S+V<br>: S가 V한다 | as if+S+had PP<br>: 마치 S가 V였던 것처럼 |
| S+V<br>: S가 V한다 | as if+to V<br>: 마치 V할 것처럼 |

**I want to eat** as if there's **no tomorrow.** 나는 먹고 싶어, 마치 내일이 없는 것처럼.

**He felt** as if he had never loved **her.** 그는 느꼈다, 마치 한 번도 그녀를 사랑한 적 없는 것처럼.

**She behaves** as if nothing had happened. 그녀는 행동한다, 마치 아무 일도 없었던 것처럼.

**She looked at me** as if to ask **for help.** 그녀는 나를 쳐다봤다, 마치 부탁을 할 것처럼.

## 3. if it were not for: (실제로는 있지만) ~가 없다면

If it were not for **injustice, men would not know justice.**

불의가 없다면, 인간은 정의가 무엇인지 알지 못할 것이다.

If it were not for **Netflix, I wouldn't survive the long period of self-quarantine.**

넷플릭스가 없다면, 나는 긴 자가격리 기간을 견뎌내지 못할 것이다.

## 4. if it had not been for: (실제로는 있었지만) ~가 없었다면

If it hadn't been for **him, I wouldn't be where I am today.**

그가 없었다면, 나는 오늘의 위치에 오지 못했을 거야.

If it hadn't been for **love, I wouldn't have caught the train to Seoul.**

만약 사랑이 없었다면, 서울로 가는 기차를 타지 않았을 거야.

짬뽕    하… 전 이제껏 if가 '만약에'라는 것밖에 모르고 살았는데, 가정법에 이렇게 다양하게 쓰였다니… 😵 저만 모르고 있던 것처럼 소외감까지 느껴지려고 해요! 그럼 지금까지 다른 사람들은 이렇게 다양한 가정법을 쓰고 있었단 말이에요? 😣

바나나    하하! '가정법=if'로만 알고 있던 짬뽕! 좀 더 충격적인 소식을 전해줘야 할 것 같은데요, if가 없는 가정법도 있답니다!

# 🍌 if가 없는 가정법

## 1. wish 가정법

바나나　짬뽕, wish의 뜻이 뭐죠?

짬뽕　'~하길 바란다/~하면 좋겠다'라는 뜻 아닌가요? I wish you a merry Christmas!

바나나　보통 4형식에선 wish가 그런 의미로 쓰이죠. 하지만 wish가 that절을 목적어로 받는 3형식에 쓰이는 동시에 that절의 동사가 과거형이라면? 이때는 해석이 완전히 달라집니다.

**S + wish + (that) S + 과거 V: ~라면 얼마나 좋을까?/~였다면 얼마나 좋았을까?**

이렇게 현재나 과거에 반대되는 사실을 희망하는 가정법으로, 후회를 전제로 하는 표현이라서 that절에 오는 동사는 과거형 혹은 과거완료형으로 쓴답니다.

| [ wish 가정법 ] | |
|---|---|
| S+wish+S+V(과거시제)<br>: ~하다면 좋겠다(현재 사실 반대) | S+wish+S+had PP(과거완료시제)<br>: ~했다면 좋았겠다(과거 사실 반대) |

I wish I had **a boyfriend.** 나도 남자친구가 있으면 좋겠다.(남자친구가 없다)

I wish you were **here.** 네가 여기 있으면 좋겠다.(넌 여기 없다)

I wish I had studied **English earlier.**

내가 영어공부를 더 일찍 시작했으면 얼마나 좋았을까.(일찍 시작하지 않았다)

She wishes she had not told **him her problems.**

그녀는 그에게 자신의 문제를 말하지 않았으면 좋았겠다고 생각한다.(문제를 이미 말했다)

## 2. S + 조동사 + V + 전명구

바나나  이 형태는 조동사의 역할이 아주 중요해요. would /could /might 등의 조동사가 적절한 전명구와 함께 쓰이면 if가 없어도 가정법으로 쓰일 수 있습니다.

It could be even better with wine. 와인과 함께라면 더욱 좋을 거야.

I would feel better after taking a nap. 낮잠을 자고 나면 훨씬 기분이 좋을 거 같아.

Without your support, I couldn't have been here. 너의 도움 없이는 난 여기 있을 수 없었을 거야.

## 3. otherwise 가정법

바나나  '그렇지 않으면 ~할 것이다'라는 뜻으로 앞에 나오는 문장에 반대되는 의미를 나타냅니다.

| [ otherwise 가정법 ] | |
| --- | --- |
| S+V+otherwise+S+would V<br>: S는 V하다, 그렇지 않으면 S는 V할 것이다 | S+V+otherwise+S+would+have PP<br>: S는 V하다, 그렇지 않았으면 S는 V했을 것이다 |

She doesn't understand me; otherwise, she wouldn't say that.

그녀는 나를 이해하지 못해, 그렇지 않다면 그녀는 그렇게 말하지 않았겠지.

I ran away; otherwise, he would have killed me.

나는 도망쳤다, 그러지 않았다면 그는 나를 죽였을 것이다.

바나나  이 밖에도 조동사 would /could /might를 적절하게 써서 if나 다른 접속사 없이 가정법을 나타낼 수 있답니다.

**Drinking too much alcohol could actually kill you.** 술을 너무 많이 마시면 죽을 수도 있어.

**A gentleman would never hit a woman.** 신사라면 결코 여자를 때리지 않는다.

짬뽕  Wow! 오늘은 뇌가 확장된 기분이에요. 딸랑 if만 알고 있던 가정법에 이렇게 넓은 세계가 있었다니! 😀

바나나  많이 배운 것 같다고 하니 뿌듯한걸요? 😊 가정법을 어려워하는 분들이 많은데, 시제 때문에 우리가 아는 기본 상식대로 해석되지 않는 부분이 있어서 그래요. 그래서 시제를 자연스럽게 해석하는 연습을 하길 추천합니다. 자, 그럼 수업 첫머리에 칠판에 쓴 내용을 다시 정리해볼까요? 수업을 다 들었으니 아마 다 해석할 수 있을 거예요.

---

### [ 수업 시작 때 본 문장을 해석해볼까요? ]

---

If you should change your mind, let me know.
만에 하나 네가 마음을 바꾸게 되면, 나한테 알려줘.
If I were you, I would be studying right now.
만약 내가 너라면, 나는 지금 바로 공부하고 있는 중일 거야.
Lee Tae-oh behaves as if he were innocent. 이태오는 마치 그가 결백한 것처럼 행동한다.
Ji Sun-woo smiles as if she had done nothing.
지선우는 마치 그녀가 아무것도 하지 않았던 것처럼 웃었다.

---

You can't understand why she acts like that, but a married woman would.
너는 그녀가 왜 그렇게 행동하는지 이해 못 할 테지만, 유부녀라면 (누구든) 이해할 거야.

Were another virus to appear in the world, there would likely be severe consequences. 만약에 세상에 또 다른 바이러스가 나타난다면, 아마도 심각한 결과가 있을 것입니다.

Should you have anything to ask, you can call me anytime.
물어볼 것이 있으면, 언제든지 나한테 전화해!

**짬뽕** 우와~! 수업 시작할 땐 뭐 이렇게 이상한 문장들이 있나 했는데, 수업을 듣고 나니 완벽하게 해석이 되었어요! 신기해요, 쌤! 😃

**바나나** 좋았어요! 😊 그럼 잊어버리지 않게 복습도 철저히 해주세요. 자, 이제 지루한 공부는 정말 다 끝났어요! 문법요소들을 다 배웠거든요! 😮 내일은 비교문, 그다음 날은 특수구문을 배울 예정이고, 마지막으로 지금까지 배운 것을 바탕으로 단문 독해와 장문 독해, 자기소개 영작을 해보면서 길었던 30일간의 수업을 마무리할 거예요. 그럼 우리 **내일 또 바나나요!** 🍌

## 오늘 배운 내용

▶ 가정법의 뜻                    ▶ 모르는 상황에 대한 가정

▶ 아는 사실에 반대되는 상황의 가정    ▶ if를 생략한 가정법

▶ if의 기타 가정법               ▶ if가 없는 가정법

## 가정법의 뜻

① 의미: 가정이란 한자로 '임시 가(假), 정할 정(定)'을 써 '상황을 임의로 정해서 말함'을
   뜻함

② 해석: ~라면 ~할 텐데 / 만약 ~였다면 ~였을 텐데

③ 주의사항: 가정법에 쓰이는 동사는 일반동사로 쓰일 때와 의미가 조금 다르니 주의할 것!

④ 종류 ┌ 모르는 상황에 대한 가정
        └ 이미 아는 사실에 반대되는 상황의 가정

# 모르는 상황에 대한 가정

모르는 사실을 추측해서 쓰는 표현이다.

## ① 현재 or 미래 사실

**[ 모르는 현재 or 미래 사실 가정 ]**

| if 종속절 | 주절 |
| --- | --- |
| If S+V(현재시제)<br>: 만약 S가 V라면 | 시제 관련 없이 다 가능<br>: S는 V할 것이다 |
| If S+have PP(현재완료)<br>: 만약 S가 V해왔다면 | 시제 관련 없이 다 가능<br>: S는 V할 것이다 |
| If S+be V-ing(현재진행시제)<br>: 만약 S가 V하는 중이라면 | 시제 관련 없이 다 가능<br>: S는 V할 것이다 |

\* 이때 주절에 조동사를 쓰는 경우가 많음!

If she is smart, she will make the right decision. 만약 그녀가 똑똑하다면, 올바른 결정을 내리겠지.

If it is sunny tomorrow, let's go for a swim! 만약 내일 화창하다면, 수영하러 가자!

If she has read my letter, she will come. 만약 그녀가 내 편지를 읽었다면, 그녀는 올거야.

If you're feeling bad, I will make some soup for you.

만약 네가 몸이 안 좋으면, 내가 수프를 만들어 줄게.

## ② 과거

**[ 모르는 과거 상황 가정 ]**

| if 종속절 | 주절 |
| --- | --- |
| If S+V(과거시제)<br>: 만약 S가 V했다면 | 시제 관련 없이 다 가능<br>: S는 V할 텐데 |

\* 이때 주절에 조동사를 쓰는 경우가 많음!

If I said that, it must have been a joke. 만약 내가 그렇게 말했다면, 그건 그냥 농담이었을 거야.

### ③ 가능성이 희박한 일

**[ 모르는 가능성에 대한 가정 → ① 가능성이 적거나 일어나지 않았으면 하는 일 ]**

| if 종속절 | 주절 |
|---|---|
| If S + should + V<br>: 만에 하나 S가 V하게 된다면 | 시제 관련 없이 다 가능<br>: S는 V할 텐데 |

**[ 모르는 가능성에 대한 가정 → ② 일어날 확률이 거의 없는 일 ]**

| if 종속절 | 주절 |
|---|---|
| If S + were to V<br>: 그럴 리 없지만 S가 V한다면 | 시제 관련 없이 다 가능<br>: S는 V할 텐데 |

If my sister should leave, I will go with her. 만약 내 동생이 떠나게 된다면, 나는 동생과 함께 갈 거야.

If you were to forget what you promised, you shouldn't contact me ever again.
만약에 네가 약속한 것을 까먹게 된다면, 다시는 나에게 연락하지 마.

## 아는 사실에 반대되는 상황의 가정

이미 결과를 알고 있는 내용에 반대되는 상황을 추측해서 쓰는 표현이다.

### ① 현재 사실에 반대되는 가정 → 그에 따르는 현재 사실에 대한 결과를 가정

**[ (아는) 현재 사실에 반대되는 가정 → 그에 따르는 현재 사실에 대한 반대 결과 가정 ]**

| if 종속절 | 주절 |
|---|---|
| If S + V(과거시제)<br>: S가 V한다면(현재 사실 반대) | S + would / should / could / might + V<br>: S는 V할 텐데(현재 사실 반대 결과) |
| If S + were<br>: S가 were라면(현재 사실 반대) | S + would / should / could / might V<br>: S는 V할 텐데(현재 사실 반대 결과) |

\* if 종속절의 동사를 과거형으로 써서 과거에 반대되는 일이라고 생각하기 쉽지만 현재에 반대되는 일!

**If we were in Florida, we would visit you.** 우리가 플로리다에 있다면, 너를 방문할 수 있을 텐데.

**If you had a car, we could go to the beach right now.**

너한테 차가 있다면, 우리는 지금 바로 해변에 갈 수 있을 텐데.

## ② 과거 사실에 반대되는 가정 → 그에 따르는 과거 사실에 대한 반대 결과를 가정

### [ (아는) 과거 사실에 반대되는 가정 → 그에 따르는 과거 사실에 대한 반대 결과 가정 ]

| if 종속절 | 주절 |
| --- | --- |
| If S+had PP<br>: S가 V했다면(과거 사실 반대) | S+would / should / could / might+have PP<br>: S는 V했을 텐데(과거 사실 반대 결과) |

\* if 종속절의 동사 모양이 과거완료처럼 보여서 대과거처럼 해석하기 쉽지만, 가정법에서는 과거 사실에 반대되는 가정
   을 할 때 과거완료를 사용!

**If I had had a mother like yours, I could have grown into a better person.**

만약 내게 너희 엄마와 같은 엄마가 있었다면, 나는 좀 더 나은 사람으로 성장할 수 있었을 텐데.

## ③ 과거 사실에 반대되는 가정 → 그에 따르는 현재 사실에 대한 반대 결과를 가정

### [ (아는) 과거 사실에 반대되는 가정 → 그에 따르는 현재 사실에 대한 반대 결과 가정 ]

| if 종속절 | 주절 |
| --- | --- |
| If S+had PP<br>: S가 V했다면(과거 사실 반대) | S+would / should / could / might+V<br>: S는 V할 텐데(현재 사실 반대 결과) |

\* 과거에 일어난 일을 반대로 가정한 다음, 현재에 일어날 수 있을 법한 반대되는 결과를 상상해서 가정하는 것!

**If it had snowed last night, we would be able to build a snow man.**

만약 어젯밤에 눈이 왔다면, 우리는 지금 눈사람을 만들 수 있을 텐데!

# if를 생략한 가정법

## [ if 생략 가정 ]

| if 생략 전 | if 생략 후 | |
|---|---|---|
| If S+had PP | Had+S+PP | : S가 V했다면(과거 사실 반대) |
| If S+should+V | Should+S+V | : 만에 하나 S가 V한다면 |
| If S+were | Were+S | : S가 were라면(현재 사실 반대) |

**Should you ever meet him, tell him I am looking for him.**

만약 네가 그를 만나게 된다면, 그에게 내가 그를 찾고 있다고 말해줘.

**Were I to be late, would you wait for me?** 내가 혹시 늦게 된다면, 나를 좀 기다려줄래?

# if의 기타 가정법

## ① what if: 만약에 ~했으면 어쩔 뻔했어! / ~하면 어떡해!

**What if I say "no"?** 만약에 내가 "싫어"라고 하면 어쩔래?

**What if nobody comes?** 만약 아무도 안오면 어떡해?

## ② as if: 마치 ~인 듯이(=as though)

### [ as if: 마치 ~인 듯이(=as though) ]

| 주절 | as if 종속절 |
|---|---|
| S+V<br>: S가 V한다 | as if+S+V<br>: 마치 S가 V인 것처럼 |
| S+V<br>: S가 V한다 | as if+S+had PP<br>: 마치 S가 V였던 것처럼 |
| S+V<br>: S가 V한다 | as if+to+V<br>: 마치 V할 것처럼 |

He talks as if he is my boyfriend. 그는 마치 그가 내 남자친구인 양 말한다.

He talks as if he was my boyfriend. 그는 마치 그가 내 남자친구였던 것처럼 말한다.

He postures aggressively, as if to say he owns the place.

그는 매우 공격적인 자세를 취해, 마치 이곳이 자기 소유라고 말하는 것처럼.

The dog looked up at me as if to say "I'm angry."

그 개는 마치 "나 지금 화났어"라고 말하는 것처럼 나를 쳐다보았다.


### ③ if it were not for: (실제로는 있지만) ~가 없다면 ]

If it were not for the expensive price, I would buy it.

만약 이게 그렇게 비싸지 않다면, 내가 그걸 살 텐데.

If it were not for YouTube, we couldn't meet each other.

만약 유튜브가 아니라면, 우리는 만나지 못할 거야.


### ④ if it had not been for: (실제로는 있었지만) ~가 없었다면 ]

If it had not been for him, I would have given up everything.

만약 그가 아니었다면 나는 모든 걸 포기했을 거야.


# if가 없는 가정법

## ① wish 가정법

### [ wish 가정법 ]

| S+wish+S+V(과거시제) <br> : ~하다면 좋겠다(현재 사실 반대) | S+wish+S+had PP(과거완료시제) <br> : ~했다면 좋았겠다(과거 사실 반대) |
| --- | --- |

I wish you were my boyfriend. 네가 내 남자친구라면 좋겠어.

I wish I had met you earlier. 너를 조금 더 일찍 만났더라면 좋았을 텐데.

② S+조동사+V+전명구: would / could / might 등의 조동사를 적절한 전명구와 함께 사용

I could **see it better** on your shoulders. 네 어깨 위에서 더 잘 볼 수 있을 거야.

You wouldn't **see it** without a telescope. 망원경이 없이는 그걸 잘 볼 수 없을 거야.

③ otherwise: 그렇지 않으면 ~할 것이다

| [ otherwise 가정법 ] | |
|---|---|
| S+V+otherwise+S+would V<br>: S는 V하다, 그렇지 않으면 S는 V할 것이다 | S+V+otherwise+S+would+have PP<br>: S는 V하다, 그렇지 않았으면 S는 V했을 것이다 |

Let's close the window, otherwise **small bugs** would come **inside.**

창문을 닫자, 그러지 않으면 작은 벌레들이 안으로 들어올 거야.

We had to go back, otherwise **we** would have caught a cold.

우리는 돌아가야 했어, 그러지 않았으면 감기에 걸렸을 거야.

## 1. 가정법이 무엇인지 아래 빈칸을 채우세요.

① 의미: 가정은 한자로 '임시 가(假), 정할 정(定)'을 써 '상황을 임의로 정해서 말함'을 뜻한다.

② 해석: '~라면 _____', '만약에 ~였다면 _____'라고 해석한다.

③ 종류: 1) _____ 상황에 대한 가정

　　　　2) _____ 반대되는 상황의 가정

## 2. 다음 빈칸에 알맞은 것을 고르세요.

(1)　If it _____ sunny, we could go camping.

날씨가 좋으면 캠핑 갈 수 있을 텐데.

① is　　　② are　　　③ was　　　④ were　　　⑤ has been

(2)　If I _____ a degree in law, I could have been a lawyer.

법학 학위를 땄다면, 변호사가 될 수 있었을 텐데.

① get　　② got　　③ have got　　④ have been gotten　　⑤ had gotten

(3) If I _____ fail the exam, I will try again next year.

혹시라도 시험에 떨어지게 되면 내년에 한 번 더 볼 거야.

① will　　　② have to　　　③ shall　　　④ should　　　⑤ could

(4) I wish that she _____ here with us.

그녀가 우리와 함께 있을 수 있으면 좋을 텐데.

① is　　　② are　　　③ was　　　④ were　　　⑤ has been

(5) She talks as if she _____ everything.

그녀는 모든 것을 알고 있는 것처럼 말한다.

① know　　　② knows　　　③ knew　　　④ known　　　⑤ has known

(6) If I had been with him, I would _____ happy.

그와 함께였다면 나는 행복했을 텐데.

① be　　　② become　　　③ have been　　　④ have been being　　　⑤ had been

*정답은 p.439를 참고하세요.

# DAY 27

# 비교구문,
# 비교할 걸
# 비교해야지!

오늘 배울 내용

- 비교의 조건

- 비교의 세 가지 종류

- 원급비교(동등비교)

- 비교급비교

- 최상급비교

짬뽕    선생님, 저 오늘 진짜 화나는 일이 있었어요! 😣 제 남친 짜장, 아시죠? 아니, 걔가 글쎄, 자기는 더 이상 희망이 없는 것 같다고 지금까지 하던 공부를 포기하겠다는 거예요. 😮

바나나    음… 혹시 안 좋은 일이 있었던 게 아닐까요?

바나나    남친이 그동안 영화 공부를 오래 했는데, 졸업 작품이 원하는 만큼 잘 나오지 않았나 봐요. 그래서 좀 처져 있었거든요. 그런데 데이비드 핀처 감독의 영화를 재밌게 보고 나서는 꿈을 포기하기로 했다잖아요!

바나나    What? 재밌게 보더니 갑자기?

짬뽕    네! 😬 저렇게 훌륭한 영화가 있는데 자기는 쓰레기만 만들고 있는 것 같다나요? 그러더니 자기 영화랑 핀처 영화를 비교하면서 포기하기로 맘먹었다고, 하… 자기 영화는 엄청 지루한데 핀처 영화는 긴장감이 장난이 아니라나 뭐라나요.

바나나　OMG! 짜장이 꿈을 포기하는 게 안타까워서 속상했군요, 우리 짬뽕!

짬뽕　아니요? 비교할 걸 비교해야죠! 남친이 만들고 싶은 건 음악 영화인데 스릴러 영화의 대가와 자기를 비교하면서 꿈을 포기하는 게 말이 되나요? 얼마나 바보 같아요? 그래서 오늘 '등짝스매싱' 좀 해주고 정신 차리라고 말하고 왔어요. ☺

바나나　이야~! 우리 짬뽕은 비교의 의미를 정확하게 알고 있는데요? 오늘 수업은 어렵지 않게 술술 풀리겠어요! ☺

짬뽕　엥? 제가 얘기한 게 오늘 수업에 도움이 된다고요? 😮

## 🍌 비교의 조건

바나나　짬뽕이 말했듯이 비교를 하려면 조건이 맞아야 해요. 그래서 짜장이 실수한 건 '스릴러 영화'와 '음악 영화'를 동등한 관계로 보고 평가한 점이죠. 그럼 짬뽕, 두 가지씩 묶인 아래 사물들을 비교해볼까요?

● 김밥 ― 책　　　● 가방 ― 수학　　　● 맥주 ― 도롱뇽

짬뽕　비교하기에는 너무 뜬금없는데요?

바나나　그렇죠? 비교는 '2개의 사물에서 공통점과 차이점을 찾는 것'인데, 그러려면 둘의 속성이 비슷해야 해요. 짬뽕이 답답해한 것도 바로 이 때문인데요, 스

릴러 영화와 음악 영화를 비교하는 짜장의 판단이 잘못되었다고 느낀 거죠. 두 영화는 장르와 속성, 극을 풀어가는 방식이 전혀 다르니까요!

**짬뽕**　제 말이 바로 그 말이에요!

**바나나**　만약에 엄마가 "너는 옆집 지연이보다 공부도 못하잖아!"라고 하면 "엄마, 무슨 말을 그렇게 해? 비교하지 마!" 하고 맞받아칠 거예요. 그런데 "너는 아인슈타인보다 공부도 못하잖아!"라고 한다면? 어이가 없어서 헛웃음만 나겠죠? 아예 비교 가능한 대상이 아니니까요. ☹

**짬뽕**　오, 그러네요! 비교하기엔 너무 수준 차이가 나잖아요.

**바나나**　영어에서도 비교하는 표현을 종종 쓰는데, 이때 총 세 가지 방식으로 비교해요.

## 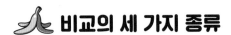 비교의 세 가지 종류

**바나나**　비교는 '원급/비교급/최상급' 세 가지 종류로 나눌 수 있어요.

---

▶ [ = ] **원급비교(동등비교): ~만큼**
A와 B가 어떤 부분에서 '동등한 정도'임을 표현하는 비교급
→ A는 B만큼 예쁘다 / A는 B만큼 착하다 / A는 B만큼 키가 크다 / A는 B만큼 현명하다

---

▶ [ > < ] **비교급비교: ~보다 더 / ~보다 덜**
A와 B, 둘 중 하나가 '더 우월하거나 더 열등함'을 표현하는 비교급
→ A가 B보다 예쁘다 / A가 B보다 착하다 / A가 B보다 키가 크다 / A가 B보다 현명하다

---

> ▶ [ ▲▼ ] 최상급비교: ~가 최고/~가 최저
> 무리 중에 한 사람이 '가장 ~함'을 표현하는 비교급
> → ~ 중에 A가 가장 ~하다

그럼 원급비교부터 차례대로 자세히 알아볼게요!

##  원급비교(동등비교)

> ▶ [ = ] 원급비교(동등비교): ~만큼
> A와 B가 어떤 부분에서 '동등한 정도'임을 표현하는 비교급

바나나  원급비교는 A와 B가 어떤 부분에서 '동등한 정도'임을 표현해요. 원형 (as~ as~ 구문) 외에도 부정형, 배수사형(두 배, 세 배 등을 표현), 관용구 등을 차례로 배워볼게요.

### 1. S + V + as 형용사/부사 as + S + V → as~ as~ 구문

I am rich. He is rich. 나는 부자다. 그는 부자다.

바나나  위의 두 문장을 한번 보세요. 주어인 I와 he 둘 다 부자죠? 이렇게 둘이 동등한 정도로 '~한 상태다'라고 말하고 싶을 때 원급비교 'as~ as~구문'을 씁니다.

① 형용사나 부사 앞에 as 붙이기 → I am as rich. He is rich.

② 뒤 문장 앞에도 **as** 붙이기 → I am as rich as he is rich.

③ 똑같은 부분, 뒤 문장에서 생략하기 → I am as rich as he is.

④ **be동사일 때는** 뒤 문장 동사 생략하기 → I am as rich as he. (* be동사는 생략 가능)

나는 그만큼이나 부유하다.

---

**[ as A as B: B만큼이나 A하다 ]** → B(비교대상) / A(형용사/부사)

$$A \qquad\qquad B$$

as ┬ 형용사     as ┬ 명사
    └ 부사              ├ 형용사
                               └ 절

→ 두 대상을 비교할 때 차이가 없을 만큼 정도가 동등함을 표현한다.

→ 동급비교의 as 뒤에는 명사/형용사/절 등이 올 수 있다.

---

**짬뽕**     그런데요, 쌤,

'I am rich. He is rich. → He and I are rich.'라고 바꾸는 게 더 쉽지 않나요?

'I am rich. He is rich. → I am as rich as he.'라고 하는 것과 뭐가 다른가요?

**바나나**     "He and I are rich."는 단순하게 '그와 나는 부자다'로 해석할 수 있어요. 하지만 "I am as rich as he."는 '나는 그만큼 부자다'로 해석하면서 '그와 나는 부유함의 정도가 비슷하다'라는 점을 강조해줍니다. 해석을 봐도 두 문장의 의미에 차이가 있죠? 그런데 "I am as rich as he."라는 문장처럼 뒤의 구조가 다 생략되고 주어만 남는 문장은 구어체로 쓰일 경우, 뒤에 오는 주어를 목적격으로 바꾸는 게 일반적이에요. 아래처럼요!

→ **I am as rich as** him.

짬뽕    왜 이렇게 바꿔주는 거예요?

바나나    발음하기 편하기 때문이죠. 😊 아래 발음 기호대로 직접 발음해볼래요?

**as he** [æz hi;]    vs    **as him**[æz hɪm]

짬뽕    와우! 진짜 목적격이 훨씬 수월하게 발음되네요! 😮

바나나    그렇죠? 구어체에서는 이렇게 편하게 고쳐 쓰지만, 사실 문법적으로는 틀린 문장이라는 걸 알아야 해요. 그래서 글을 쓸 때는 문법에 맞게 he를 써줘야 합니다.

짬뽕    엥? 왜 구어체에서는 되고, 문어체에서는 안 되는 거예요?

바나나    영어에서는 말할 때보다 글을 쓸 때 문법을 훨씬 중요하게 따지기 때문이에요. 그래서 글을 쓸 때는 줄임말이나 편하다는 이유로 그냥 쓰는 문법의 오류까지 피해서 써줘야 한답니다. 그럼 예문을 몇 개 더 살펴볼게요.

> She looks happy with me. She looks happy with him. 그녀는 나와 있을 때 행복해 보인다. 그녀는 그와 있을 때 행복해 보인다.

① **형용사나 부사 앞에 as 붙이기** → She looks as happy with me. She looks happy with him.

② **뒤 문장 앞에도 as 붙이기** → She looks as happy with me as she looks happy with him.

③ **똑같은 부분, 뒤 문장에서 생략하기** → She looks as happy with me as with him. 그녀는 그와 있을 때만큼이나 나와 있을 때 행복해 보인다.

> She is beautiful. She was beautiful. 그녀는 지금 예쁘다. 그녀는 과거에 예뻤다.

① **형용사나 부사 앞에 as 붙이기** → She is as beautiful. She was beautiful.

② **뒤 문장 앞에도 as 붙이기** → She is as beautiful as she was beautiful.

③ **똑같은 부분, 뒤 문장에서 생략하기** → She is as beautiful as she was.

④ **be동사지만 뒤 문장 동사가 과거형이라 생략 불가** → She is as beautiful as she was. (* 뒤 문장의 be동사를 지우면 과거의 의미가 사라지기 때문에 생략하지 않아요.)

그녀는 과거만큼이나 지금도 아름답다.

## 2. S + V + not as 형용사/부사 as + S + V → not as~ as~ 구문

바나나  원급비교에 부정어가 들어가면 더 이상 둘의 정도가 같지 않다는 것을 뜻해요.

〔 not as A as B: B만큼이나 A하지 않다 〕

I didn't like mathematics as much as English. 나는 영어만큼 수학을 좋아하지 않았어.

He is not as dumb as he looks. 그는 보이는 것처럼 그렇게 멍청하지 않아.

## 3. S + V + 배수사 as 형용사/부사 as + S + V → 배수사 as~ as~ 구문

바나나  배수사는 곱한다는 뜻으로 두 배, 세 배 등을 표현하는 것을 말해요. 이 밖에도 분수, %도 쓸 수 있습니다.

〔 배수사 as A as B: B보다 ~배 A하다 〕

Arty sleeps twice as long as I do. 아티는 나보다 두 배는 잔다.

I am three times as smart as he. 나는 그보다 세 배는 똑똑하다.

## 4. 원급비교 관용구

바나나  'as~ as~' 구문은 워낙 자주 쓰이면서 관용어처럼 굳어진 표현들도 있어요. 이때 표현이 살짝 달라지기도 하니 잘 보고 외워두면 좋답니다.

① as long as: ~만큼 오래 / ~하는 한

I've been here as long as you. 나는 너만큼이나 오랫동안 여기 있었어.

As long as you are happy, everything is fine. 네가 행복하다면 모든 것이 괜찮아.

② as well as: ~만큼 잘 / ~뿐만 아니라

He drives as well as his brother. 그는 그의 형만큼이나 운전을 잘한다.

I have two computers as well as a cellphone.

나는 휴대폰뿐만 아니라 두 대의 컴퓨터를 가지고 있어.

③ as much as: ~만큼 많이

**I eat as much as Arty.** 나는 아티만큼이나 많이 먹어.

④ as soon as: ~만큼 빠르게 / ~하자마자

**I washed the dishes as soon as I finished dinner.** 나는 저녁 식사를 끝내자마자 설거지를 했어.

##  비교급비교

> ▶ [ > < ] 비교급비교: ~보다 더 / ~보다 덜
> A와 B, 둘 중 하나가 '더 우월하거나 더 열등함'을 표현하는 비교급

바나나　비교급비교는 A와 B, 둘 중 누가 '더 우월하거나 더 열등함'을 표현해요. 보통 '형용사 -er' 혹은 'more + 형용사'를 써서 표현해요.

[ A -er than B: A는 B보다 ~하다 ]
[ A more ~ than B: A는 B보다 ~하다 ]

→ 두 대상을 1:1로 비교할 때 쓰인다.
→ 비교급비교의 than 뒤에는 명사구/부사/절 등이 올 수 있다
→ 비교급을 강조하는 부사로 even/much/still/a lot/far 등을 쓸 수 있다.

$$-\text{er than} \begin{cases} \text{명사구} \\ \text{부사} \\ \text{절} \end{cases}$$

짬뽕　선생님, 그런데 -er이나 more를 언제 쓰나요?

## 1. -er: 2음절 이하의 일반 형용사 -er → 비교 대상 앞에 than

> nice — nicer/small — smaller/big — bigger/short — shorter/long —
> longer/pretty — prettier /ugly — uglier

**My boss is** nicer than **yours.** 우리 보스가 너희 보스보다 더 착해.

**Students are** busier than **teachers in Korea.** 한국에서는 선생님들보다 학생들이 더 바빠.

**Seoul is** prettier **in the night** than **in the morning.** 서울은 아침보다 저녁에 더 예쁘다.

## 2. more → 비교 대상 앞에 than

① 3음절 이상의 일반 형용사

> beautiful — more beautiful/difficult — more difficult/different — more
> different/important — more important

**Studying abroad is** more difficult than **I expected.** 유학은 내가 생각했던 것보다 더 힘들었다.

**The truth is** more important than **the facts.** 진실은 사실보다 더 중요하다.

**Smartphones are far** more convenient than **telephone landlines.**

스마트폰은 유선전화보다 훨씬 더 편하다.

② 형용사형 어미 형용사(-ous / -ble / -ful / -some / -ly 등)

> serious — more serious/nervous — more nervous/useful — more useful/
> lonely — more lonely/handsome — more handsome

**Coronavirus is** more contagious than **MERS.** 코로나바이러스는 메르스보다 더 감염성이 높다.

**The damage of Coronavirus seems** more serious **in America** than **in Korea.**

코로나바이러스 피해는 한국보다 미국에서 더 심각해 보인다.

**I feel** more comfortable **with my dog** than **with friends.**

나는 친구들이랑 있는 거보다 내 개랑 있는 게 더 편해.

③ 분사(-ing / -ed가 붙은 형용사들)

> more interesting/more complicated/more exciting/more confused/more disappointing

**Issuing certificates in Korea is so much** more complicated than **it needs to be.** 한국에서 인증서를 발급하는 것은 필요한 것보다 훨씬 더 복잡하다.

**YouTube videos are far** more interesting than **entertainment shows on TV.** 유튜브 영상들은 텔레비전 방송보다 훨씬 더 흥미롭다.

## 3. 예외적인 비교급

① -er도 아니고 more도 아닌 새로운 형태의 비교급

　→ 비교 대상 앞에 than

> good — better/bad — worse/well — better/ill — worse/many — more/much — more/little — less

**Better safe than sorry!** 나중에 후회하는 것보다 조심하는 편이 낫다!

**The fear of death is** worse than **death itself.** 죽음에 대한 두려움은 죽음 자체보다 더 나쁘다.

② 끝이 -or로 끝나는 비교급 단어들

　→ 단어 자체가 비교급인 형용사들은 비교 대상 앞에 than이 아닌 to와 함께 사용

> senior 상급자의/연상의 ↔ junior 하급자의/연하의
> major 다수의/주요한 ↔ minor 소수의/약자의
> superior 우수한 ↔ inferior 열등한
> exterior 외부의 ↔ interior 내부의

**Don't act superior to other people.** 다른 사람들보다 더 우월한 듯 행동하지 마.

**He is four years my** senior. 그는 나보다 네 살 연상이다.

→ 네이버 사전에는 "He is four years senior to me."라고 쓴 예시가 많은데, 실제로는 매우 부자연스러운 표현이에요. '나보다 ~살 많다'라는 표현으로는 "He is four years older than me."가 가장 자연스럽습니다. 앞에서 본 senior / junior와 같이 -or을 쓰는 단어들은 대부분 형식적이고 딱딱한 표현이에요. 그래서 구어체에서는 older라는 단어를 쓰는 게 좋아요.

짬뽕     쌤, 그런데 2음절과 3음절이 이해가 잘 안돼요. pretty는 '프리티', 딱 3음절 아닌가요? 왜 이게 2음절 이하인 거예요? 😫

바나나     Oh no! 그건 한국식으로 읽을 때 세 글자인 거고요, 영어식으로 읽으면 [ˈprɪti] '프릿╱티', 이렇게 두 번에 발음하는 2음절 단어예요. 만약 이 방법이 어렵다면 영어 모음의 개수를 세어보세요. 모음 개수가 음절 개수와 비슷한 경우가 많거든요. 예를 들어 ugly는 한국어로는 '어글리'지만, 영어로는 [ʌgli] '억╱리' 2음절이죠. 이해됐나요? 😃

짬뽕     오! 완전 꿀팁! 감사합니다, 쌤! 😊


## 4. 비교급비교 관용구

바나나     이제 비교급 중에 습관처럼 굳어져서 자주 쓰이는 특별한 모양의 관용구를 살펴볼게요.

① the＋비교급, the＋비교급: 더 ~할수록 더 ~하다

**The more you get, the more you want.** 더 많이 가질수록, 더 많이 원한다.

**The earlier the better.** 이르면 이를수록 더 좋다.

② 비교급 and 비교급: 점점 더 ~하다

**As you get older, you will be** busier and busier, **and time goes by** faster and faster. 나이가 들수록 점점 더 바빠지고, 시간은 점점 더 빨리 지나간다.


③ none the better for: ~한다고 해도 전혀 좋아지지 않는다(=no better)

**I feel** none the better for **seeing a doctor.** 병원에 가고도 전혀 나아지지 않았다.

 = **I don't feel any better for seeing a doctor.**


④ none the worse for: ~한다고 해도 더 나빠지지 않는다(=no worse=none the less for)

**I woke up feeling better the next morning,** none the worse for **the terrible accident last night.** 지난밤 끔찍한 사고에도 더 나빠지지 않고 더 좋은 컨디션으로 일어났다.


⑤ A rather than B: B라기보다는 A

**She is more like a guru** rather than **a teacher.** 그녀는 선생님이라기보다는 스승이야.


바나나 또 하나! 비교급을 강조하고 싶을 땐 '훨씬'의 뜻을 가진 '강조부사'를 쓸 수 있어요.


〔 비교급 강조부사: 훨씬 → far/by far/much/even/still/a lot 〕

**A diamond ring is** much more expensive **than a gold one.**

다이아몬드 반지는 금반지보다 훨씬 더 비싸다.

**Busan is hot and humid in summer but it's getting** even hotter **this summer.**

부산은 여름에 덥고 습한데, 이번 여름엔 심지어 더 더워지고 있다.

## 🍌 최상급비교

▶ [ ▲▼ ] 최상급비교: ~가 최고/~가 최저

무리 중에 한 사람이 '가장 ~함'을 표현하는 비교급

바나나   최상급은 '가장 ~한'이라는 뜻으로 비교 대상이 많은 경우가 많아요. 비교급비교가 일대일로 비교하여 '둘 중에 더 ~하다'라는 표현이었다면, 최상급은 '셋 이상의 다수 중에 ○○가 가장 ~하다'라는 뜻을 나타냅니다.

[ the -est: 가장 ~한 ]
[ the most: 가장 ~한 ]

→ 셋 이상의 대상을 비교해 그중에 최고나 최저에 대해 이야기할 때 쓰인다.
→ 최상급은 in/among 등의 전치사와 많이 쓰인다.
→ 최상급을 강조하는 부사로는 very/far/by far/much 등을 쓸 수 있다.

the -est ┌ in 장소
         └ among 장소/무리

### 1. the -est: 가장 ~한

바나나   비교급에서 -er을 썼듯이 최상급에서는 -est를 써줘요. 그런데 앞에 the가 왜 들어갈까요? 짬뽕, 혹시 the는 어떨 때 쓴다고 했는지 기억하나요?

짬뽕   음, 말하는 사람이 누구인지 알고 있을 때요! 그리고 단 하나밖에 없는 것에 the를 쓴다고 했어요! 😊

바나나   That's right! 최상급은 '최고의 것'에만 쓰고 최고는 단 하나밖에 없죠?

그래서 최상급 비교에는 항상 the가 함께 오는 거예요. 이때 대부분의 2음절 이하의 일반 형용사는 the -est 형태로 써줍니다.

**For me, the cello is the sexiest instrument.** 나에겐 첼로가 가장 섹시한 악기야.
**Buying books would be the smartest choice you can make.** 책을 사는 것이 네가 할 수 있는 가장 똑똑한 선택이야.

최상급을 나타낼 때 'in+장소' 혹은 'among+무리'를 많이 쓰는데, 어디에서 최고인지, 누구 중에 '대빵'인지를 알려주기 위해서죠. ☺

## 2. the most: 가장 ~한

바나나 비교급과 마찬가지로 3음절 이상의 형용사/분사/형용사형 어미에는 the most를 써줍니다.

**The most important thing is to keep yourself occupied to avert depression during quarantine.** 자가격리 기간 동안 우울증을 피하기 위해서는 스스로를 바쁘게 하는 것이 가장 중요해.(자신에게 몰두하는 것)
**She is the most interesting girl I've ever met.** 그녀는 내가 만난 여자 중에 가장 매력적인 여자야.
**Silence is the most perfect expression of scorn.** 침묵은 경멸을 나타내는 가장 완벽한 표현이야.

## 3. 예외적인 최상급

① the -est도 아니고 the most도 아닌 새로운 형태로 쓰이는 최상급

> well — best/bad — worst/good — best/ill — worst/much — most/many — most

## ② the를 쓰지 않는 최상급

### • 부사의 최상급

**He is** best **known for his movies.** 그는 그의 영화로 가장 잘 알려져 있다.

**All his family were in a car accident, but he was the one who suffered** most.

그의 가족 모두가 교통사고를 당했지만 그가 가장 많이 고통받은 사람이었다.

### • 다른 상대와의 비교가 아닌 경우(스스로가 비교 대상인 경우)

〔 스스로와 비교 〕 **You seem to be** happiest **when you eat.**

너는 무언가를 먹을 때 제일 행복해 보여.

〔 다른 사람과 비교 〕 **You look** the happiest **in this picture.**

이 사진에서 네가 제일 행복해 보여.

〔 스스로와 비교 〕 **The mountain is** highest **at this point.**

이 산은 이 지점이 가장 높다.

〔 다른 사람과 비교 〕 **The mountain is** the highest **in South Korea.**

이 산이 한국에서 가장 높은 산이다.

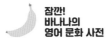

# 왜 one of the best라고 말할까?

**바나나**  우리가 대화할 때 '가장 친한 친구', '제일 잘하는 사람' 등의 말을 많이 쓰죠? 마찬가지로 영어에서도 '최고'를 표현하는 최상급 표현을 자주 써요. 그런데 이때 한국어와 조금 차이가 있는데요, 한국어와 영어로 친한 친구에 대해 대화하는 장면을 살펴볼게요.

〔한글〕  아티는 나와 가장 친한 친구야.
〔영어〕  **Arty is one of my best friends.** 아티는 나와 가장 친한 친구들 중 한 명이야.

**짬뽕**  어? 친한 친구면 그냥 친하다고 하면 되지, 왜 누구 중에 한 명이라고 표현해요?

**바나나**  우선 이러한 표현은 영어식 겸손이라고 볼 수 있어요. 예를 들어 세상에는 대단하거나 최고인 사람이 많지만, 그걸 판단해서 말하는 것은 지극히 주관적인 표현이에요. 그래서 오로지 나의 관점에서 "그 사람이 최고야."라고 하는 것보다 "대단한 사람들 중에 한 사람이야!"라고 표현하며 다른 의견을 가진 사람들까지 배려하는 거죠. 또한 영어는 논리를 중요하게 여기는 언어이다 보니 섣부르게 단정해서 언급하지 않으려고 조심한답니다!

**짬뽕**  오! 이렇게 사소한 것으로 배우는 문화 차이, 너무 재미있어요! 😊

---

• **소유격과 함께 쓰는 최상급**

**You are my best mate.** 네가 나랑 가장 친한 친구야.

**My eldest sister is four years older than I.** 나의 맏언니는 나보다 네 살이 많다.


• **a most: 아주 ~한** (＊ the most(가장 ~한)의 뜻이 아님)

→ a most는 최상급의 의미가 아니라 '아주 ~한'이란 의미다.

**I had a most enjoyable evening.** 나는 아주 즐거운 저녁을 보냈다.

**I had a most delightful time.** 나는 아주 즐거운 시간을 보냈다.

바나나  여기서 또 하나! 최상급을 강조하고 싶을 때는 '가장 최고의'라는 의미의 '강조부사'를 쓸 수 있어요.

〔 **최상급 강조부사: very/far and away/by far** 〕

**He is** the very best **cook who appeared on the cooking show.**
그는 요리 방송에 나온 가장 최고의 요리사이다

**By far the best proof is experience.** 단언컨대 최고의 증명은 경험하는 것이다.

짬뽕  쌤, 전 이제까지 비교한다고 하면 -er / more / -est / most 밖에 몰랐는데, 생각보다 다양한 표현들이 있어서 놀랐어요! 😊

바나나  비교에 관한 내용이 좀 많아서 부담스러울 수도 있지만, 기본적인 내용을 잘 익히는 게 중요한 거 알죠? 자세한 건 공부하면서 차근차근 쌓아가면 되니까요. 그럼 오늘도 복습 잘하고 **내일 또 상쾌하게 바나나요!** 🍌

## 오늘 배운 내용

▶ 비교의 조건     ▶ 비교의 세 가지 종류     ▶ 원급비교(동등비교)

▶ 비교급비교     ▶ 최상급비교

## 비교의 조건

속성이 비슷한 2개의 대상에서 공통점과 차이점을 찾아 동등함, 상위와 하위, 최고와 최저를 나타내는 것

## 비교의 세 가지 종류

▶ [ = ] 원급비교(동등비교): ~만큼
A와 B가 어떤 부분에서 '동등한 정도'임을 표현하는 비교급

▶ [ > < ] 비교급비교: ~보다 더/~보다 덜
A와 B, 둘 중 하나가 '더 우월하거나 더 열등함'을 표현하는 비교급

▶ [ ▲▼ ] 최상급비교: ~가 최고/~가 최저
무리 중에 한 사람이 '가장 ~함'을 표현하는 비교급

# 원급비교(동등비교)

---

**[ as A as B: B만큼이나 A하다 ]** → B(비교대상)/A(형용사/부사)

<pre>
            A                   B
as ┌ 형용사         as ┌ 명사
   └ 부사              ├ 형용사
                      └ 절
</pre>

→ 두 대상을 비교할 때 차이가 없이 정도가 동등함을 표현한다.

→ 동급비교의 as 뒤에는 명사/형용사/절 등이 올 수 있다.

---

# 비교급비교

---

**[ A -er than B: A는 B보다 ~하다 ]**

**[ A more ~ than B: A는 B보다 ~하다 ]**

→ 두 대상을 1:1로 비교할 때 쓰인다.

→ 비교급비교의 than 뒤에는 명사구/부사/절 등이 올 수 있다

→ 비교급을 강조하는 부사로 even/much/still/a lot/far 등을 쓸 수 있다.

<pre>
                ┌ 명사구
-er than ┤ 부사
                └ 절
</pre>

---

**[ the -est: 가장 ~한 ]**

**[ the most: 가장 ~한 ]**

→ 셋 이상의 대상을 비교해 그중에 최고나 최저에 대해 이야기할 때 쓰인다.

→ 최상급은 in / among 등의 전치사와 많이 쓰인다.

→ 최상급을 강조하는 부사로는 very / far / by far / much 등을 쓸 수 있다.

the -est ┌ in 장소

└ among 장소 / 무리

**1.** 비교구문이 무엇인지 아래 빈칸을 채우세요.

〔비교구문〕
속성이 비슷한 2개의 대상에서 _____과 _____을 찾아, 동등함,
상위와 하위, 최고와 최저를 나타내는 것

**2.** 다음 빈칸에 들어갈 수 없는 것을 고르세요.

I am much _____ than my sister.

① waiter          ② smarter          ① sweeter          ② taller          ③ prettier

**3.** 다음 빈칸에 알맞은 것을 고르세요.

(1)  The show was _____ one in the theater's history.
그 쇼는 극장 역사상 가장 성공적인 것이었다.

① successful          ② successfuller          ③ more successful
④ the successfullest          ⑤ the most successful

(2)  She is as busy _____ a bee in the morning.

그녀는 아침에 벌만큼이나 바쁘다.

① as        ② so        ③ also        ④ than        ⑤ more

(3)  Thank you for your time! We will get back to you _____.

시간 내주셔서 감사합니다. 가능한 한 빨리 연락드리겠습니다.

① ABCD        ② ASAS        ③ ASAP        ④ ASSA        ⑤ APPA

(4)  I will take _____ train to Seoul.

나는 서울로 가는 가장 빠른 기차를 탈 예정이다.

① early        ② earlier        ③ as early        ④ earliest        ⑤ the earliest

(5)  I don't think I can drive. I drank _____ more than you.

나 운전 못 할 것 같아. 너보다 내가 술을 훨씬 많이 마셨어.

① many        ② much        ③ better        ④ more        ⑤ a lot

*정답은 p.440을 참고하세요.

## 오늘의 명언 about '역지사지'!

- People who live in glass houses shouldn't throw stones.

   함부로 남을 비난해서는 안 된다.(역지사지)

   * throw(던지다)

 바나나쌤의
한마디!

다른 사람이 나와 같은 단점을 가지고 있을 때, 우리 눈에는 그 단점이 특히 더 잘 보인다고 하죠? 그 단점 때문에 어떻게 행동하는지 알고 있기 때문이죠.

위의 문장을 직역하면 '유리로 된 집에 사는 사람은 남에게 돌을 던져서는 안 된다'예요. 나의 약점을 알아채지 못하고 남을 공격하는 사람을 'people who live in glass houses', 즉 유리로 된 집에 사는 사람이라고 표현한 게 너무 재밌죠? 다른 사람을 쉽게 판단하기 전에 스스로를 먼저 돌아보는 자세를 가져야 한다는 의미의 격언입니다. 역으로 공격당했다고 생각해보세요. 유리 집과 그 집에 사는 내가 산산조각이 날 테니까요! 남을 비난하기 전에는 먼저 '역지사지(易地思之: 상대방의 처지에서 생각함)'를 떠올리고, 나아가 아래처럼 따뜻한 격언도 기억해두세요!

- Try to be a rainbow in someone's cloud.

   누군가의 힘든 시기에 한 줄기 빛이 되도록 하라. — Maya Angelou

# DAY 28

## 특수구문,
## 누구보다 복잡하게,
## 남들과는 다르게!

오늘 배울 내용

- 부정
- 도치
- 강조
- 생략
- 삽입

바나나 　오늘은 순서와 규칙을 중요하게 여기는 영어 문법을 파괴하는 이단아들! 문법계의 아웃사이더 같은 친구들인 특수구문을 배울 거예요.

짬뽕 　이제 막 문법 규칙을 다 배웠는데 규칙을 깬다고요? 도대체 왜요? ☹

바나나 　룰이란 깨지라고 있는 법! 다 그들만의 사정이 있다고 하니 어디 이유를 한번 들어볼까요?

> ▶ **특수구문 총정리**
> 〔 부정 〕 not 없이 더 복잡하게 '아니'라고 말할래!
> 〔 도치 〕 순서대로 잘 써진 애들 자리라도 굳이 바꿔 쓸래!
> 〔 강조 〕 '매우'를 붙여 강조하는 말을 구조적으로 어렵게 바꿀 거야!
> 〔 생략 〕 반복은 나의 적, 있는 대로 다 줄인다!
> 〔 삽입 〕 말하다 끼어들래!

짬뽕  헐… 😮 특수구문 전부 중2병 걸린 애들처럼 보이는데요? 😬

바나나  그래도 대화하다가 얘들을 한 번씩 써주면 뭔가 멋져 보인다고요! 그게 바로 중2병의 핵심이기도 하니까?! 멋으로 산다!! 😊

🍌 부정

> not 없이 더 복잡하게 '아니'라고 말할래!

바나나  보통 '~가 아니다'라는 말은 부정부사 not을 써서 표현하는데요, 부정을 나타내는 표현들은 그보다 훨씬 다양하답니다.


## 1. not: 아니다

가장 많이 쓰이는 부정부사로 일반동사를 부정할 때는 '조동사+not', be동사를 부정할 때는 'be+not'의 형태로 씁니다. 하지만 not을 다양하게 바꿔서 쓸 수도 있어요.

① 일반동사 부정

I don't **have a boyfriend.** 나는 남자친구가 없어.

You don't **understand what's going on.** 넌 상황이 어떻게 돌아가는지 이해 못 해.


② be동사 부정

I am not **your mother.** 나는 네 엄마가 아니잖아.

It's none **of your business.** 네 알 바 아니야.


③ not A but B: A가 아니라 B다

It's not **fun, but a job.** 이건 재밌는 게 아니라, 그냥 일일 뿐이야.

I didn't **study in America, but in Canada.** 나는 미국이 아니라 캐나다에서 공부했어.

④ not only A but also B: A뿐만 아니라 B도

not A but B 구조와 비슷해 보이지만, 부사 only와 also가 붙으면서 뜻이 완전히 달라져 부정의 의미보다는 강조된 긍정문처럼 해석됩니다.

**Being with her** not only **makes me feel comfortable** but also **good about myself.** 그녀와 함께 있으면 편안할 뿐만 아니라 나 스스로 더 괜찮은 사람처럼 느껴져요.

**The car is** not only **economical** but **very comfortable to drive.**
이 차는 경제적일 뿐만 아니라 운전하기 편안해요.


## 2. never: 절대 아니다

① 현재시제+never: 보통 절대 ~를 하지 않는다

**He is** never **late.** 그는 결코 늦게 오는 법이 없어.

**He** never **comes on time.** 그는 제시간에 오는 법이 없어.


② 완료시제+never: 과거부터 현재까지 ~한 경험이 전혀 없다

**She has** never **been to Korea.** 그녀는 한국에 가본 적이 없어.

**She has** never **had Kimchi in her life.** 그녀는 살면서 김치를 먹어본 적이 없어.


## 3. neither: 둘 다 아니다

① 대명사로 쓰는 neither: 둘 다 아니다

neither는 'A도 아니고 B도 아니다'라는 말을 한 번에 줄여서 '둘 다 아니다'라는 의미로 쓰이며, 대명사이기 때문에 문장에서 S/O/C 자리에 쓸 수 있습니다.

**Neither of you are correct.** 너희 둘 다 틀렸어.

Arty      Baby, would you like to have tea or coffee? 자기야, 차나 커피 마실래?

Banana    Oh! neither, thanks. I am too full to drink something.

            오, 둘 다 안 마실래. 뭔가 마시기엔 너무 배가 불러.

② 한정사로 쓰는 neither: 둘 다 아니다

neither가 한정사(형용사)로 쓰이면 명사 앞에 오는데, '둘 다' 그리고 '아니다'라는 뜻을 동시에 가져서 항상 '단수'와 함께 쓴다는 걸 기억해주세요.

Neither answer is correct. 어느 대답도 옳지 않아.

Neither shirt fitted him perfectly. 어느 셔츠도 그에게 딱 맞지 않아.

③ neither A nor B: A도 B도 아니다

neither가 부사로 쓰이는 경우로 nor와 함께 쓰여 'A도 B도 아니다'라는 의미를 나타내요.

He is neither tall nor small. 그는 크지도 작지도 않아.

I am neither rich nor poor. 난 부유하지도 가난하지도 않아.

④ 문장 끝에 붙이는 neither: ~도 아니다

Me neither! 나도 아니야!

You neither!(=Neither did you!) 너도 안 했잖아!

## 4. rarely = hardly = seldom: 거의~ 않다

바나나   이 세 가지 부정부사는 서로 미묘한 차이가 있지만, '거의 ~ 않다'라는 의미로 비슷하게 쓰이며 혼용 가능해요.

I rarely talk with her lately. 나 요즘 걔랑 거의 대화 안 해.

She spent hardly any time with her family. 그녀는 자신의 가족과 거의 시간을 보내지 않아.

They seldom see each other these days. 걔들은 요즘 서로 거의 만나지 않아.

## 5. few + 명사(가산): 명사가 거의 없다

① few + 복수명사: ~가 거의 없다

Few people know the meaning of the song. 그 노래의 의미를 아는 사람은 거의 없다.

He has few personal flaws. 그는 개인적인 결함이 거의 없다.

There are very few cockroaches in my house. 우리 집에는 바퀴벌레가 거의 없어.

② a few + 복수명사: 몇몇의~

a few는 '조금 있다'라는 뜻으로 부정의 의미가 아니에요. few 앞에 관사 a가 있는지 없는지에 따라서 의미가 많이 달라지니 꼭 기억해두세요!

I met a few people who know the meaning of the song.

나는 그 노래의 의미를 아는 몇몇 사람을 만났다.

There are a few restaurants where you can eat decent Korean food in Florida.

플로리다에는 괜찮은 한국 음식을 먹을 수 있는 레스토랑이 몇 개 있다.

I have a few books to read and keep me busy.

나는 읽느라고 나를 바쁘게 할 만한 책을 몇 권 가지고 있다.

## 6. little + 명사(불가산): 명사가 거의 없다

① little + 불가산명사: ~가 거의 없다

**I had little money.** 나는 돈이 거의 없었다.

**We have little time, so hurry up!** 시간이 거의 없어, 그러니 서둘러!


② a little + 불가산명사: ~가 조금 있다

a few와 마찬가지로 a little은 '조금 있다'라는 뜻으로 부정의 의미가 아니에요. little 앞의 관사 a를 잘 살펴보고 해석하세요.


**I had a little money.** 나는 돈이 조금 있었다.

**We still have a little time, so don't rush.** 우리에겐 아직 시간이 좀 있어, 그러니 서두르지 마.

🍌 **도치** 『순서대로 잘 써진 애들, 자리라도 굳이 바꿔 쓸래!』


바나나 도치는 한자로 '거꾸로 도(倒), 둘 치(置)'로 '거꾸로 둔다', 즉 문장 구성 요소의 자리를 바꾼다는 뜻이에요.


짬뽕 엥? 순서가 진짜진짜 중요한 영어 문법에서 자리를 바꾼다고요? 일부러 요소의 순서를 바꾸면서까지 문장을 어색하게 만드는 이유가 있나요?


바나나 That's a great question! 전달하고자 하는 의미를 강조하고, 집중시키기 위해서예요. 그럼 도치를 쓰는 다양한 방법을 살펴볼까요?

## 1. 의문문 도치

바나나  의문문이란 질문하기 위해 사용하는 문장을 말해요. 평서문의 주어와 동사의 자리를 도치해서 만들 수 있죠.

| 일반동사 의문문 도치 |
| --- |
| 평서문: S + V(일반동사)<br>의문문: 조동사 + S + V |

| be동사 의문문 도치 |
| --- |
| 평서문: S + be동사<br>의문문: be동사 + S |

일반동사일 때는 조동사가 주어 앞으로 나가 주어 ↔ 동사 도치를 만들고, be동사일 때는 be동사가 직접 주어 앞으로 나가 주어 ↔ 동사 도치를 만듭니다.

**You like English.** 넌 영어를 좋아한다.

→ **Do you like English?** 너 영어 좋아해?

**I am your best friend.** 나는 너의 가장 친한 친구야.

→ **Am I your best friend?** 내가 너의 가장 친한 친구야?

짬뽕  아하! 이렇게 의문문을 만드는 것도 정확히 분류하면 도치에 들어가는 군요! Interesting! 😃

## 2. 강조의 도치

바나나  어떻게 보면 도치란 멀쩡한 문장을 '이상한' 구조로 바꿔 쓰는 건데요, 그러면 문장을 왜 이렇게 이상하게 쓰는 걸까요? 그것도 일부러 말이죠!

**● 나 너 좋아해!      ● 너를! 내가 좋아해!**

짬뽕, 위의 두 문장 중에 뭐가 더 드라마틱해 보이나요?

짬뽕    당연히 두 번째 문장이죠. 뭔가 더 중2병 같아 보이잖아요. 😬

바나나    Hahaha! that's right! 이게 바로 도치의 효과예요! 문장 순서를 바꾸니까 더 드라마틱해지면서 내용에 좀 더 집중할 수 있게 하죠.

① 부정어 도치
문장의 부정어(부정부사/부정부사구/부정부사절)를 문장의 맨 앞에 쓰면 S와 V의 자리를 바꿔주는 도치를 말해요.

Little **did I dream** of being an actor. 내가 배우가 될 거라고는 꿈도 꾸지 못했다.
Under **no circumstances** should you believe him. 어떤 상황에서도 그를 믿어선 안 돼.
Not only **did Arty win** the money, but he also became popular.
아티는 상금을 탔을 뿐만 아니라, 매우 유명해졌다.
Never **will I leave** you, nor forsake you. 나는 결코 너를 떠나지도, 저버리지도 않을 거야.

짬뽕    쌤, 그런데 왜 하필 부정어가 맨 앞으로 나가서 도치되는 거예요?

바나나    '부정어'는 말하는 사람의 의견을 드러내는 데 굉장히 중요한 역할을 해요. 그래서 부정어를 먼저 말하면 말하고자 하는 내용(화자의 입장)을 더 빨리 전달하고, 핵심 내용을 강조할 수 있죠.

② 제한어 도치
'오직'이란 뜻의 only는 의미를 제한하는 역할을 해요. only가 문두에 오고 뒤에 부사/부사구/부사절 등이 따라오면 문장에서 주어↔동사의 도치가 일어납니다.

> ### ▶ 제한어 도치
> 〔 only + 부사 + V + S 〕
> 〔 only + 부사구 + V + S 〕
> 〔 only + 부사절 + V + S 〕

〔 only + 부사 〕

Only then **did they notice** he was listening. 그제서야 그들은 그가 다 듣고 있는 걸 알았어.

〔 only + 부사구 〕

Only by guessing **can you solve** this problem. 오직 추측만으로 너는 그 문제를 풀 수 있어.

〔 only + 부사절 〕

Only after finishing your homework **can you go** home.

숙제를 끝내야만 너는 집에 갈 수 있어.

③ 가정법 도치

이미 가정법에서 배운 가정법 도치로, if를 지우면 주어↔동사의 자리가 도치됩니다.

| **[ if 생략 가정 ]** | | |
|---|---|---|
| **if 생략 전** | **if 생략 후** | |
| If S + had PP | Had + S + PP | : S가 V했다면(과거 사실 반대) |
| If S + should + V | Should + S + V | : 만에 하나 S가 V한다면 |
| If S + were | Were + S | : S가 were라면(현재 사실 반대) |

\* if를 생략한 뒤 S와 V를 도치해서 if가 없어도 가정법이라는 것을 눈치챌 수 있도록 합니다.

Had he seen her, he would have fallen in love with her.

그가 그녀를 봤다면, 그는 사랑에 빠졌을 것이다.

Should you need any additional information, please call me at your

convenience. 추가 정보가 필요하다면 편할 때 전화하세요.

Were I to be late, would you wait for me? 제가 늦더라도 기다려주실 건가요?


④ 양보의 도치

〔 양보접속사(though) 대신 as를 넣고 부사를 문두에 세운 도치절 〕

접속사 though가 쓰여 '~했음에도 불구하고 ~했다'라는 뜻을 가진 평서문을 as
~as 구문으로 바꾸면, 원래 앞에 쓰였던 형용사/부사가 as ~ as 사이에 오면서
앞으로 자리를 옮기는 도치구문을 말해요.


Even though he had paid much, he still didn't get what he wanted.

→ As much as he had paid, he still didn't get what he wanted.

그는 돈을 많이 냈지만, 여전히 원하는 것을 얻지 못했다.


Even though people rated him highly, he didn't get the job.

→ As highly as people rated him, he didn't get the job.

사람들이 그를 높이 평가했지만, 그는 그 일을 따내지 못했다.


〔 양보접속사(wh-ever) 대신 동사원형을 문두에 세운 도치절 〕

'양보'란 원인과 결과가 서로 맞지 않는 것을 의미한다고 했죠? 복합관계사 wh-
ever가 양보접속사로 쓰일 때 도치절로 바꿀 수 있는데요, 아래 예시를 보며 설
명할게요.


> Whatever you say, I will not change my mind. 네가 뭐라고 해도 나는 마음 안 바꿔.

① **동사를 앞으로 도치시키기**

  → Say whatever you, I will not change my mind.

② **복합관계사를 일반 접속사로 바꾸기**

  → Say what you, I will not change my mind.

③ **주어 뒤에 may/might 등의 조동사 넣기**

  → Say what you might, I will not change my mind.


**바나나**   그럼 이번에는 짬뽕이 한번 해볼래요?


**짬뽕**    좋아요!


> Whenever you propose to me, I am ready to say "yes."
> 네가 언제 청혼하더라도 나는 "좋아"라고 말할 준비가 되어 있어.


① **동사를 앞으로 도치시키기**

  → Propose to me whenever you, I am ready to say "yes."

② **복합관계사를 일반 접속사로 바꾸기**

  → Propose to me when you, I am ready to say "yes."

③ **주어 뒤에 may/might 등의 조동사 넣기**

  → Propose to me when you may, I am ready to say "yes".


**바나나**   Well done!


⑤ 동조의 도치: so /neither /nor +V +S

〔 앞말의 반복을 피하고자 할 때 〕

He didn't remember and neither did I. 그도 나도 기억하지 못했다.

She didn't call, nor did I. 그녀는 내게 전화하지 않았고 나도 안 했다.

He has been to Seoul and so have I. 그는 서울에 가본 적이 있고 나도 가본 적이 있다.

〔 상대방의 의견에 동조할 때 〕

A  I am tired. 나 너무 피곤해.

B  So am I. 나도.


A  I don't like rock music. 나는 록 음악 안 좋아해.

B  Neither do I. 나도 안 좋아해.


짬뽕    쌤, 동조할 때 so는 So he is나 So is he, 이렇게 도치된 것과 안 된 것, 둘 다 쓰지 않나요? 둘 다 많이 들어본 것 같아서요. 😮

바나나    아, 하지만 둘은 뜻이 전혀 달라요. 동조의 so+V+S는 상대방이 말한 주어와 다른 주어를 이야기할 때 쓰지만, 도치 없이 쓰는 so+S+V 문장은 상대방이 말한 주어와 같은 주어를 언급할 때 쓰거든요. 아래 대화를 한번 볼까요?

A  He(Jack) is so cute.
   잭은 진짜 잘생겼어.
B  So he is.
   맞아. (잭은) 진짜 잘생김.

A  He(Jack) is so cute.
   잭은 진짜 잘생겼어.
B  So is he.
   존도 잘생김….

짬뽕    와! 단번에 이해됐어요. 역시 잘생긴 게 최고! 😊 😊

## 3. 형식별 도치

바나나   영어 구조의 기초인 5형식은 아무리 문장이 복잡하고 길어져도 문장 형식을 꼭 지켜줘야 한다고 배웠어요. 하지만 영어 수준이 높아질수록 좀 더 똑똑하거나 지적으로 보이도록 문장을 다양하게 변형하고 싶은 욕망이 생기죠. 그래서 구어체에서는 잘 쓰지 않지만, 문어체에서는 다섯 가지 형식을 도치하는 형식별 도치를 종종 볼 수 있어요.

① 1형식 도치

$$S + V \rightarrow V + S$$

〔 There V + S형 도치 〕

바나나   주로 There is / There are 구문으로 배우는 구조 또한 도치 구문이에요. be동사가 자주 쓰이지만 일반동사도 올 수 있어요.

$$There + V + S$$
$$Here + V + S$$

There comes a time **when you should back off.** 당신이 한 걸음 물러서야 할 때가 오기 마련이다.
Here is the thing. 할 말이 있어.

바나나   잠깐! 여기서 기억해야 할 주의사항이 있어요! 주어가 대명사일 때는 도치하지 않고 There +S +V 순서를 지켜줍니다.

**[ 주어가 대명사인 경우에는 도치 X ]**

$$There + 대명사 + V$$
$$Here + 대명사 + V$$

There you go! 잘했어!

Here you are. 자, 여기 있어.


〔 장소의 부사 + V + S 〕

In this accursed house live many ghosts. 그 저주받은 집에 귀신들이 산다.

Under the blanket is sleeping my daughter safe and sound.

그 이불 속에서 내 딸이 곤히 잠자고 있다.


② 2형식 도치

〔 단순도치 〕

| [ 주어가 긴 경우 ] |
|---|
| S + V + C → C + V + S |


Wonderful is the way I feel. 내가 느끼는 감정은 황홀함이다.
   C      V      S


Happy is the bride on whom the sun shines. 얼굴 위로 햇살이 비치는 신부는 행복하다.
   C   V            S

(결혼하는 날, 날씨가 좋으면 행복하게 잘 산다는 의미의 속담)


〔 as를 넣는 양보절 도치 〕

| [ 보어가 문두에 나간 양보절 ] |
|---|
| S + V + C → C + as + S + V |

Rich as she is, she never takes a taxi. 그녀는 부유하지만, 결코 택시를 타는 법이 없다.

Sweet as she is, she doesn't like kids. 그녀는 정말 상냥하지만, 아이들을 좋아하지 않는다.

(* 문두에 나가는 보어는 명사와 형용사만 가능)


③ 3형식 도치

$$S + V + O \rightarrow O + S + V$$

I did what I had to do without hesitation. 나는 해야 할 일을 주저 없이 했다.

→ 이런 경우에는 같은 동사를 써서 라임을 살리면 좋아요.(주로 do/did가 옴)

→ What I had to do, I did without hesitation.


〔 주로 대화를 서술할 때 〕

$$S + V + O \rightarrow O + V + S$$

"It's too heavy for me," said John. "이건 너무 무거워"라고 존이 말했다.

"I don't like it," said Jane. "나는 그거 마음에 안 들어"라고 제인이 말했다.


④ 4형식 도치

바나나  4형식 도치는 굳이 쓰지 않아요.


⑤ 5형식 도치

바나나  5형식 도치는 O와 OC 자리를 바꾸는 것을 말해요. 보통 목적어가 상대적으로 길면 도치가 일어나는데, 이때 도치되는 OC는 형용사인 경우가 많습니다.(마음대로 남용 불가)

$$S + V + O + OC \rightarrow S + V + OC + O$$

**The success of the low-cost airlines made** affordable **world travel for the poor.** 저가항공사의 성공은 가난한 사람들도 세계 여행하는 것을 가능하게 만들었다.

**Fighting on the phone frequently, made** worse **their relationship as business partners.** 통화로 자주 싸우는 것은 사업파트너로서 그들의 관계를 더 나쁘게 만들었다.

**Finishing my master's degree in America made** possible **the idea of finding a job in America.** 미국에서 석사를 끝낸 것이 미국에서 직업을 찾는 것을 가능하게 만들었다.

짬뽕　선생님 이렇게 자리를 계속 바꿔주니까 5형식을 열심히 외운 게 좀 허무해지네요…. 😊

바나나　오, 그렇게 생각하지 마세요! 특히 S + V + O + OC → S + V + OC + O로 쓰는 경우는 천 번 중에 한 번 있을까 말까 하답니다! 😊 5형식 도치는 굉장히 딱딱하고 어색하게 들리는 문어체라서 사실 일상에서는 거의 쓰지 않아요. 하지만 이렇게 쓸 수 있다는 사실은 또 알고 넘어가야겠죠? 😵

〔 동봉된 파일/서류/자료 등이 있음을 강조할 때 〕

$$S + V + O + OC \rightarrow OC + S + V + O$$

목적보어로 주로 enclosed, attached, included가 쓰이며 자료가 첨부되어 있으니 꼭 확인하라고 강조하기 위해 쓰이는 특별한 형식이에요.

**Enclosed you will find a copy of my resume and a reference letter.**
당신은 제 이력서와 추천서가 동봉된 것을 찾을 수 있을 것입니다.

**Attached you will find the map to our office.**

당신은 우리 사무실로 오는 지도가 첨부된 것을 찾을 수 있을 것입니다.

## 1. 부정문 강조

바나나　부정문 뒤에 'at all(전혀)/a bit(조금도)/in the least(조금도)' 등의 부사가 와서 부정을 강조해요.

**I have no feelings for him at all.** 나는 그에게 감정이 전혀 남아 있지 않아.

**I don't worry in the least.** 나는 조금도 걱정하지 않아.

## 2. 의문문 강조

바나나　wh-의문사 뒤에 'on earth/in the world/the hell(도대체)' 등을 넣어서 문장을 강조해요.

**Why on earth would you say such a thing?** 도대체 왜 그런 말을 하는 거야?

**Where the hell are you?** 도대체 어딘데?

## 3. 비교급 강조

바나나　비교급에 'even(심지어)/much(훨씬)/far(훨씬)' 등의 부사가 와서 비교를 강조해요.

**She is even taller than her father.** 그녀는 심지어 자신의 아빠보다도 키다 크다.

**I feel much better after taking a pill.** 약을 먹고 나서 훨씬 더 나아졌어.

## 4. 최상급 강조

**바나나** 최상급에 'much(훨씬)/very(단연코)/by far(단연코)' 등의 부사가 와서 최상급을 강조해요.

**Using a dictionary is the very best way to extend your vocabulary.**

사전을 사용하는 것은 단연코 어휘력을 늘리는 최고의 방법이다.

**The Korean food delivery system is by far the fastest in the world.**

한국의 음식 배달 시스템은 단연코 세계에서 가장 빠르다.

## 5. 동사 강조

**바나나** 동사 앞에 'do/does/did'를 쓰면 '진짜/정말로'라는 강조의 의미가 추가돼요.

**I do know what you have done for me.** 난 네가 날 위해 지금까지 한 것을 잘 알고 있어.

**He did study hard.** 그는 정말로 열심히 공부했어.

**Do be careful!** 진짜 조심해! (* 원래 be동사는 do로 강조하지 않지만, 명령문에서만 가능)

## 6. 명사 강조

① very를 명사 앞에 써서 '바로 그'라는 강조의 의미 추가

**This is the very moment I've been waiting for.** 지금이 내가 지금까지 기다려온 바로 그 순간이야.

**This is my very best friend, Martin.** 이 사람이 바로 나의 가장 친한 친구 마틴이야.

② oneself를 명사/대명사 뒤에 써서 '직접, 스스로'라는 강조의 의미 추가

**I myself cooked this soup!** 이 수프를 내가 직접 끓였어!

## 7. it be + 강조 부분 + that + 나머지

**바나나** 문장에서 강조하고 싶은 부분을 it be _____ that 사이에 넣어서 강조하는 구문이에요. 강조 부분에는 주어/목적어/부사/부사구/부사절 등이 들어갈 수 있어요.

〔 **일반 문장** 〕

**I studied English with my teacher, Banana.** 나는 바나나 선생님과 영어를 공부했다.

→ [강조할 수 있는 것] I＝주어/English＝목적어/with my teacher, Banana＝부사구(전명구)

| ① 주어 강조 | **It was I that studied English with my teacher, Banana.**<br>바로 나였다, 바나나 선생님과 영어 공부를 한 것은. |
|---|---|
| ② 목적어 강조 | **It was English that I studied with my teacher, Banana.**<br>바로 영어였다, 내가 바나나 선생님과 공부한 것은. |
| ③ 부사구 강조 | **It was with my teacher, Banana that I studied English.**<br>바로 바나나 선생님과 함께였다, 내가 영어 공부를 한 것은. |

**짬뽕** 어? 선생님, 이건 생긴 게 꼭 it(가주어), that(진주어) 구문 같은데요?

**바나나** 구조가 비슷해서 충분히 헷갈릴 수 있어요. 그럼 차이를 비교해볼게요.

〔 **it be ~ that 강조구문** 〕

it, be, that 세 단어를 삭제해도 문장이 자연스럽게 만들어져요.

**It was my sister that made dinner for you.** 바로 우리 언니가 널 위해 저녁을 준비했어.

→ ~~It was~~ my sister ~~that~~ made dinner for you.

→ **My sister made dinner for you.**

〔 it(가주어), that(진주어) 구문 〕

it, that을 삭제하면 문장이 성립되지 않아요.

**It was awesome that you made dinner for me.** 네가 나를 위해 저녁을 만들어줘서 진짜 좋았어.

→ ~~It was~~ awesome ~~that~~ you made dinner for me.

→ Awesome you made dinner for me. (X)

生략  반복은 나의 적,
있는 대로 다 줄인다!

바나나  짬뽕, 영어가 반복을 얼마나 싫어하는지 이제 말 안 해도 알죠? 😊

짬뽕  아휴~, 그럼요! 반복되는 동사나 명사는 대동사, 대명사로 고쳐주거나 생략한다!

바나나  지금부터는 반복되는 단어를 좀 더 체계적으로 생략하는 방법을 알려줄 게요. 😊

① 한 문장 안에 같은 어구가 두 번 이상 반복될 때 생략

**I want to join you but I can't** ~~join you~~.

→ **I want to join you but I can't.** 너와 함께하고 싶지만 그럴 수 없다.

**I can visit you anytime you want me to** ~~visit you~~.

→ **I can visit you anytime you want me to.** 네가 원하면 언제든지 찾아갈 수 있다.

② 부사절접속사 뒤의 S +be동사는 생략 가능

**Call me when (it is) necessary.** 필요할 때 전화해.

**You need to pay an extra entrance fee unless (you are) invited.**

초대받지 않은 이상 추가 입장료를 내야 한다.

③ I think / you think 등의 삽입절이 있으면 주격관계대명사도 생략 가능

* 원래 주격관계대명사는 생략이 불가능해요.

**She is the one (who) I think cheated on her husband.**

**내 생각에 저 여자는 남편을 두고 바람을 피운 사람이야.**

④ the 비교급 ~ the 비교급 문장에서 be동사 혹은 S + V를 통째로 생략

**The longer the life (is), the more the shame (is).** 오래 살수록, 못 볼 꼴이 많아진다.

**The more (one has), the merrier (it is).** 다다익선이다.

⑤ 알림말 생략

**No smoking is allowed. → No smoking.** 흡연은 허용되지 않습니다.

**You should approach with caution. → Approach with caution.** 조심해서 접근하세요.

⑥ 생활용어 생략

**I thank you. → Thank you.** 고마워.

**I love you. → Love you!** 사랑해.

**I am sorry. → Sorry.** 미안해.

**I wish you a happy birthday. → Happy birthday.** 생일 축하해!

**Is it for here or to go? → Here or to go?** 여기서 드시나요, 포장하실 건가요?

## 삽입 — 말하다 끼어들래!

바나나 말하는 도중에 추가 정보나 의견을 덧붙이고 싶다면 콤마(,)나 대시(-) 등과 함께 짧은 단어나 구, 절 등을 삽입할 수 있어요.

〔 자주 쓰이는 삽입어구 〕

| I think<br>(내 생각에) | in my opinion<br>(내 의견으로는) | as I mentioned before<br>(전에 말했듯이) |
| --- | --- | --- |
| in fact<br>(사실) | actually<br>(사실) | to be honest<br>(솔직히) |
| honestly<br>(솔직하게) | for real<br>(진짜로) | |

**His treatise on English literature was, I think, brilliant.**

그의 영문학 논문은, 내생각에, 정말 훌륭해.

**I didn't forget his birthday; in fact I gave him a gift!**

난 그의 생일을 까먹지 않았어, 사실 선물도 줬다고!

짬뽕 와… 오늘 배운 챕터는 낯선 내용이 정말 많았어요. 여러 번 반복해서 공부해야 할 것 같아요. 😮 😊

바나나 오늘 공부한 것들은 말 그대로 예외적인 특수구문이라서 평상시에 아무 때나 쓰이지는 않아요. 특히 도치구문은 시, 소설, 연극 등에 쓰이거나 농담조로 말할 때 등 일반적이지 않은 상황에서 쓴다는 걸 꼭 기억하세요. 😊 아, 맞다! 😮

짬뽕 쌤, 왜요? 뭐 잊은 거 있으세요?

바나나    그러고 보니 오늘 수업이 딱 28일째! 영문법에 관한 이론 수업이 끝나는 날이에요, 꺅! 😊

짬뽕    헉! 수업이 끝났다고요? 영문법을 다 배웠다고요? 쌤, 저 믿기지가 않는데요!! 😎 😮

바나나    앞으로 이틀간의 수업이 남았지만, 영문법의 기초에 해당하는 아주 중요한 것들은 모두 배웠다고 할 수 있어요. 내일부터는 지금껏 배운 내용을 토대로 독해와 영작을 해볼 텐데요, 자신의 영어 실력을 판단하고 부족한 부분이 어딘지 알게 되는 중요한 과정이랍니다. 😊 그럼 오늘도 너무너무 수고 많았고요, 내일도 산뜻하게 바나나요!

## 오늘 배운 내용

▶ 부정    ▶ 도치    ▶ 강조    ▶ 생략    ▶ 삽입

## 특수구문 총정리

> **▶ 특수구문 총정리**
> 〔 부정 〕 not 없이 더 복잡하게 '아니'라고 말할래!
> 〔 도치 〕 순서대로 잘 써진 애들 자리라도 굳이 바꿔 쓸래!
> 〔 강조 〕 '매우'를 붙여 강조하는 말을 구조적으로 어렵게 바꿀 거야!
> 〔 생략 〕 반복은 나의 적, 있는 대로 다 줄인다!
> 〔 삽입 〕 말하다 끼어들래!

## 부정

not 없이 더 복잡한 문장을 만들어서 '아니!'라는 뜻을 전달한다.

- **not**: 아니다
- **never**: 절대 아니다
- **neither**: 둘 다 아니다
- **rarely**: 거의 ~않다(＝hardly＝seldom)

- few + 명사(가산): 명사가 거의 없다
- little + 명사(불가산): 명사가 거의 없다

# 도치

순서대로 잘 쓴 문장 구성요소의 순서를 바꿔서 문장에 집중하게 만든다.

## 1) 의문문 도치
영어의 기본적인 의문문을 만들 때 쓰는 방법으로 주어 ↔ 동사를 도치한다.

| 일반동사 의문문 도치 | be동사 의문문 도치 |
|---|---|
| 평서문: S + V(일반동사)<br>의문문: 조동사 + S + V | 평서문: S + be동사<br>의문문: be동사 + S |

## 2) 강조의 도치
### ① 부정어 도치

문장의 부정어(부정부사 / 부정부사구 / 부정부사절)를 문장의 맨 앞에 쓰고 주어 ↔ 동사를 도치한다.

**Hardly did he ever show up for the meetings.** 그는 거의 미팅에 참석하는 일이 없었다.

### ② 제한어 도치

의미를 제한하는 only(오직)가 문두에 오고 뒤에 부사 / 부사구 / 부사절 등이 따라오면 주어 ↔ 동사를 도치한다.

```
〔 only + 부사 + V + S 〕
〔 only + 부사구 + V + S 〕
〔 only + 부사절 + V + S 〕
```

Only recently **did I realize,** he is married. 나는 최근에야 그가 유부남인 걸 알았다.

### ③ 가정법 도치

if가 있는 가정법 문장에서 if를 지우면 주어 ↔ 동사를 도치한다.

**[ if 생략 가정 ]**

| if 생략 전 | if 생략 후 | |
|---|---|---|
| If S+had PP | Had+S+PP | : S가 V했다면(과거 사실 반대) |
| If S+should+V | Should+S+V | : 만에 하나 S가 V한다면 |
| If S+were | Were+S | : S가 were라면(현재 사실 반대) |

\* if를 생략한 뒤 S와 V를 도치해서 if가 없어도 가정법이라는 것을 눈치챌 수 있도록 한다.

**Had he known what happened to you, he would have come back.**

그가 너에게 일어난 일을 알았더라면, 그는 돌아왔을 거야.

### ④ 양보의 도치

[ 양보접속사(though) 대신 as를 넣고 부사를 문두에 세운 도치절 ]
Though he was short, he was good at basketball. 그는 키가 작았지만, 농구를 잘했다.
→ Short as he was, he was good at basketball.

[ 양보접속사(wh-ever) 대신 동사원형을 문두에 세운 도치절 ]
Whatever you play, she is going to win the piano competition.
→ Play what you may, she is going to win the piano competition.

## ⑤ 동조의 도치

앞말의 반복을 피하거나 상대방 의견에 동조할 때 so / neither / nor + V + S를 사용한다.

**He didn't want to apologize,** nor did I. 그는 사과하고 싶지 않았고, 나도 하고 싶지 않았다.


## 3) 형식별 도치

### • 1형식 도치

$$S + V \rightarrow V + S$$

### • 2형식 도치

〔 주어가 긴 경우 〕

$$S + V + C \rightarrow C + V + S$$

### • 3형식 도치

$$S + V + O \rightarrow O + S + V$$

### • 5형식 도치

〔 목적어가 길 때 〕

$$S + V + O + OC \rightarrow S + V + OC + O$$

〔 동봉된 파일 / 서류 / 자료 등이 있음을 강조할 때 〕

$$S + V + O + OC \rightarrow OC + S + V + O$$

# 강조

'매우'라는 뜻을 문장 구조적으로 어렵게 만들어 부각한다.

### ① 부정문 강조

• 부정문 뒤에 'at all(전혀) / a bit(조금도) / in the least(조금도)' 등의 부사를 넣는다.

### ② 의문문 강조

• wh-의문사 뒤에 'on earth / in the world / the hell(도대체)' 등을 넣는다.

### ③ 비교급 강조

• 비교급에 'even(심지어) / much(훨씬) / far(훨씬)' 등의 부사를 넣는다.

### ④ 최상급 강조

• 최상급에 'much(훨씬) / very(단연코) / by far(단연코)' 등의 부사를 넣는다.

### ⑤ 동사 강조

• 동사 앞에 'do / does / did'를 쓰면 '진짜 / 정말로'라는 강조 의미가 추가된다.

### ⑥ 명사 강조

• very를 명사 앞에 써서 '바로 그'라는 강조 의미를 덧붙인다.
• oneself를 명사 / 대명사 앞에 써서 '직접, 스스로'라는 강조 의미를 덧붙인다.

### ⑦ it be + 강조 부분 + that + 나머지

• 문장에서 강조하고 싶은 부분을 it be _____ that 사이에 넣는다.

I have traveled to 32 countries since 2000.

> I = 주어 / 32 countries = 목적어 / since 2000 = 부사구

〔 **주어 강조** 〕 It is I that have traveled to 32 countries since 2000.

〔 **목적어 강조** 〕 It is 32 countries that I have traveled since 2000.

〔 **부사구 강조** 〕 It is since 2000 that I have traveled to 32 countries.

# 생략

① 한 문장 안에 같은 어구가 두 번 이상 반복될 때

② 부사절접속사 뒤의 S + be동사는 생략 가능

③ I think / you think 등의 삽입절이 있으면 주격관계대명사도 생략 가능

④ the 비교급 ~ the 비교급 문장에서 be동사 혹은 S + V를 통째로 생략

⑤ 알림말 생략

⑥ 생활용어 생략

# 삽입

말하는 도중에 정보나 의견을 덧붙이고 싶다면 콤마(,)나 대시(–) 등과 함께 짧은 단어나 구, 절 등을 삽입한다.

| I think | in my opinion | as I mentioned before |
|---|---|---|
| (내 생각에) | (내 의견으로는) | (전에 말했듯이) |
| in fact | actually | to be honest |
| (사실) | (사실) | (솔직히) |
| honestly | for real | |
| (솔직하게) | (진짜로) | |

**1. 다음 빈칸에 알맞은 것을 차례대로 쓴 것을 고르세요.**

> Love can _____ be bought _____ sold; its only price is love.
>
> 사랑은 사고팔 수 없고, 오직 사랑으로 그 값을 치를 수 있다.

① either-nor         ② either-or         ③ not-nor

④ neither-or         ⑤ neither-nor


**2. 다음 빈칸에 알맞은 것을 2개 고르세요.**

> _____ didn't you ask me to help?
>
> 도대체 왜 나한테 도와달라고 말하지 않은 거야?

① Why the hell      ② Why on earth      ③ In the world

④ Why               ⑤ How


**3. 다음 문장에서 'I think'가 들어갈 알맞은 위치를 고르세요.**

> I  ① met  ② a girl  ③ who  ④ was  ⑤ Jon's girlfriend.

**4.** 아래 문장을 도치구문으로 바꾸세요.

(1) **A little puppy was under the couch.** 작은 강아지가 소파 밑에 있었다.

→ _____

(2) **She comes here.** 그녀가 여기로 온다.

→ _____

*정답은 p.440을 참고하세요.

## 오늘의 명언 about '포기'!

● Don't be afraid to give up the good to go for the great.

**훌륭한 일을 위해 괜찮은 일을 포기하게 되는 것을 두려워하지 마세요. — John Rockefeller**

\* be afraid to~ (하는 것을 두려워하다) / the good (좋은 일 / 괜찮은 일) / the great (훌륭한 일)

인생은 타이밍과 선택의 순간들이 모여서 만들어지는 것 같아요. 내가 어느 때 어떤 결정을 하는지에 따라 인생이 달라지니까요. 자칫하다 사소한 것들까지 욕심을 내면 더 큰 걸 잃게 되는 순간이 오기도 합니다. 그러니 여러분의 인생에서 결코 포기할 수 없는 것들과 포기하는 편이 더 좋은 일들을 정리하는 시간을 가지는 것도 좋겠죠?

● Stop chasing the money and start chasing the passion.

**돈을 따르지 말고, 열정을 따르라. — Tony Hsieh**

# DAY 29

## 내 인생 첫 독해: 바나나쌤의 편지

오늘 배울 내용
- 바나나 선생님의 편지 읽기 도전!

**바나나**  첫 수업을 시작하기 전에 제가 학생들에게 보낸 영어 편지가 있는데, 기억나죠? 오늘 그 편지를 가지고 독해를 공부할 거예요.

**짬뽕**  사실 선생님이랑 처음 만난 날, 그 편지 속 길고 복잡한 영어 문장들을 보고 너무 긴장한 나머지 두렵기까지 했거든요. 사실 지금도 쌤의 편지를 완벽하게 읽는다고 자신할 수는 없지만, 지금 다시 보니 그때보다는 해석할 수 있는 부분이 많아져서 가슴이 막 뛰어요! 😊

**바나나**  지금 짬뽕이 어떤 마음인지 알겠어요! 저도 독해가 가능해지기 시작했을 무렵, 짬뽕과 똑같았거든요. 독해가 되니까 글 읽는 재미에 푹 빠져서 영어로 된 읽을거리를 발견하면 마치 첫사랑을 만난 기분이었죠. 형광펜을 들고 자리에 앉기만 해도 그렇게 설렐 수가 없었어요. 자, 그럼 우리 모두 설렐 준비 됐죠? 이제 뒷장부터는 제가 여러분에게 쓴 편지예요. 쭉 읽으면서 모르는 단어를 찾고 문장을 끊어가며 직접 독해를 해보세요. 그럼 지금부터 '내 인생 첫 독해'를 시작해볼게요! 😊

## 🍌 바나나 선생님의 편지 읽기 도전!

**Dear students**

When I was young, I felt so lost and alone and really didn't feel like I fit in anywhere, especially at school. There were so many rules and constraints, and my stomach aches, just thinking about it. I felt like I was being crushed under a sea of conformity, smothering me of any individuality. Everywhere I turned, I was forced into blind obedience and constantly scolded and made to feel inferior if I questioned any adult or authority figure. As I grew older, I began to understand that grades were the standard by which I was always being measured. I was definitely not the perfect student and grew increasingly frustrated and burdened. I had no idea what I was good at, or what I wanted to do with my life. I guess I was always the odd one out, the so-called "weirdo," and it made me very unhappy.

Growing up in a highly conservative environment had made me constantly repress my true self, and it wasn't until I went on my first international exchange to Singapore at the age of 17 that I came to the realization that being different was ok. I began to study English and for the first time in my life, I was exposed to and surrounded by people who were so different to everyone whom I had previously known. They spoke and acted in a way which seemed to embody free thinking and a sense of self. My confidence grew daily as my English improved, and I was able to communicate more and more freely with my newly found friends, whom only a short time earlier had seemed to be like aliens to me.

From here, I finally felt empowered to step outside of the shadow of my own doubt and into the unknown. I began to travel the world

extensively through Europe, Oceania, Africa, and greater Asia. Everywhere I went, my newly discovered passion for the English language enabled me to make new friends and to learn about the world in ways I had only dreamt about. I finally understood that I was not a "weirdo" and that in fact the world is a bubbling cauldron full of different people, each with their own unique cultures and "standards." I came to realize that the true beauty of this world lies somewhere in the small gaps between what is considered normal to one and foreign to another.

I decided to focus my time on helping others and learning not only to accept but to love myself. I began to experience joy in the little things whether it was walking in the Sahara, thinking of the mint tea I would enjoy that evening before falling asleep under the stars or the smiles on the unwashed faces of some children in the Philippines after a game of marbles. They had nothing but were so happy and content. It was truly beautiful and amazing, and I was also finally happy!

I know that, generally speaking, the English language is seen to be a necessary skill, which enables us to advance ourselves academically. But it really is so much more than that. It opens up so many new doors to amazing friendships and an extraordinary world of experiences and understanding that are just waiting for you.

For those of you who are thinking to embark on this incredible journey with me, know that I will be right here with you and hopefully catch a glancing smile from you in a far-off land.


**Kind regards, Banana**

\*

lost(길을 잃은)

feel like(~처럼 느끼다)

fit in(~에 적응하다)

constraint(제약 / 통제)

stomach(배 / 속 / 비위)

ache(아프다 / ~를 너무 하고 싶어 못 견디다)

under a sea of(~의 바다 아래서)

conformity(따름 / 순응)

smother(질식시키다 / 억누르다)

individuality(개성 / 특성)

force(강요하다)

blind obedience(맹종)

constantly(계속해서)

scold(꾸짖다)

inferior(열등한 / 부족한 / 하등한)

authority(권위 / 지휘권)

figure(인물 / 사람 / 용모)

grade(성적 / 점수)

standard(기준)

measure(평가하다 / 판단하다)

definitely(당연히)

grow(~되다)

increasingly(점점 더)

frustrated(좌절하는)

burdened(부담을 느끼는)

be good at(~를 잘하다)

the odd one out(혼자만 겉도는 사람)

so-called(소위)

weirdo(이상한 사람)

highly(엄청나게)

conservative(보수적인)

environment(환경)

constantly(계속해서)

repress(억압하다)

international exchange(해외여행 / 국제교류)

come to the realization(깨닫게 되다)

be exposed(노출되다 / 만나다)

surround(둘러싸다)

previously(이전에)

seem(~처럼 보이다)

embody(구현하다 / 펼치다)

a sense of self(자아 / 자아의식)

confidence(자신감)

freely(자유롭게)

newly(새롭게)

found(find의 과거분사:찾아진)

alien(낯선 사람 / 외부 사람 / 외국인 / 외계인)

empower(권한을 주다 / 힘을 주다)

doubt(의심)

the unknown(미지의 세계)

extensively(광범위하게 / 널리)

through(~를 통해 / 걸쳐서)

Oceania(호주, 뉴질랜드 등의 대륙)

newly(새로)

passion(열정)

enable(가능하게 하다)

in face(사실)

bubbling(보글보글 끓는 / 넘쳐나는)

cauldron(가마솥 / 도가니)

standard(기준)

gap(차이 / 간격 / 틈)

consider(~라고 생각하다 / 고려하다)

foreign(낯선)

not only A but (also) B(A뿐만 아니라 B도)

whether A or B(A이든 B이든)

fall asleep(잠들다)

unwashed(씻지 않은)

game of marbles(공기놀이)

content(만족하는)

generally speaking(일반적으로 말해 / 대체로)

necessary(필수적인)

enable(~를 가능하게 하다)

advance(발전시키다 / 출세를 돕다)

academically(학문적으로)

extraordinary(특별한)

embark(시작하다 / 착수하다)

incredible(놀라운)

journey(여행)

hopefully(바라건대)

glancing(흘깃 보는 / 비스듬한)

far-off(멀리 떨어진)

바나나　어때요? 생각만큼 독해가 잘되었나요? ☺ 지금부터 제가 자세하게 풀이한 내용과 여러분의 해석을 비교하며 체크해보세요!

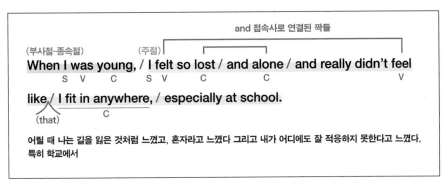

어릴 때 나는 길을 잃은 것처럼 느꼈고, 혼자라고 느꼈다 그리고 내가 어디에도 잘 적응하지 못한다고 느꼈다, 특히 학교에서

\* lost(길을 잃은) / feel like(~처럼 느끼다) / fit in(~에 적응하다)

짬뽕　선생님, 끊어 읽기의 기준이 있나요?

바나나　문장이 짧고 간단할 땐 굳이 끊어 읽지 않아도 괜찮아요. 다만 해석되는 덩어리마다 끊어주면 해석할 때 헷갈리지 않을 수 있죠. 저는 보통 접속사, 전명구, 부사구, 관계사, 새로운 문장 앞에서 끊어 읽습니다.

1형식 도치
**There were so many rules and constraints, / and my stomach aches, /**
   V                 S                        S    V

**just thinking about it.**
분사구문 후치 수식
너무 많은 규칙과 제약이 있었고, 그때를 생각만 해도 배가 아플 지경이다.

\* constraint(제약 / 통제) / stomach(배 / 속 / 비위) / ache(아프다 / ~를 너무 하고 싶어 못 견디다)

짬뽕   'my stomach aches~'는 한국말로 '~를 생각만 해도 골치가 아프다'와
비슷한 뜻인가요?

바나나   하하! 정확하게는 '속이 뒤틀린다'라는 표현인데, '골치가 아프다'는 아
래처럼 표현하기도 합니다.

It just makes me sick thinking about it. 그걸 생각만 해도 아파/토할 거 같아.

It's giving me a headache just thinking about it. 그걸 생각만 해도 두통이 와.

---

         (that)     과거진행 수동

I felt like✓ I was being crushed / under a sea of conformity, /
S V                              C

smothering me / of any individuality.
                  분사구문 후치추식

나는 순응의 바다 아래서 압사당하는 기분을 느꼈다, 나의 개성을 억누르는

* under a sea of(~의 바다 아래서) / conformity(따름 / 순응) / smother(질식시키다 / 억누르다) / individuality(개성 /
특성)
* 과거진행수동(~되는 중이었다)

---

            S   V    S    V(수동태)

Everywhere I turned, I was forced into blind obedience and
                      | and 접속사로 연결된 짝들

constantly scolded and made to feel inferior
          V           V

어디에 가든 나는 무조건적인 복종을 강요받았고, 끊임없이 지적당했고, 부족하다고 느끼게 되었다.

* force(강요하다) / blind obedience(맹종) / constantly(계속해서) / scold(꾸짖다) / inferior(열등한 / 부족한 / 하등한)

부사절

## if I questioned any adult or authority figure.

만약 어른이나 권위 있는 사람들에게 이의를 제기할 때면

\* authority(권위/지휘권)/figure(인물/사람/용모)

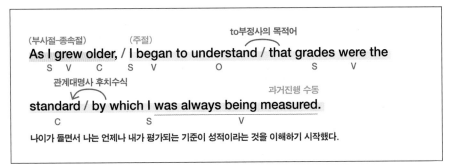

to부정사의 목적어

(부사절-종속절)    (주절)

**As I grew older, / I began to understand / that grades were the**
　　S　　V　　　　 S　　V　　　　 O　　　　　　　 S　　　V

관계대명사 후치수식　　　　　　　　　　　　　과거진행 수동

**standard / by which I was always being measured.**
　　C　　　　　　　　S　　　　　　　　V

나이가 들면서 나는 언제나 내가 평가되는 기준이 성적이라는 것을 이해하기 시작했다.

\* grade(성적/점수)/standard(기준)/measure(평가하다/판단하다)

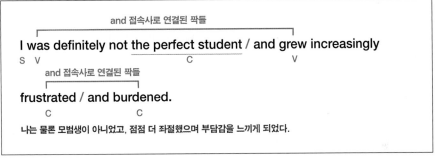

and 접속사로 연결된 짝들

**I was definitely not the perfect student / and grew increasingly**
S　　V　　　　　　　　　　　　　 C　　　　　　　 V

and 접속사로 연결된 짝들

**frustrated / and burdened.**
　　C　　　　　　　 C

나는 물론 모범생이 아니었고, 점점 더 좌절했으며 부담감을 느끼게 되었다.

\* definitely(당연히)/grow(~되다)/increasingly(점점 더)/frustrated(좌절하는)/burdened(부담을 느끼는)

(that)　　　　　　　　　　　　　　동격절

**I had no idea✓ what I was good at, or / what I wanted to do / with my life.**
S　V　　O　　　　 S　V　　C　　　　　　　 S　　V　　　O

나는 내가 뭘 잘하는지, 혹은 인생에서 무엇을 하고자 하는지 아무것도 몰랐다.

\* be good at(~를 잘하다)

⊹ 동격절. 앞에 나오는 명사가 '추상명사'라서 추가적인 설명이 필요한 경우에는 뒤에 완벽한 명사절(that절)이 와서 앞
　명사를 보충 설명해요. 위의 문장은 that이 생략된 경우예요.

짬뽕    쌤, 동격절 that은 원래 자주 생략되나요?

바나나    보통은 거의 생략하지 않지만, 이 문장은 뒤에 what이 와서 특별히 생략된 거예요.

---

(that)                                               동격
I guess✓ I was always the odd one out, / the so-called "weirdo" /
S    V         S  V          O(목적어절)              C

and it made me very unhappy.
    S   V    O      OC

나는 항상 겉도는 사람, 흔히 말하는 '이상한 사람'이었고, 그 때문에 아주 불행했던 것 같다.

---

* the odd one out(혼자만 겉도는 사람) / so-called(소위) / weirdo(이상한 사람)
* 동격명사: 앞 명사가 대명사나 부정명사라서 정확한 설명이 부족할 때 콤마(,)와 함께 뒤에 추가하는 명사를 동격명사라고 합니다.

---

동명사주어                                                      사역동사
Growing up in a highly conservative environment had made me
S                                                        V      O

constantly repress my true self,
            OC

굉장히 보수적인 환경에서 자라는 것은 내가 계속해서 나의 진정한 모습을 억압하도록 만들었다.

---

* highly(엄청나게) / conservative(보수적인) / environment(환경) / constantly(계속해서) / repress(억압하다)
* 동명사주어: 보통 동명사나 to부정사가 주어 자리에 길게 쓰이면 가주어-진주어 구문으로 바꿔 쓰지만, 동명사는 그냥 쓰기도 해요.(=It had made me constantly repress my true self growing up in a highly conservative environment.)
* 사역동사: 문장에 사역동사(make / have / let)가 쓰이면 목적격보어 자리에는 원형부정사를 씁니다.

강조구문

**and it wasn't until I went / on my first international exchange /**
　　　　　　　　　　 S　 V

**to Singapore / at the age of 17 / that I came to the realization /**
　　　　　　　　　　　　　　　　　　　　　　　　 S　　 V

**that being different was ok.**
　　　 S　　　　 V　 C

그리고 내가 17살 때 싱가포르로 첫 해외여행을 다녀오고 나서야 달라도 괜찮다는 것을 깨닫게 되었다.

---

\* international exchange(해외여행 / 국제교류) / come to the realization(깨닫게 되다)

\* 강조구문: it wasn't until ~ that~(~하고 나서야 ~하다)

---

**I began to study English / and for the first time in my life,**
S　 V　　　　 O

and 접속사로 연결된 짝들

**I was exposed to / and surrounded / by people / who were so**
　 S　 V(수동태)　　　　 V(수동태)　　　　　　　　　 V

**different / to everyone / whom I had previously known.**
　　 C　　　　　　　　　　 S　　　 V

나는 영어 공부를 시작했고, 인생에서 처음으로 이전에 알던 모든 사람들과 완전히 다른 사람들을 만나고 그들에게 둘러싸이게 되었다.

---

\* be exposed(노출되다 / 만나다) / surround(둘러싸다) / previously(이전에)

---

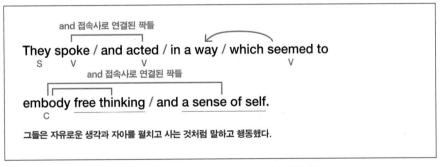

and 접속사로 연결된 짝들

**They spoke / and acted / in a way / which seemed to**
　 S　 V　　　 V　　　　　　　　　　 V

and 접속사로 연결된 짝들

**embody free thinking / and a sense of self.**
　　 C

그들은 자유로운 생각과 자아를 펼치고 사는 것처럼 말하고 행동했다.

---

\* seem(~처럼 보이다) / embody(구현하다 / 펼치다) / a sense of self(자아 / 자아의식)

• 401 •

My confidence grew daily / as my English improved / and I was able
S    V                 S       V           S  V

to communicate more and more freely / with my newly found friends,

whom / only a short time earlier / had seemed to be like aliens / to me.
          (삽입구문)                    V                  C

영어 실력이 늘면서 자신감이 매일같이 커졌고, 얼마 전까지만 해도 내겐 너무 낯설던 새롭게 만난 친구들과
점점 더 자유롭게 소통할 수 있게 되었다.

* confidence(자신감) /freely(자유롭게) /newly(새롭게) /found(find의 과거분사: 찾아진) /alien(낯선 사람 / 외부 사
람 / 외국인 / 외계인)

---

and 접속사로 연결된 짝들

From here, / I finally felt empowered / to step outside / of the
               S        V        C

shadow / of my own doubt / and into the unknown.

이때부터, 나는 마침내 스스로 가지고 있던 의심의 그림자에서 벗어나 미지의 세계로 나아갈 힘이 생겼다고 느
꼈다.

* empower(권한을 주다 / 힘을 주다) /doubt(의심) /the unknown(미지의 세계)

---

I began to travel the world extensively / through Europe, Oceania,
S  V         O

Africa, and greater Asia.

나는 좀 더 광범위하게 유럽, 오세아니아, 아프리카, 아시아 전역에 걸쳐 세계를 여행하기 시작했다.

* extensively(광범위하게 / 널리) /through(~를 통해 / 걸쳐서) /Oceania(호주, 뉴질랜드 등의 대륙)

**Everywhere I went, / my newly discovered passion / for the English**
　　　　　　S　　V　　　　　　　　　　　　　　　　　　　　　　S

**language / enabled me / to make new friends / and to learn about the**
　　　　　　V　　　O　　　OC　　　　　　　　　　　　　　OC

**world / in ways, / I had only dreamt about.**
　　　　　　　(that)

내가 가는 곳마다, 새로이 발견한 영어에 대한 열정이 나로 하여금 새 친구들을 만들고 항상 꿈꿔오던 방식으로
세계를 배울 수 있게 해주었다.

\* newly (새로) / passion (열정) / enable (가능하게 하다)

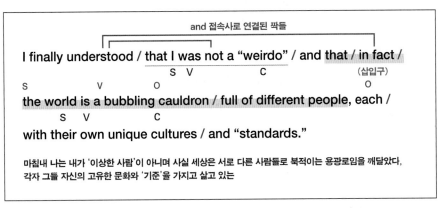

　　　　　　　　　　　　　　and 접속사로 연결된 짝들

**I finally understood / that I was not a "weirdo" / and that / in fact /**
　　　　　　　　　　　　　　S　　V　　　　C　　　　　　　　　　(삽입구)
S　　　　　　　　　V　　　O　　　　　　　　　　　　　　　　　　O

**the world is a bubbling cauldron / full of different people, each /**
　　　S　　V　　　　　C

**with their own unique cultures / and "standards."**

마침내 나는 내가 '이상한 사람'이 아니며 사실 세상은 서로 다른 사람들로 북적이는 용광로임을 깨달았다,
각자 그들 자신의 고유한 문화와 '기준'을 가지고 살고 있는

\* in fact (사실) / bubbling (보글보글 끓는 / 넘쳐나는) / cauldron (가마솥 / 도가니) / standard (기준)

　　　　　　　to부정사의 목적어절

**I came to realize / that the true beauty / of this world lies somewhere /**
S　　V　　　　　　　　　　　　　　　　S　　　　　　　　　　V

**in the small gaps / between what is considered normal to one / and**
　　　　　　　　　　　　S　　　V(수동태)　　　OC

**foreign to another.**
　　OC

나는 세상의 참된 아름다움이란 어떤 사람에게 평범하게 여겨지는 것과 다른 사람에게 낯설게 여겨지는 것 사이
의 작은 간격 어딘가에 놓여 있다는 걸 깨닫게 되었다.

\* gap (차이 / 간격 / 틈) / consider (~라고 생각하다 / 고려하다) / foreign (낯선)

and 접속사로 연결된 짝들

I decided to focus my time / on helping others / and learning /
S　　V　　　　O

not only to accept, / but to love myself.

나는 시간을 들여 다른 사람들을 돕고, 나 자신을 받아들이고 사랑하는 방법을 배우는 데 초점을 맞추기로 했다.

* not only A but (also) B (A뿐만 아니라 B도)

---

I began to experience joy / in the little things / whether it was walking /
S　　V　　　　　　O　　　　　　　　　　　　　　S　　V　　C

분사구문 후치수식　　　　　　　　　(that)
in the Sahara, / thinking of the mint tea / I would enjoy that evening /

before falling asleep / under the stars / or the smiles / on the

unwashed faces / of some children / in the Philippines / after a game

of / marbles.

나는 사소한 것들을 즐기는 경험을 하기 시작했다. 별빛 아래서 잠들기 전 마시게 될 민트티를 생각하며 사하라 사막을 걷거나, 세수도 하지 않은 얼굴로 공기놀이를 하는 필리핀 꼬맹이들의 웃음을 만끽한 것이다.

* whether A or B (A이든 B이든) / fall asleep (잠들다) / unwashed (씻지 않은) / game of marbles (공기놀이)

---

but 접속사로 연결된 짝들

They had nothing / but were so happy and content. It was truly
S　　V　　　O　　　　　V　　　　　　　C　　　　S　V

beautiful and amazing, / and I was also finally happy!
　　C　　　　　　　　　　　　S　V　　　　　　　C

그들은 가진 것 하나 없이 행복하고 만족해했다. 그 모습은 진실로 아름답고 감탄스러웠으며, 나 또한 마침내 행복해졌다.

* content (만족하는)

삽입구

I know / that, generally speaking, / the English language is seen to be a
S    V        O                                          S                    V(수동태)   OC

necessary skill, / which enables us to advance ourselves academically.
                              V    O        OC

나는 대체로 영어가 우리의 학문적 성취를 돕는 하나의 '필수적인 기술'같이 여겨진다는 것을 알고 있다.

* generally speaking(일반적으로 말해 / 대체로) / necessary(필수적인) / enable(~를 가능하게 하다) / advance(발전
시키다 / 출세를 돕다) / academically(학문적으로)

---

But it really is so much more / than that. It opens up so many new
S    V    C                              S    V                    O

and 접속사로 연결된 짝들

doors / to amazing friendships / and an extraordinary world / of

experiences and understanding / that are just waiting for you.
                                              V

그러나 영어는 진실로 그보다 훨씬 더 많은 것을 의미한다. 영어는 멋진 우정과, 당신을 기다리고 있는 경험과
이해의 특별한 세계로 통하는 아주 많은 새로운 문들을 열어준다.

* extraordinary(특별한)

---

For those / of you / who are thinking / to embark / on this incredible

명령문
journey / with me, know / that I will be right here / with you / and
                  V    S        V

and 접속사로 연결된 짝들

hopefully catch a glancing smile / from you / in a far-off land.
              V        O

나와 함께 이 멋진 여행을 막 시작하려고 생각하는 사람이 있다면, 내가 항상 바로 여기서 여러분과 함께하고 있
으며, 어느 먼 나라에서 여러분의 환한 미소를 볼 날이 오길 바란다는 걸 기억하길.

* embark(시작하다 / 착수하다) / incredible(놀라운) / journey(여행) / hopefully(바라건대) / glancing(흘깃 보는 / 비스
듬한) / far-off(멀리 떨어진)

## 사랑하는 나의 제자들에게

어린 시절에 저는 학교나 어디에서도 잘 적응하지 못하는, 늘 길을 잃고 헤매는 외로운 아이였어요. 학교에선 너무나 많은 규칙과 제약들이 있었죠. 지금도 그때를 떠올리면 막 배가 아프려고 해요. 그때의 저는 저의 개성을 짓누르는 커다란 순응의 바다 아래서 압사당하는 기분을 느끼곤 했어요. 어딜 가든, 어른들과 권위 있는 이들에게 반기를 들 때면 무조건적인 복종을 강요받고 끊임없이 지적을 당해 스스로 열등의식을 가지게 되었죠. 그리고 나이가 들면서, 저는 제 성적이 저를 평가하는 기준이라는 걸 깨닫게 되었어요. 저는 모범생과는 거리가 멀었기 때문에, 점점 더 좌절하게 되었고 압박감을 느끼게 되었어요. 잘하는 일이 뭔지도 모르겠고, 하고 싶은 게 뭔지도 알 수 없었죠. 전 항상 혼자 겉도는 사람, 흔히 말하는 '이상한 애'였고, 아주 불행했어요.

너무나 보수적인 환경에서 자란 탓에 저는 스스로 제 진정한 모습을 계속해서 억압했는데, 17살 때 처음 싱가포르 해외여행을 다녀오고 나서야 비로소 남들과 달라도 괜찮다는 걸 깨닫게 되었어요. 영어 공부를 시작한 뒤, 인생 처음으로 이전에 알고 지내던 사람들과 완전히 다른 사람들을 만나고 그들 곁에서 지내게 되었죠. 그들의 말과 행동에는 자유로운 생각과 자신감이 넘쳐흘렀어요. 영어 실력이 늘면서 저의 자신감도 나날이 커졌고, 얼마 전까지만 해도 매우 낯설었던 새 친구들과 더 자유롭게 소통할 수 있게 되었죠.

그때부터, 저는 마침내 스스로에 대한 의심을 걷어버리고, 미지의 세계로 걸어갈 수 있는 힘을 느꼈어요. 저는 더 멀리 유럽, 오세아니아, 아프리카, 아시아 전역을 걸쳐 세계여행을 시작했어요. 어디를 가든, 영어에 대한 열정 덕에 예전엔 꿈만 꾸던 세상과 새로운 친구들을 만날 수 있게 되었죠. 그리고 마침내 깨달았어요. 저는 '이상한 사람'이 아니고, 사실 세상은 각각의 문화와 기준들을 가지고 살아가는 서로 다른 사람들로 가득한 용광로라는 것을요! 그리고 알게 되었어요, 세상이 진실로 아름다운 이유는 누군가 평범하다고 여기는 것과 또 다른 이가 이질적이라고 느끼는 것, 그 작은 간격 사이 어딘가에 놓여 있기 때문임을요.

저는 시간을 들여 다른 사람들을 돕고, 자신을 받아들이고 사랑하는 법을 배우리라 마음먹었어요. 그 후 작은 것들에서 느끼는 기쁨을 즐기기 시작했습니다. 가령, 사하라 사막을 걸으며 밤에 별빛 아래 민트티를 마시고 잠들 생각을 하거나, 세수도 하지 않은 얼굴로 함박웃음을 지으며 공기놀이를 하던 필리핀 꼬맹이들의 미소를 떠올리는 것요. 그 꼬맹이들은 가진 것 하나 없이도 얼마나 행복하고 만족스러운 삶을 살고 있던지요! 그 모습은 정말로 아름답고 굉장했고, 저 또한 마침내 행복해졌답니다.

일반적으로 영어가 학문적으로 도움이 되는 '필수적인 스펙' 정도로 여겨진다는 건 저도 알고 있어요. 하지만 정말로, 영어를 배우는 것은 '스펙' 그 이상의 어떤 것입니다. 영어는 멋진 우정과, 여러분들을 기다리고 있는 엄청난 세계의 경험과 이해로 통하는 새로운 문들을 열어줄 거예요.

이 굉장한 여행을 저와 함께 떠나려 하는 여러분들, 제가 항상 여러분과 여기 함께 있음을, 그리고 어딘지 모를 먼 나라에서 여러분의 환한 미소를 보게 될 날을 기다리고 있다는 것을 기억해주세요.

**사랑을 담아, 바나나**

바나나   와! 드디어 짬뽕 인생의 첫 독해를 마쳤네요. 축하해요! 독해하면서 어땠나요?

선생님이 독해하는 방법을
다 알려주셔서 독해 연습을 어떻게 해야 하는지
많이 배웠어요. 😊 그리고 저도 어학연수나
워킹홀리데이를 가고 싶다는 생각만 했는데,
쌤의 편지를 읽으며 용기를 얻게 되었어요!
넘 감사해요, 쌤!

이 정도의 글을 읽을 수 있다면,
지금부터는 수능이나 IELTS,
그 외 어떤 공인 영어 시험도 공부해서
도전할 준비가 된 거예요.
즉 짱뽕과 여러분은 중상급 이상의
영어 세계로 진입했다는 뜻이랍니다!
29일간 정말 수고 많았고
다들 진심으로 축하해요! 😎

내일은
우리 수업의 마지막 날인데요,
자기소개와 기본적인 대화를 연습하며
30일간의 공부를 마무리할게요.
그럼 오늘도 복습 잘하고
내일 또 바나나요! 🌙

# DAY 30

## 내 인생
## 첫 영작 & 영어 대화:
## 안녕, 나는
## 한국에서 온 OOO!

오늘 배울 내용

- 영어로 자기소개 쓰기

- 내 인생 첫 영어 대화

바나나  영어 중상급자, 짬뽕! 어서 와요!

짬뽕  아이참~! 쑥스럽지만 이제 그렇게 불려도 되겠죠? 헤헷!

바나나  오, 이 자신감! 실전에서도 자신감을 가질 수 있도록 외국인 친구를 만날 준비를 할 거예요. 이래 봬도 중상급자인데 영어로 한마디 못 해선 안 되겠죠?

짬뽕  앗, 쌤! 그런데 저 너무 떨려요. 😣 😵

바나나  Neither do any of the other students here! 다른 학생들도 짬뽕과 마찬가지일 거예요! 그래서 오늘 수업은 영작부터 시작할 텐데요, 자신이 누구인지 영어로 먼저 써볼 거예요. 그리고 그 영작을 바탕으로 외국인 친구와 대화하는 상황도 연출해볼 거랍니다. 😊

 **영어로 자기소개 쓰기**

바나나 자, 지금부터 자기소개서를 쓸 건데요, 어떤 것들을 써야 할까요?

짬뽕 이름, 나이, 출신, 꿈, 학교, 직장, 취미 같은 것들 아닌가요?

바나나 기본적으로 그런 것들이 포함되죠. 그럼 우선 한국어로 짬뽕의 자기소개서를 써볼까요?

짬뽕 좋아요!

 **짬뽕의 자기소개서**

> 안녕. 나는 짬뽕이야. 한국의 서울에서 왔어. 나는 20살이야. 현재 한국대학교에 다니고 있어. 내 꿈은 광고회사의 아트디렉터가 되는 거야. 나는 평소에 음악 듣는 걸 좋아하고 넷플릭스로 영화나 드라마를 보는 걸 좋아해.

바나나 여러분도 짬뽕처럼 자기소개를 간략하게 쓰세요. ☺

**나의 자기소개서**

_____

_____

_____

바나나 음, 짬뽕이 쓴 자기소개는 내용이 너무 간단해서 짬뽕의 매력을 발산하기엔 어딘가 부족해요. 지금 쓴 문장에는 '나는 ~이다/~를 하고 싶다' 같은 단편적인 '정보'만 있거든요.

- **나는 서울에서 왔다**: 이 뒤에 서울에 대한 소개를 추가하면 어때요?
- **나는 20살이야**: 본인이 원하면 나이를 말할 수 있지만, 영어권 사람들과 대화할 땐 굳이 나이를 밝히지 않아도 괜찮아요. 많은 이들이 나이를 밝히는 걸 원치 않거든요.
- **나는 한국대학교에 다니고 있어**: 그럼 어떤 공부를 하고 있나요?
- **아트디렉터가 되고 싶어**: 왜 아트디렉터가 되고 싶은지, 그것을 위해 무엇을 해왔거나 무엇을 하고 싶은지 이야기하면 좋겠죠?
- **음악, 영화, 드라마를 좋아해**: 가장 중요한 점이죠! 상대방과 공감대를 형성할 수 있는 부분이니 좀 더 자세하게 표현하는 게 좋아요. 어떤 장르의 음악과 영화를 좋아하는지, 가장 좋아하는 드라마는 무엇인지 밝히면, 상대방과 더 적극적으로 대화를 이어나갈 수 있어요. 사람들은 대체로 취향이 비슷하면 단번에 매력을 느끼게 되니까요! 😃

짬뽕 오, 무슨 말인지 알 것 같아요. 다시 한번 써볼게요.

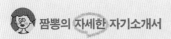 짬뽕의 자세한 자기소개서

안녕. 나는 짬뽕이야. 영어 이름은 '스파게티'야. 네가 편한 대로 불러줘.
나는 한국의 수도인 서울에서 왔어. 서울에 가본 적 있니? 서울은 현대와 과거가 환상적으로 조화를 이루는 도시로, 다양한 체험과 쇼핑, 볼거리를 제공하는 곳이야. 특히 경복궁과 남산타워는 여행객들에게 가장 인기 있는 명소야. 몇천 원만 내면 지하철을 타고 도시 전역을 돌아다닐 수 있어서 관광객들에겐 더 매력적인 장소지. 내가 20년이나 살아온 곳이니 네가 관심이 있다면 구경시켜 줄게.

나는 지금 한국대학교에서 디자인을 공부하고 있어. 왜냐하면 내 꿈은 광고회사에서 아트디렉터가 되는 것이거든. 한국에서 공부가 끝나면 뉴욕에 있는 디자인 학교에서 더 공부하고 싶어. 그래서 지금 영어 공부도 열심히 하고 있어. 나는 평소에 음악 듣는 걸 좋아해. 공부할 때는 lofi 음악을 즐겨 듣고, 평소에는 재즈 음악도 좋아해. Dave Brubeck의 〈Take Five〉는 정말 나의 최애곡이야. 요즘엔 넷플릭스에서 영화나 드라마를 보고 있어. 나는 주로 스릴러나 미스터리를 보는데, 지금은 독일 드라마 〈Dark〉를 보는 중이야. 진심으로 추천해!

**바나나** 완벽해요! 역시 짬뽕! 😊 그럼 짬뽕이 쓴 자기소개서 내용을 기준으로 삼아 여러분도 한국어 자기소개서를 조금 더 자세하게 다듬어주세요.

바나나 　자, 이제부터는 짬뽕이 쓴 자기소개서를 영작할 거예요. 우선 짬뽕이 사전과 검색을 총동원해서 영작하면, 제가 조금 더 자연스럽게 고쳐가면서 영작해볼게요. 여러분도 짬뽕이 영작한 것과 제 설명을 보면서 직접 자신의 자기소개서를 영작해보세요!

 **짬뽕의 영작**

> 안녕, 나는 짬뽕이야. 영어 이름은 '스파게티'야. 네가 편한 대로 불러줘.
> **Hi, My name is Jjamppong but my friends call me Spaghetti.** It is[1] my **English name.** Call me as you please.[2]

바나나 　Great job 짬뽕! 그런데 짬뽕의 글에서 조금 딱딱한 문어체가 많이 보여서 구어체로 바꿔볼게요. 우리는 이 자기소개서를 가지고 외국인과 대화를 나눌 거니까요. 😊

1. 글을 쓸 때는 it is를 많이 쓰지만 말할 때는 it's로 줄여 쓰는 게 더 자연스러워요.
2. Call me as you please는 격식을 갖춘 표현이라 직장에서나 사업상 만난 사람들과 대화할 때 쓰여요. 친구나 편한 사람을 만날 때는 Call me whatever is more comfortable 혹은 Call me what you like / prefer가 더 자연스러워요.

→ Hi, My name is Jjamppong but my friends call me Spaghetti. It's my English name, so call me whatever is more comfortable(call me what you like / prefer).

⭐ 여러분도 자기소개 첫 단락을 영작해보세요.

나는 한국의 수도인 서울에서 왔어. 서울에 가본 적 있니? 서울은 현대와 과거가 환상적으로 조화를 이루는 도시로, 다양한 체험과 쇼핑, 볼거리를 제공하는 곳이야. 특히 경복궁과 남산타워는 여행객들에게 가장 인기 있는 명소야. 몇천 원만 내면 지하철을 타고 도시 전역을 돌아다닐 수 있어서 관광객들에겐 더 매력적인 장소지. 내가 20년이나 살아온 곳이니 네가 관심이 있다면 구경시켜줄게.

**I am from Seoul, the capital of Korea. Have you ever been to Seoul? It is**[1] **a city that has**[2] **fantastic balance between modern times and the past and offers a variety of activities**[2] **including shopping.** Gyeongbokgung Palace and Namsan Tower are the most popular attractions among tourists.[3] It's a place where you can get around by subway for only a few dollars, which makes it more attractive to tourists.[4] **I've lived here for 20 years, so if you're interested, I can show you around.**

\* attraction(명소 / 명물 / 매력 / 끌림) / attractive(매력적인)

바나나 짬뽕이 쓴 한글 버전만 읽어봐도 조금 딱딱하게 쓰인 것 같죠? 조금 더 쉽고 편한 단어로 바꾸면 자연스러운 대화체가 될 거예요.

**1.** it is는 문어체 → it's는 구어체!

**2.** 글을 쓸 때와 말할 때 쓰는 단어는 상당히 다른데, 구어체는 '명사'보다 '동사'적인 표현을 선호해요. 그래서 'It's a city that has ~'라는 표현이 꽤 딱딱하게 들릴 수 있죠. 이걸 동사적으로 풀면 조금 더 부드러워질 텐데요, 편하게 'I love this city because...'라고 표현하면서 우리 도시를 자랑하는 게 좀 더 친근하겠죠?

마찬가지로 'offers a variety of activities'도 명사에 집중해 딱딱한 느낌을 주니까 동사적으로 풀어서 'also has a lot of things to do'라고 편하게 표현할 수 있어요. 그리고 'a lot of things'가 무엇을 말하는지 더 설명해주면 좋겠고요. Some of the things I like to do here are going shopping, to museums, or to restaurants. 이렇게요!

3. 경복궁과 남산타워를 이야기할 때, "그냥 이 둘이 유명해~"라고 하지 말고, 나와 연관 지어 설명해보세요! "내가 서울에서 가장 좋아하는 장소는 경복궁과 남산타워야!"

4. 교통시설이 편리하다는 간단한 내용을 너무 길게 풀어 써서 복잡하고 어렵게 들려요. 대화체로 바꾸려면 조금 더 심플한 구조와 단어를 써보세요!
It's a place where you can get around...
→ Public transportation is easy and cheap...

→ I am from Seoul, the capital of Korea. Have you ever been to Seoul? I love my city because it has great blend of historic and modern sites and also has a lot of things to do. Some of the things I like to do here are going shopping, to museums, or to restaurants. Two of my favorite places are Gyeongbokgung Palace and Namsan Tower which are really popular attractions. Public transportation is easy and cheap, which makes it great to get around.

⭐ **여러분도 자기소개 두 번째 단락을 영작해보세요.**

**짬뽕**    와! 구어체와 문어체가 이렇게 큰 차이가 나는군요! 저는 어렵고 고상한 단어를 쓰면 영어를 잘하는 것처럼 들릴 거라고 기대했어요. 😖

**바나나**    원래 쉽게 말하는 게 더 어렵다잖아요. 😮 짬뽕이 쓴 문장들은 문법적으로는 다 좋아요! 다만 자기소개는 말로 하는 거니까 구어체를 자연스럽게 쓰는 방법도 배우는 거죠. 그럼 계속해볼까요?

나는 지금 한국대학교에서 디자인을 공부하고 있어. 왜냐하면 내 꿈은 광고회사에서 아트디렉터가 되는 것이거든. 한국에서 공부가 끝나면 뉴욕에 있는 디자인 학교에서 더 공부하고 싶어. 그래서 지금 영어 공부도 열심히 하고 있어.

**I am studying design at the Korean University, because I aspire to become an art director at an advertising company.** Upon completion of my studies in Korea,[1] **I want to** further my studies[2] **at a design college in New York.** Therefore,[3] **I am working hard to improve my English now.**

\* **aspire**(열망하다) / **completion**(완료 / 완성) / **further**(발전시키다) / **improve**(향상시키다)

바나나 오! 훨씬 자연스러워졌어요! 너무 격식적인 표현 몇 개만 수정해볼까요?

 **바나나쌤의 첨삭**

1. 'Upon completion of my studies in Korea'는 너무 문어체 표현이라서 인터뷰(면접)할 때 쓸 만한 표현이에요. 그냥 가볍게 'When I finish my studies in Korea'라고 쓰세요.

2. further는 '추가적으로 뭔가 더 해나가다'라는 의미로 알맞게 쓰였지만, 여전히 딱딱한 느낌이 있어서 'I want to keep studying' 혹은 '**continue my education**'으로 바꾸면 좋을 것 같아요.

3. 'Therefore'는 한국어로 표현하면 '그러므로'라는 뜻으로, 논리적인 이야기를 하는 법정이나 학술연구회 등에서 잘 쓰일 만한 표현이에요. 우리는 가볍게 'So'로 고쳐봐요. ☺

→ I am studying design at the Korean University, because I aspire to become an art director at an advertising company. When I finish my studies in Korea, I want to keep studying at a design college in New York, so right now I am working hard to improve my English.

⭐ 여러분도 자기소개 세 번째 단락을 영작해보세요.

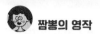 

나는 평소에 음악 듣는 걸 좋아해. 공부할 때는 lofi 음악을 즐겨 듣고, 평소에는 재즈 음악도 좋아해. Dave Brubeck의 〈Take Five〉는 정말 나의 최애곡이야.

**In my spare time, I enjoy listening to music. My favorites include[1] lo-fi music when studying, and jazz in general.[2] Dave Brubeck's "Take Five" is my all-time favorite.**

\* **spare time**(남는 시간 / 쉬는 시간) / **include**(포함하다)

바나나 Great! 다 좋은데, 구어체는 명사적 표현보다 동사적 표현을 더 선호한다고 했죠?

 **바나나쌤의 첨삭**

1. 'My favorites include'를 'I like to listen to lo-fi music'이라고 해주면 더 편안하게 들릴 거예요.
2. 'in general'은 대화체에서도 많이 쓰이기 때문에 그대로 둬도 괜찮지만, 문장의 의미상 '공부할 때는 lo-fi를 듣고, 나머지 시간에는 Jazz를 듣는다'라는 것을 좀 더 명확하게 표현하기 위해서 'and the rest of the time, I listen to jazz'라고 바꿀게요.

→ **In my spare time, I enjoy listening to music. I like to listen to lo-fi music when studying, and the rest of the time, I listen to jazz. Dave Brubeck's "Take Five" is my all-time favorite.**

짬뽕     그런데요, 쌤, 취미를 말할 때 "My hobby is~"라고 많이 쓰지 않나요? 😲

바나나    사실 그렇게 말하는 건 어색한 표현이에요. 'in my free time /in my spare time, I enjoy…(시간이 날 때 ~하는 걸 즐겨)'라고 하는 게 자연스럽죠. 우리가 흔히 쓰는 단어인 hobby는 '노래를 듣거나 영화를 보는' 등 일반적인 활동에는 잘 쓰지 않거든요. hobby는 '남들은 안 하는데 나만 하는 특별한 활동', 예를 들어 '드럼을 치다 /영상을 제작하다 /발레를 하다'처럼 구체적이고 특정한 활동을 가리킬 때 많이 쓰여요.

짬뽕     아! 그럼 노래를 듣거나 영화를 보는 건 hobby(취미)라기보다는 쉴 때 하는 일반적인 행동이니까 hobby로 표현하는 게 어색한 거군요! 이제 알겠어요! 😊

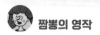 **짬뽕의 영작**

요즘엔 넷플릭스에서 영화나 드라마를 보고 있어. 나는 주로 스릴러나 미스터리를 보는데, 지금은 독일 드라마 〈Dark〉를 보는 중이야. 진심으로 추천해!

Nowdays,[1] I've been watching movies or TV shows on Netflix. I usually watch thrillers and mysteries, and at the moment[2] I am watching a German TV show, *Dark*.[3] You should definitely watch it!

\* definitely(무조건/당연히)

**바나나** 자, 여기에서는 시간 부사를 짚고 넘어가죠!

 **바나나쌤의 첨삭**

1. 미국에서는 'nowdays'를 old English로 여겨 요즘에는 잘 쓰지 않아요. 그런데 한국 학생들은 nowdays를 자주 쓰더라고요. 이것보다는 'these days'나 'lately'를 쓰는 게 일반적이랍니다!

2. 'at the moment'는 '지금 이 순간', 즉 '바로 지금'이란 느낌을 주니까 '요즘에 ~'라는 뜻의 'currently'를 쓰는 게 더 자연스럽겠죠?

3. 'a German TV show, *Dark*'는 콤마로 연결되어 있죠? 일반적으로 영작을 할 때는 [,(콤마)＋동의어]를 잘 쓰지만, 말할 때는 'a German TV show called *Dark*'처럼 콤마 없이 문장을 제대로 풀어서 써주는 게 좋아요.

→ Lately, I've been watching movies and TV shows on Netflix. I usually watch thrillers and mysteries, and currently I am watching a German TV show called *Dark*. You should definitely watch it!

⭐ **여러분도 자기소개 마지막 단락을 영작해보세요.**

짬뽕   오! 어제는 독해를 하고 오늘은 자기소개를 영작해보니 확실히 느낌이 다르네요. 구어체와 문어체의 차이점도 팍팍 느꼈어요! 😮

바나나   Awesome! 구어체는 뉘앙스를 능수능란하게 쓸 줄 알아야 자연스러워지기 때문에 단번에 마스터하기는 어려울 수 있어요. 여러분도 짬뽕의 자기소개를 참고해서 나만의 자기소개를 써봤나요? 모르는 단어가 있으면 검색해서 채워나가며 자기소개서를 스스로 완성해보세요! 😊

## 🍌 내 인생 첫 영어 대화

**바나나**   처음이니까 짬뽕이 하고 싶은 대로 편하게 대화해봐요. 긴장 풀고요! 😀

**Scott**   Hi. My name's Scott. Lovely to meet you!

**짬뽕**   Lovely?

**Scott**   I mean, I am pleased to meet you.

**짬뽕**   Please? Why? Humm. Anyway, nice to meet you. My name is 짬뽕 조. I am 20 years old and I am a university student! Let's be friends!

**Scott**   Jjamppongjo?

**짬뽕**   짬뽕, 조!

**Scott**   Oh, okay. Jo is your last name, haha.

**바나나**   잠깐, 잠깐! 짬뽕, 왜 배운 걸 하나도 안 써먹는 거예요! 앞에서 자기소개 연습을 열심히 했잖아요! 😬

짬뽕    으… 모르겠어요. 너무 긴장했는지 단어가 그냥 막 튀어나왔어요. 😖

바나나    Scott, how was the conversation? Scott, 방금 대화가 어땠어요?

Scott    Well, it was all right, but she never gave me a chance to ask her questions, haha. Take it easy, Jjamppong. 괜찮았는데, 질문할 기회를 안 주던데요, 하하. 조금 여유 있게 해요, 짬뽕.

짬뽕    Oh, I am so sorry!

바나나    방금 나눈 대화에서 몇 가지만 짚고 넘어갈게요. Scott이 '만나서 반갑다'라는 표현을 nice to meet you가 아닌 다른 방식으로 했더니 짬뽕이 못 알아들었죠?

- **Lovely to meet you!**
- **I am pleased to meet you.**

여기 나온 lovely는 '사랑스러운'이라는 뜻이라기보다는 '기쁘다'라는 뜻이고, pleased 또한 '기쁜'이란 의미예요.

짬뽕    앗! 저는 저한테 lovely하다고 칭찬한 뒤에 뭔가를 부탁하려고 "please!"라고 하는 줄 알았어요. 😎 😣

바나나    칭찬 뒤에 부탁? 아니 짬뽕, 그동안 너무 당하고만 산 거 아닌가요? 😊 이렇게 간단한 인사법 정도는 다양한 표현으로 배워놓으면 좋아요. 그리고 짬뽕이 '짬뽕 조'라고 소개했는데, 편한 자리에서 만나면 last name, 즉 '성'은 밝히지 않는 게 일반적이랍니다. 그냥 이름만 말해도 돼요!

짬뽕  아… 제가 성까지 붙여 말하는 바람에 Scott이 헷갈렸겠어요. ☺️

바나나  그럴 수 있죠. 그리고 나이 얘기는 하지 않기로 했는데 나이를 밝혔고, 상대방에게 대화할 기회를 주지 않은 채 짬뽕 혼자 후다닥 말해버렸어요. 대화는 탁구공처럼 말이 오가는 게 정석! 앞으로는 정보를 하나씩 주고받기로 해요. ☺️ 그럼 앞에서 영작한 자기소개 내용을 충분히 활용해서 다시 한번 대화해볼까요? 도전! 😀

---

Scott  Hi again. My name is Scott. Lovely to meet you!

짬뽕  Lovely to meet you too, Scott! Hi. My name's Jjamppong but my friends call me Spaghetti. It is my English name, so call me whatever is more comfortable for you.

Scott  Great! What a fun name. 😊 It's easy to remember. Haha!

짬뽕  I know, right? I am from South Korea. Where are you from?

Scott  I'm from Brisbane. It's in Australia.

짬뽕  Oh, I love Australia! G'day mate!(호주식 인사) I am from Seoul, the capital of South Korea. Have you ever been to Seoul?

Scott  Not yet. But I've always wanted to visit. 😲

짬뽕  I love my city because it has great blend of historic and modern sites and also has a lot of things to do.

**Scott**   Wow, sounds great! What's the special things I can do in Seoul?

**짬뽕**   Some of the things I like to do here are going shopping, to museums, or to restaurants.

**Scott**   Where are the most beautiful places in Seoul?

**짬뽕**   Two of my favorite places are Gyeongbokgung Palace and Namsan Tower which are really popular attractions. Public transportation is easy and cheap, which makes it great to get around.

**Scott**   Sounds lovely! 😍

**짬뽕**   I've lived there for 20 years, so if you come to Seoul, I can show you around.

**Scott**   Oh, that's so sweet of you! Thanks, Jjamppong! You're also welcome to visit me in Brisbane. So what do you do?

**짬뽕**   I am studying design at the Korean University, because I aspire to become an art director at an advertising company. When I finish my studies in Korea, I want to keep studying at a design college in New York, so right now I am working hard to improve my English.

**Scott**   That's why you are so fluent! Amazing. I am a regional manager of a paper company.

**짬뽕**   Awesome! 😎 I will let you know when I need some paper!

Scott   Haha, sure. You definitely should! So what do you do for fun?

짬뽕   In my spare time, I enjoy listening to music. I like to listen to lo-fi music when studying, and the rest of the time, I listen to jazz. Dave Brubeck's "Take Five" is my all-time favorite.

Scott   You've got great taste in music! I also love jazz. I listen to Coltrane, Armstrong, and Ellington day and night.

짬뽕   Oh! That makes two of us!

Scott   Sure it does! What else do you like?

짬뽕   Lately, I've been watching movies and TV shows on Netflix. I usually watch thrillers and mysteries, and currently I am watching a German TV show called *Dark*. You should definitely watch it!

Scott   Wow, a German TV show! I've gotta check that out. Thanks for the recommendation! You should watch *The Sopranos*. It is one of the best TV series I've ever seen.

짬뽕   Great! I will definitely look it up! Thanks.

Scott   My pleasure. Anytime!

바나나　와… 짬뽕… 😮 나 방금 짬뽕이 교포인 줄 알았잖아요! 😎

짬뽕　아휴~, 쌤, 왜 이러세요. 아까 배운 걸 그대로 쓴 것뿐인데요, 뭐. 🙂

바나나　이렇게 대화해보니 어때요? 할 만해요?

짬뽕　처음이라 외운 그대로 말하긴 했지만, 그래도 대화해보니 너무 신나요. 앞으로 더 자주 해볼래요! 😮

바나나　오늘 배운 내용은 그냥 다 외워서 써먹는다고 생각하고 공부하세요. 앞으로 수없이 만날 외국인 친구들에게 오늘 외운 표현을 쓰면 대화가 자연스럽게 이어져서 자신감이 생길 거예요! 😃

짬뽕　첫 만남에 하는 대화는 뻔하니까 오늘 배운 걸 똑같이 얘기하면 될 것 같아요! 😊

바나나　이걸 시작으로 삼아서 점차 주제를 넓혀가며 이야기하다 보면 영어 실력도 분명 늘게 될 거예요. 자, 오늘을 끝으로 우리의 30일 문법 공부는 이제 다 끝났어요. 짬뽕, 소감이 어때요?

짬뽕　선생님이 처음에 30일 안에 영어로 읽고 쓰고 말하게 해준다고 하셨을 때, 솔직히 '그게 가능했으면 이미 전 국민 영어 박사가 됐겠지…'라고 생각했어요. 하지만 이젠 이 책이 나왔으니 저같이 머릿속에 영어가 뒤죽박죽 엉켜 있는 전국의 짬뽕 학생들이 영어 박사가 될 일만 남은 것 같아요. 😊

바나나　하하! 온 국민이 이 책으로 영어 박사가 되면 얼마나 좋을까요! 😍 여기서 중요한 건, 배우고 이해했으면 '익히는 과정'을 꼭 병행해야 한다는 거예요. 저는 여러분에게 가르쳐준 영어 문법을 익히기 위해 적어도 30권이 넘는 영어 문법책과 수백 권이 넘는 영어책을 읽으며 공부해왔어요. 공부하며 수많은 학생을 가르치기도 했고요.

그러나 저의 영어 공부는 지금도 현재 진행형이랍니다. 아침부터 밤까지 항상 영어를 공부하는 인생인 거죠. 여러분도 저와 함께 30일간 열심히 공부했지만, 자기만의 '익히는 과정', '익히는 시간'이 없다면 영어를 잠깐 이해만 한 채, 거기서 끝나버릴 수도 있다는 걸 명심하세요. 영어가 몸에 배어 자기 것이 될 수 있도록 꼭! 꼭! 꾸준히 복습해줘야 해요. 알겠죠? 😮

네! 배운 내용을 열심히, 꾸준히 복습할게요! 그동안 정말 너무너무 재미있게 공부했어요. 바나나쌤 덕분에 지금도 머릿속이 온통 영어로 가득 차 있답니다. 쌤, 너무 감사해요! 😊

좋아요! 이 책을 집필하는 데만 2년이 넘게 걸렸네요. 강의를 하는 것과 달리 모든 것을 글로 전달하려니 생각보다 작업이 어려웠어요. 하지만 이 책을 통해서 여러분의 영어 인생이 달라질 수 있다면, 저의 꽉 찬 2년이 참으로 잘 쓰인 시간이라고 생각합니다.

저를 믿고 따라와줘서 진심으로 감사해요. 앞으로도 회화, 작문, 실용 영어, 영미권 문화 등 다양한 영어의 세계로 여러분을 초대할게요. 그럼 우리 다음에 또 바나나요! 🌙

## 오늘의 명언 about '부딪혀라'!

● **Fake it until you make it.** 속여라, 네가 이뤄낼 때까지.

* fake(속이다 / ~한 척하다) / make it (~를 해내다)

바나나쌤의
한마디!

제가 팬 미팅 강연에서 성공에 대해 이야기하면서 한 말이에요. 많은 분들이 이 말이 가슴에 와닿았다고 해주셔서 여러분께 다시 한번 전해드릴게요.

태어나면서부터 전문가인 사람은 없어요. 모두 다 두렵지 않은 척, 괜찮은 척, 잘해내고 있는 척하면서 노력하다가 마침내 전문가의 수준에 다다를 수 있어요. 그러니 다른 사람에게 도움을 요청하거나 질문하는 것을 두려워하지 마세요. 대단해 보이는 사람들도 처음에는 그저 질문 많은 아마추어였을 테니까요. 얼마나 많이 물어보고 정보를 쌓아가느냐에 따라 여러분의 미래가 달라질 거예요. 바나나쌤은 항상 여러분의 선택을 믿습니다! 마지막 챕터까지 함께 공부해준 여러분은 결국에 make it 할 거니까요!

* 강연 링크는 바로 여기! →

# 퀴즈 정답!

매일매일 15일간 열심히 공부한 내용을 바탕으로
퀴즈도 꼼꼼하게 풀어봤죠?
정답을 맞춰보면서 다시 한번 복습해봐요

**1.** 완전자동사, 부사, 전명구

**2.**

| be | 있다 |
|---|---|
| | 존재하다 |
| exist | 존재하다 |
| go | 가다 |
| come | 오다 |
| depart | 떠나다 |
| happen | 일어나다 |
| appear | 나타나다/발생하다 |
| show up | 나타나다 |
| disappear | 사라지다 |
| stand | 서 있다 |
| walk | 걷다/산책하다 |
| run | 달리다 |
| fly | 날다 |
| sweat | 땀 흘리다 |
| exercise | 운동하다 |
| fit | 딱 맞다 |
| weigh | 무게가 나가다 |
| sleep | 자다 |
| breathe | 숨 쉬다 |

| react | 반응하다 |
|---|---|
| live | 살다 |
| laugh | 웃다 |
| work | 일하다 |
| | 작동하다 |
| help | 도움이 되다 |
| last | 지속되다 |
| remain | 남다 |
| stay | 머물다 |
| hurry | 서둘러 가다/서둘러 오다 |
| flow | 흐르다 |
| emerge | 나타니다 |
| gather | 모이다 |

| graduate | 졸업하다 |
|---|---|
| turn | 돌다 |
| fall | 떨어지다 |
| | 넘어지다 |
| fail | 실패하다 |
| die | 죽다 |
| wait | 기다리다/대기하다 |

**3.** ① 충분하다    헤어지다    다르다
효과가 있다    중요하다    중요하다
수지가 맞다    작동하다/효과가 있다
② 팔리다    읽히다    벗겨지다
바뀌다/변화되다

**4.** ⑥, ⑧, ⑨

**5.** ① There are 5 chocolates in my bag.
② There are four members in my family.
③ There is the Commonwealth Bank right in front of my house.
④ It's on sale.
⑤ Age does not matter.
⑥ (be동사 문장) I'll always be by your side. / I will be with you forever.
(일반동사 문장) I will always stand by you. / I will stay with you forever.
⑦ I go to school on foot.

**6.** ① 이거면 충분해요.
② 효과가 있을 거예요.
③ 이 책이 제일 잘 팔려요.
④ 당신의 아이디어가 잘 먹힌다.
⑤ 그가 말한 것은 중요하지 않다.
⑥ 과거에는 사람들이 금으로 값을 치렀다.

**7.** ① fast    ② beautifully    ③ late
④ lately    ⑤ happily    ⑥ shortly
⑦ lay    ⑧ has lied    ⑨ has lain
⑩ risen    ⑪ rise    ⑫ raises
⑬ are    ⑭ is

**1.** ① 주격보어          ② 명사, 형용사
   ③ =               ④ ≒

**2.** ① ~이다            ② ~하는 것이다
   ③ ~라는 사실이다      ④ ~하다

**3.** ⑤

**4.** ④

**5.** ① wrong          ② terribly
   ③ friendly         ④ interestingly
   ⑤ wonderful        ⑥ terrible

**6.** ② hopefully

**7.** ① All the food in the refrigerator has gone bad.
   ② He looks like an artist.
   ③ It's getting dark.

**8.** ① 그는 평범한 미국인처럼 생겼다.
   ② 플로리다는 내게 천국처럼 느껴진다.
   ③ 그녀의 경험 부족이 실패의 원인임이 드러났다.

알려드립니다.
⑤ 나는 너무 많은 돈을 음식에 쓴 걸 후회해.
⑥ 쓰레기 버리는 거 잊지 마!
⑦ 그날 밤 너에게 전화받은 걸 절대 잊지 못할 거야.
⑧ 웨이터에게 팁 주는 거 기억했지?(안 까먹었지?)
⑨ 그에게 작별 인사했던 것을 기억해.
⑩ 내 BMW가 녹슬기 시작했어.

**5.** ① I regret not studying harder.
   ② I regret to say that you can't stay here any longer.
   ③ Don't forget to lock the door when you leave.

**6.** ① You can contact to me by email.
   → You can contact me by email.
   ② You can discuss about any problems with me.
   → You can discuss any problems with me.
   ③ I am too short to reach to the shelf.
   → I am too short to reach the shelf.
   ④ I am going to marry to Arty.
   → I am going to marry Arty.
   ⑤ Read the text carefully and then answer to the questions.
   → Read the text carefully and then answer the questions.

**1.** 목적어, 완전타동사

**2.** ① 명사/대명사
   ② 동명사/to부정사의 명사적 용법
   ③ 명사절

**3.** 타동사
   (to부정사) 미래, 긍정
   (동명사) 과거, 부정

**4.** ① 그는 아프리카에 병원을 설립했다.
   ② 나는 재미로 프랑스어를 배우기로 했다.
   ③ 한 노인이 땅에서 뭔가를 집어 들었다.
   ④ 유감스럽게도 귀하의 지원은 성공하지 못했음을

**1.** 목적어
   ① ~에게, 사람/동물
   ② ~을/를, 물건/개념/정보

**2.** ① Give me a break!
   ② Could you hand me the sugar, please?
   ③ I will make you something to eat in a minute.
   ④ I will cook you chicken soup.
   ⑤ May I ask you a favor?
   ⑥ I will show you how to build a website.
   ⑦ I told my friend my secret.
   ⑧ I don't' feed my dog human food.

**3.** ① 나는 상사에게 2주 뒤에 사직하겠다고 통보했다.
② 경찰관이 나에게 동대문으로 가는 방향을 알려주었다.
③ 그는 결혼 상담을 받으면 그들의 관계가 훨씬 좋아질 거라고 그녀를 설득했다.
④ 즐거운 크리스마스를 보내길 바라요!
⑤ 그게 정말 비쌌어.(그건 나한테 엄청난 돈이 들어)
⑥ 신사가 되는 것은 당신에게 어떠한 손해도 끼치지 않는다.

**4.** ① He gave me a hug.
② May I ask you a favor?
③ Can I buy you a drink?

**5.** ① I am going to find a nice hotel for you.
② I sent a letter to you.
③ Don't ask any question of me.

**6.** ④ on - to

 **DAY 20**      137

**1.** ① 목적격보어(OC)
② 준동사(to부정사/현재분사/과거분사)
③ O=OC
④ 상태
⑤ 행위
⑥ 동작/상태

**2.** ① 주어-동사    ② S    ③ V

**3.** ① 그의 엄마는 그를 의사로 만들었다.
② 그는 스스로를 세상의 제왕이라 불렀다.
③ 나는 그가 죽은 상태이기를 원한다.
  (그를 처리하란 말)
④ 그의 음악은 나를 조금 울적하게 만든다.
⑤ 나는 항상 그녀가 결백하다고 믿었다.

**4.** ① 그들은 그녀의 게으른 몸뚱이가 바닥에 누워 있는 것을 보았다.
② 그 뉴스는 나를 걱정하게 만들었다.

**5.** ① 하는 중인 것을    ② 되는 것을    ③ 하는 것을
ⓐ 사역동사    ⓑ 지각동사

**6.** ① 시키다
② 시키다, 당하다
ⓐ 사람을 부리어 일을 시킨다
ⓑ make/have/let/help
ⓒ 동사원형(=원형부정사)

**7.** (1) ③ dance
(2) ④ asks

**8.** ②, ⑤

**9.** ②

**10.** ②

**11.** ① 하는    ② 되는    ③ ~하는 중인
ⓐ 감각 기관을 통해 대상을 인식한다
ⓑ see/watch/hear/feel
ⓒ 원형부정사(=동사원형)

**12.** ① calling        ② toddling
③ standing       ④ turn
⑤ flip and beat

**13.** ③

**14.** ① Could you help my son study?
② Do you consider him a friend of yours?
③ I helped Jane clean her house.(help)
④ When I started to speak in English, he giggled loudly and made me embarrassed.
⑤ Allow me to introduce myself. /Let me introduce myself.

 **DAY 21**      172

**1.** 주어가 동사를 직접
**2.** 주어(원래 목적어)가
**3.** ① 주어, 목적어, be PP, get PP
② 되다, 당하다
**4.** ① be PP    ② get PP
**5.** ① am PP / is PP / are PP / was PP / were PP
② am being PP / is being PP / are being PP / was being PP / were being PP

③ has been PP/have been PP/had been PP

**6.** ① 진행시제　　② be being PP
　　③ 완료시제　　④ have been PP

**7.** ① 주어가 누구인지 모를 때
　　② 주어가 누구인지 중요하지 않을 때

**8.** ① S+be PP (by N)
　　② S+be PP+DO (by N)
　　③ S+be PP+전치사 IO (by N)
　　④ S+be PP+OC (by N)

**9.** ① My chicken was eaten by my dog.
　　② A letter was received by him.
　　③ My homework has been done (by me).
　　④ A cake was being made by my mom.
　　⑤ Your parents should be respected.
　　⑥ My purse has been stolen (by someone).

**10.** ① You are not allowed to fish in this part of
　　　the river.
　　② You are not allowed to take the exam
　　　paper out of the classroom.
　　③ This house was built by my grandfather.
　　④ The tunnel has been finished 3 years ahead
　　　of schedule.

**11.** (1) ④ were hired
　　(2) ④ was written

 **DAY 22**　　　　　　**202**

① 잭과 존 두 친구는 은행에서 돈을 훔치기로 계획했다.
② 그들은 그들의 학교 앞에 있는 그 은행을 선택했다.
③ 사실은 그 마을에 있는 유일한 은행
④ 그러나 은행에서 돈을 가져가는 것이 쉽지 않았다.
⑤ 왜냐하면 은행이 무섭게 보이는 경호원에 의해 경호되
　고 있었기 때문이다.
⑥ 잭은 말했다. "야, 쫄지 마!"
⑦ 비록 저 사람이 무서워 보이지만 꽤 착해.
⑧ 존은 그 경호원에게 돌멩이를 던졌다.
⑨ 은행의 정문으로부터 그의 시선을 돌리기 위해서
⑩ 운이 없게도 그 행동이 한 개가 짖기 시작하게 만들었다.

⑪ 그들은 거기에서 그 개를 보지 못했다.
⑫ "야, 이 멍청아!
⑬ 너 도대체 왜 그 개한테 돌멩이를 던진 거야?" 잭이 말
　했다.
⑭ "개가 거기 있는 게 왜 내 잘못이야?" 존이 대답했다.
⑮ "그게 중요한 게 아니잖아!
⑯ 너는 나를 열 받게 만들어! 왜 그런 짓을 하는 거야?
⑰ 그건 내가 할 만한 마지막 행동이야!" 잭이 소리쳤다./
　그건 난 절대로 안 할 행동이야!" 잭이 소리쳤다.
⑱ 잭이 소리치자 존은 화가 났다.
⑲ 존은 벌떡 일어나서 경호원을 향해서 걸어갔다.
⑳ 그가 돌을 던졌던
㉑ "아저씨, 죄송해요. 제가 당신에게 돌멩이를 던진 놈입
　니다.
㉒ 당신을 다치게 하려는 의도는 없었어요.
㉓ 사실 저는 그냥 당신의 주의를 돌에 돌리려고 했어요.
㉔ 그래서 내가 은행에서 돈을 훔칠 수 있도록
㉕ 용서할 수 있나요?
㉖ 내 친구 잭이 나한테 소리를 지르는 중이었어요.
㉗ 그것 때문에 약 5분 동안. 세상에나."
㉘ "괜찮아, 얘야. 다음에는 그냥 우리 은행을 털려고 시
　도하지 마.
㉙ 이제 가봐, 그리고 잭한테 '저녁 식사에 늦지 마라'라
　고 해라."
㉚ 경호원이 웃으면서 말했다.
㉛ 존이 당당하게 걸어와서 말했다.
㉜ "거봐, 그는 화난 게 아니었어."
㉝ "내가 그 사람 착하다고 말했잖아." 잭이 자랑스럽게
　말했다.
㉞ "그래, 맞아.
㉟ 그가 '저녁식사에 늦지 마라'라고 하던데."
㊱ "그래, 우리 아빠는 내가 저녁식사에 늦는 걸 싫어해.
㊲ 만약에 이번에 늦으면 나는 외출 금지당할 수도 있어."

 **DAY 23**　　　　　　**244**

**1.** 명사(선행사), 형용사

**2.** ① 형용사　　② 불완전한　　③ 주격

**3.** ① who　　② whom　　③ that
　　④ which　　⑤ whose　　⑥ what

**4.** (1) ③ who-whose-whom

(2) ④ who-that-which

**5.** ④

**6.** ① 우리는 화재로 가게들이 타버린 사람들을 도와줄
자원봉사자가 필요합니다.
② 우리는 내가 세례를 받은 교회를 방문했다.
③ 당신이 기차에서 만난 그 사람이 내 아들이에요.

**7.** ① I won't forget what you just said.
② The guy (who) you fired yesterday is my
father.
③ What I am worried about is your future.
④ The bag which we bought last time is on
sale.
⑤ I had all the eggs which you put too much
salt on.
⑥ We visited the house which my father was
born in.
⑦ I lost the bag that Jane gave me.

 **DAY 24** 271

**1.** 명사(선행사), 형용사

**2.** ① 형용사　　② 완전한　　③ 생략

**3.** ① when　　② where　　③ why
④ how　　⑤ that

**4.** (1) ⑤ when-where-why
(2) ④ where-that-when

**5.** ④

**6.** ① 내 고양이들이 물을 마시는 곳을 보여드릴게요.
② 우리가 친구가 되지 못할 이유는 없어요.
③ 당신이 어떻게 나를 이런 식으로 대할 수 있는지
이해할 수 없어요.
④ 내가 어떤 사람인지 알잖아.

**7.** ① Thanksgiving is a time when everyone
enjoys a roast turkey.
② Around the holiday season when everyone

sends gift to each other, the post offices
get extremely busy.
③ We are going to go camping to Sancheong,
where Arty and Banana used to live for a
year.
④ I will visit you at the time when you can
have lunch with me.

 **DAY 25** 301

**1.** 접속사, 주어, 시제

**2.** ② 같으면　　　③ 시제가, 시제가

**3.** (1) ② Enjoying
(2) ③ illuminated
(3) ② wearing

**4.** ① 일요일이라서 대형 마켓의 대기 줄이 길다.
② 언니가 유명한 영화배우이기 때문에, 나는 조금
질투심을 느낀다.
③ 설거지를 마친 후에, 킴은 나가서 친구들과 놀 수
있었다.
④ 엄마가 아프기 때문에, 우리는 직접 요리해야 할
거야.

**5.** ① Eating less junk food, you will lose weight.
② Whining for food, the baby was giving a
hard time for his mother.

 **DAY 26** 329

**1.** ② ~할 텐데, ~였을 텐데
③ 1) 모르는　　2) 이미 아는 사실에

**2.** (1) ④ were
(2) ⑤ had gotten
(3) ④ should
(4) ③ was
(5) ② knows
(6) ③ have been

**DAY 27** 354

1. 공통점, 차이점

2. ① waiter

3. (1) ⑤ the most successful
   (2) ① as
   (3) ③ ASAP
   (4) ⑤ the earliest
   (5) ② much

 **DAY 28** 388

1. ⑤ neither-nor

2. ① Why the hell
   ② Why on earth

3. ④

4. (1) Under the couch was a little puppy.
   (2) Here she comes.